U N R E A D

美丽、遥远又野性

Schrecklich schön

und weit

und wild

[德]马蒂亚斯·波利蒂基

著

朱丽英

译

Matthias Politycki

海峡出版发行集团 | 海峡书局
THE STRAITS PUBLISHING & DISTRIBUTING GROUP

目　录

中文版序言

　　上海……2018 年秋天。受邀于上海作家协会，我有两个月的时间完全以另外一种方式静静地观察这座城市，而不是像之前两次那样走马观花、匆匆一瞥。第一次是 1985 年，我跟随旅游团来到中国，那时上海还没有一座摩天大厦（也没有人说英语）。之后是 2001 年，我有一个星期左右的时间来欣赏新浦东。

　　现在我在这座城市里四处闲逛，没有目的地乘坐地铁，步行穿过"普通"城区（一般观光者"不感兴趣"的城区），回到我住的静安区。我用"滴滴"打车，驶过三十千米长的跨海大桥，去往东海的港口沈家门。我乘公交车到长江入海口，或在黄浦江上乘小轮渡。我还去了上海西北部郊区的"安亭德国小镇"，那里是德国风情的奇怪混合物。从歌德街区到席勒街区，从拜罗伊特侯爵歌剧院到拜仁慕尼黑足球俱乐部，德国的一部分景物被搬到了上海，供人观光游览。就这样，我重新认识了上海，这是普通游客囿于时间紧迫而看不到的上海，我看到了上海在热门景点之外的另一面。我跑遍上海全城，尽可能表现得不像一个游客。不管怎么说，我在这本书里探讨的主要是"旅行"和"旅游"之间的差异。

　　一座城市的内涵远远超过其观光景点的总和。但是，即便我参观了旅游景点，并融入自己一直试图避免的游客洪流，我也会时时感到惊讶不已。在朱家角——"上海的威尼斯"，一个被城墙包围的古镇，我站在入口处的旋转门旁，看到一块指示牌上写着每日最大客流量为33784名游客，最大承载量为14077名游客。我觉得很奇怪，这个限流数字不是整数，所以我记下了这两个数字。刚通过旋转门，我就不再感到疑惑了，而且发现控制客流量是非常明智的举措，否则在这个阳光灿烂的日子里，朱家角的狭窄街道肯定会陷入一片混乱。

大众旅游改变了旅行生态环境，我们没有必要抱怨旅行"真实性"的丧失。我们都是游客，整个世界都在运动之中。尽管有各种各样的限制，但无论在哪里，我们都不得不去适应这些限制。每一次旅行都会丰富我们的生活，其多样性令人难以置信。我们必须意识到这一点，即使你满怀期待地来到某个非常拥挤的地方，却因为刚好是当日第33785名游客而被拒于门外。那么，究竟什么才是"真实的""典型的"呢？我们究竟要在异国他乡寻找什么？是某些我们家里没有的东西，抑或某些足以炫耀的东西？景点前的旋转门难道不正如景点本身一样真实吗？尽管旅途中丰富而新颖的想法令你激动、兴奋，可最终你不还是回家来了吗？有时，即使是跟随大众游览景点，也是一种旅行体验，你必须安然接受。

北京……2019年春天。当我再次来到中国时，慕田峪不仅有了两条通往山上长城的缆车索道，还新添了一条旱地滑道，可以让游客乘滑板下山。在中国的长城上乘坐滑板？我尝试了。在这个地方乘滑板给我的第一感觉是"似乎很荒谬"，因此我必须体验一下。后来我不得不承认，这是一种非常刺激的娱乐——可以在滑板上以极快的速度冲下山谷！现在回想起来，我确信在德国基于某些安全规则，这样的滑道是绝对不会获准修建的。原本我只是想见识一段不像八达岭那样拥挤的长城，结果却经历了一次难以忘怀、令人陶醉的高速体验。

说到我对"真实"长城的向往，后来我利用再次去北京的机会，从古北口徒步前往金山岭长城，严格来说，那是尚未修复的"野长城"。我体验了三段完全不同的长城，其间的差异让我觉得它们是那样迷人。从最纯真的意义上说，每个人都可以放弃缆车和滑道，甚至放弃为了大众游览而修建的登山设施。这也是一种旅行——随遇而安，接受现实，即便它和你的期望不完全一致。一个旅行者睁大了眼睛仔细观察陌生的世界，不由得因自己做出的迅速果断的判断（多数是负面的）大感惊奇，然而他的内心世界总是充实的！我衷心祝愿您——本书的中国读者，能够尝试多种多样的旅行方式，也希望本书能给您带来最好的阅读享受！

马蒂亚斯·波利蒂基

2019 年 6 月 29 日

前言　告别旅行

　　我的旅行生涯已有四十多年了。最初只是去英国南部的海滨城市沃辛，我本应和中学同学罗布斯在那里学几个星期的英语，但我总是更愿意跑到布莱顿和伦敦逛唱片店。几个夏天之后，我开始搭顺风车横穿欧洲大陆。作为背包客，我带着经过瘦身的预算和充分膨胀的天真，犯了几乎所有初次前往地中海彼岸的旅行者都会犯的错误。相比之下，如今的背包客实际上是被全球化驯化了的族群。而我们自称为异类旅行者，不循规蹈矩，尝试以不同于父辈的方式旅行。当我们在希腊荒野的灌木丛中搭帐篷宿营，或者在南斯拉夫高速公路旁就地铺开睡袋露宿，跟父辈相比，我们是不是真的就比他们自由呢？最晚是从20世纪90年代中期起，我开始了游民生涯，半生中的大部分时间都在旅行途中。有时跟旅游团，有时独自上路；有时为了著书写作，有时干脆说走就走；有时周末短行，有时则长达数月。甚至有一次，我在一艘游轮上漂流了半年，成了"驻船作家"——尽管在此之前，我连做梦都想不到这样荒谬至极的事。

　　我的写作生涯也有四十多年了。最初只是在从作业本上撕下来的纸片上写一些小诗，几个夏天之后，已是大学生的我悄悄开始了写作，我的作品也只是与几个可信赖的朋友分享。那时，我已经是一个最优秀的"驴友群"里的一员了，我们几乎每个人都会抓住任何一个良机起身上路，返程后也一有机会就给大家讲述旅行的经历和体验。或许，旅行是我们这一代人的共同兴趣，它对我们来说完全是"自由"的代名词。我们常常凑在一起，一边喝着廉价啤酒、嚼着罐装花生，一边讨论最荒唐的旅行目的地。如果有谁在亚得里亚海岸度了一次假，那是绝对不敢炫耀的，以免被打上"中产阶级"的标签。然而那时，我们从未讨论过旅行本身的意义。

回想过去，有时会有一种奇怪的感觉。我们自诩"抨击一切的一代人"，竟然没有对旅行做过任何反思式的追问，哪怕是提出这样的问题 —— 是什么驱使我们马不停蹄地踏上旅途？我们究竟为什么要旅行？为什么热衷于去异域他乡冒险？如果旅行带来的认知并不能使我们获益，那么旅行最终能给我们带来什么？难道旅行不是那种或多或少会超出度假意义的、令人百感交集的体验吗？还有，与想象中的旅行不同，我们对旅行的幻想不也总是破灭吗？

真希望2015年夏天，我不必寻找这些问题的答案，仍能一如既往、无忧无虑地旅行，通过一步步的努力，不仅更好地认识自己，也更好地认识旅行者心驰神往的乌托邦。然而，2015年夏天，一股望不到尽头的人流涌上了通往德国的道路，给"旅行"这个词赋予了完全不同的更深层的意义。自由自在的旅行一去不返了。当然，这两者之间并没有什么直接的关联，但不得不面对的"难民危机"，很快就使我的日常生活发生了重大的转变。如果我要问自己"作为旅行者的日常生活是什么"，那么我再也不能推迟寻找问题答案的时间了。

自冷战结束以来，由于各种潜在的民族冲突加剧，旅行变得越来越艰难了。袭击旅游饭店、破坏名胜古迹、绑架游客（不是旅游团的游客，而是远离热门景点的独行客）等，已成为恐怖主义战略的组成部分。过去，人们一直把这种突发事件视为个案，至少还可以像以前一样在所谓的安全区继续旅行。然而，"9·11"恐怖袭击事件发生以后，想去偏远地区旅行，线路规划越来越受到限制。你一心向往的目的地越有趣，就越是需要注意外交部发布的旅行安全指南。直到2015年夏天，我才清醒地意识到，我这辈子不可能再去也门了，也几乎没有机会去大马士革或巴比伦古城遗址了。

不仅如此，我对那些地方还有什么期望呢？一直以来，在异国他乡吸引我的陌生人，如今在我的家乡随处可见，我根本就不再需要远行了。而且战后德国的社会生活中孕育着多元文化，像汉堡这样的城市也在全球化的推动下彻底国际化了。以往熟悉的世界秩序及相关的价值观和信念，尽管在经历了各种历史剧变之后仍长久维系着我的生活，但实际上，它们早已被卷入猛烈动荡的洪流，我只是一直没有注意到这一点。在某种程度上，2015年夏天的难民潮仅仅是这股动荡洪流的一种非常特殊的表现。很快，"我的"世界将成为历史，抑或如今已经是了？

身为旅行者，我的世界是遥远而又野性的。我曾一度过分痴迷于青年时代的憧憬，对我来说，"外面的世界"是充满无穷秘密和刺激的处女地，等待着我去探索。现在我清醒地意识到，这样的宝藏之地正在逐年被发掘，终将变得一览无余。或许地平线后面没有什么可再被发掘的了，或许还有一些我从新媒体上尚未获知的地方。即便真有这样的地方，我也不会再真正独自身处完全陌生的异域了。那种伟大的自由，正如我几十年来在旅行中尽情享受到的，也是我宅在家时梦寐以求的那种自由，终将完全消失。如果我真的要问自己"什么是旅行者的日常生活"，我就不能再浑浑噩噩了，或者应该说，不能佯装不知，继续活在梦中了。

我并不想写什么旅行攻略，那样我就必须把我的行程进行精细而系统的梳理。我的旅行也没有创下什么纪录或留下什么传奇，我只是收集了一些纪念品和趣闻逸事。我不是旅行作家，只是一个作家，一有合适的机会就以作家的身份出去旅行。在很多情况下，我就是想去旅行，而非为了获得灵感或至少给自己搜集一些写作素材。事实上，不带任何素材能平安回家是我最喜欢的。当然，没有这些旅行经历，我所写的书就不会成为我的书了。

总会有一些人吹嘘，说他们在森林里看到了一只比自己个头还大的老虎；也总会有一些人说自己吃到了恶心透顶的食物，或者征服了入云高峰，饮尽了浩渺大海。然而，极致的体验既可以在乞力马扎罗山脚下尝试，也可以无须上刀山下火海，就在一座禅宗庙宇里获得。我的旅行在很大程度上充满了雄心抱负，有时甚至是狂妄的野心（至少在我自己的标准里）。然而最主要的是，旅行对我来说就是实践哲学。我衡量旅行价值的标准不是困难程度或异域色彩，也不是外在的环境条件，而是旅行中好奇心的绊脚石带给我的体验和认知。

启示无处不在。无论是在塔吉克斯坦的高地荒漠，还是在西班牙的度假胜地马略卡岛，人们都应该以同样的眼光去观察世界。即便是刚刚结束一场巡回演讲之旅，我也不完全是我们这个时代的非典型代表。旧时的旅行者就沉迷于这样一种游学旅行，它让游手好闲变得格外雄心勃勃，还带来了个人主义最美妙的变种。而我们这个时代的旅行者常常如中了魔咒，即便不想失望，也在这个全球化世界的诱惑下，不断迈向新的失望。

无论我在哪里，只要一迈出门，就能看见身后拖着至少一个行李箱的游客。无论我在哪里遇见他们，他们总会绕开当前社会的紧迫话题，侃侃而谈他们的旅游经历。他们如醉如痴、夸夸其谈，好像本人跟社会事件毫无关系。这中间到底发生了什么？回首往事，我问自己，几十年来究竟是什么鼓励并驱使我们离开家园的庇护的？当我们在异乡，试图努力达成自己确立的目标并设法捕捉一些小激动的时候，我们内心发生了怎样的变化？对此，我们在当时或之后思考了些什么？我们该如何面对自己的希望和幻灭？当我们在一起时，我们都讨论了些什么？如果我们想在公开对话中继续保持政治正确，我们有什么必须隐瞒的吗？是什么让我们坚持不懈地计划一个又一个新旅程，以此让每一年的生活都有新的意义和新的形式？是什么让我们……也许现在才出发——在2015年夏天，因为另一种完全不同的旅行，其带来的恐惧和危险使得旅行的魅力遭到了如此明确的质疑？当然，我们还会继续踏上这样那样的旅途，但是肯定不会再像过去几十年那样拥有无以言表的轻松自在了。

这里的"我们"，首先指曾经一起旅行的伙伴，有男性，有女性，有时是双人行，有时三五成群，有时甚至是旅游团里结交的朋友，还包括那些仅仅有过思想交流、产生火花碰撞的人。如果要在本书中逐一介绍他们，只怕篇幅不够。我仅介绍几位曾与我一同徒步、漫游、骑行、自驾和搭飞机的旅伴：沃勒，我们曾一起在希腊崎岖的蛇形山路上自驾，几年后，我们还在日本一个小城市的卡拉OK厅里反反复复地唱"喂！快来看！水里有一条死鱼"，直到所有人都跟着我们一起唱起来，并随着节拍用力敲击桌子。我的比利时朋友艾里克，我曾跟他一起在非洲和中亚长途旅行，其艰辛有时超越了我们的极限。还有吉塞克，我们曾一起在南美国家的垃圾山上爬上爬下，还一起在古巴的热带森林里参加非法斗鸡赌博，最后输得一干二净。瓦尔德领事，他是我在受邀参加世界环航时，在豪华游轮"欧罗巴号"上认识的。阿希尔和苏珊，（迄今为止）我和他们一起进行的多是在欧洲境内的现代文明游，尽管他们也会周游更广阔的世界。最后还有尹德拉、凯先生和布莱克博士，虽然我未曾与他们一起旅行，但我们度过了很多美好时光，畅谈共同感兴趣的旅行话题。

在这些交谈中，他们对我的观点有赞同也有反对。这意味着我的旅友已经超越了狭隘的"我们"，超越了真实存在的旅行团体：不同的旅行爱好者可能会有不同的观点和主张，但我们的思想交流是坦率的，也是开诚布公的。旅行是美好的，而跟朋友一起旅行，哪怕仅仅是讲述各自的旅行体验，更是美妙无比。从这个角度来说，本书中的"我们"并不想框定一些人，而是乐于将很多旅友包括在内，他们在旅途中有时也会在酒吧加入陌生人的聊天，听听别人的旅行体验，让自己收获一些惊喜。

"我们"，具体来说，是一位文学教授、一位营销专家、一位银行职员，还有一位……其实身份无关紧要。当我们一起挂在印度长途汽车的车尾，或者在非洲丛林里跟一群觊觎我们食物的猴子奋战时，重要的是完全别样的标准。我们就是一群在异域不断寻找一席之地，并在危急时刻捍卫自己的人。他们的有些观点恰好与我不谋而合，有些则令我恼怒，所以我把它们都写进了这本书。

世界曾许诺的伟大诺言并没有从空气中蒸发，反而走向了与之对立的另一端。自从东西方之间的铁幕被推翻、一个充满希望的和平时代开启，这个世界不但变小了，还变得不那么友善了，也不那么充满渴望、鼓舞人心了。过去人们有为了一次冒险承担一切的勇气，全力以赴以任何方式挑战陌生世界。如今，这个陌生世界气势汹汹地向我们扑了过来。对许多欧洲人来说，它已经成为日常文化的新威胁。看来，眼下的情形已不适合好像什么事情都没发生过一样再去国外旅行了，至少当下，我们应该学会珍惜居家安全。

然而，这恰恰是对反启蒙的投降，它正在世界各地以各种不同的形式广泛传播。以前，在我研究所谓的旅行现象学的时候，我可能是在推迟与旅行告别的时间，或者说推迟我在精神上的告别时间。还是说，我正是借此加速与旅行的告别？"人们传播其信仰，常常是因为刚刚失去了信仰，"尼采写道，"此时的信仰传播恰是最好的。"[1] 而且，此时人们捍卫与信仰相关的价值观的信心也比以前更加坚定了。因为这一价值观——旅行作为跨文化理解的一种表达形式——似乎是不言而喻的，人们以为它是现代社会的共同财产，从未有过质疑。

这本书肯定不是写给那些想知道地图上还有哪些空白地有待发掘的人的，也不是写给那些期望能从本书中找到一条路线可以独自探险的人的。未知的地方与路线一直存在，但作为旅行者和读者，我总是尽量避免描绘它们。这本书是写给那些坐在舒适沙发里陪伴我们旅行的读者的，他们会很开心，因为那些来自未知之地的危险只是纸上奇谈。这本书还特别写给那些已经启程并将不断踏上新旅程的旅行者，他们有时带着再次侥幸脱险的感觉回到家乡。本书尤其写给那些旅行者，他们不仅关注行程表、餐厅贴士和新型登山杖，还关注一切旅行乐趣背后的东西，关注我们的动机与渴望。最后，本书也写给那些像我一样提出这样问题的人：无论天涯海角，我们究竟为何旅行？

马蒂亚斯·波利蒂基

2016 年 12 月 31 日

1　引自尼采《人性的，太人性的》第二卷。（如无特别说明，本书注释均为作者注。）

第一章　渴望远行

　　踏上旅途的行者，要的不是满足，而是幸福，或至少体验一些不幸。他们的渴望是严肃的，意愿是诚挚的，行动是认真的。而这种渴望还有另一面：无论我们去哪里旅行，首要的是要远离自己、远离同类，因为我们再一次感到厌倦，厌倦世间万物，而最让我们厌倦的就是我们自己，这个"我"压迫并束缚着我们，是那个我们根本不想成为的人。

　　"每一次旅行都是逃脱身份禁锢的尝试。"[1] 德国当代作家汉斯·克里斯托弗·布赫如是说。不仅是好奇，驱使我们踏上旅途的还有不满足感。只要你愿意，就可以不停地行走。不囿于现状的情绪随时会再次袭来，它伪装成让人恍惚不定、备受折磨的躁动不安，它渴望有所行动、有所挑战，它表现为对如此平凡的生活的无声绝望。不管怎么说，在这个平凡的世界中还有我们的一席之地。那么，在另一块土地上，我们会不会发现另一种生活呢？那种生活不必更好，只是恰好不同，哪怕只是暂时的。我也非常渴望下一次启程，渴望下一次说走就走，因为我想再次体验旅行前的兴奋，以此化解内心瞻前顾后的焦虑。

　　但这种兴奋很短暂，一旦我做出了旅行的决定，甚至还没有明确的

1　汉斯·克里斯托弗·布赫《八夜环游世界》，法兰克福，2009 年，第 182 页。

目的地和行程表，那种瞻前顾后的焦灼就又来折磨我的内心了，以至于我真想放弃整个旅行计划。难道真的必须如此吗？浮想联翩中，我又看到了那条望不到尽头的大路，我淡定地朝着极具诱惑力的目标走去；我看到了荒无人烟的贫瘠之地，在那里，我被困数日；我还看到了陡峭绝壁和无垠荒漠，在大自然面前，我手足无措；我看到了一群焦躁不安的饥饿野狗，它们试图把我围在中间；我看到了一片黑压压的非洲舌蝇，它们把我团团包围；我看到当地人为了自己的一点利益，给我的生活制造了重重困难；我看到自己在摩洛哥从拉巴特开往马拉喀什的夜车上，车厢里拥挤不堪，乘客在每一站都紧紧拉住车门不让开门，要是有人想从车窗钻进车厢，里边的乘客就会用黄色拖鞋徒劳地拍打他们，竭力阻止他们爬进来，我费了九牛二虎之力才保住我在厕所旁边的立足之地，一路足足站了七小时；我还看到自己在突尼斯山地上的一辆大巴车里，周围紧紧挤着六个小孩子，他们轮番呕吐或哭喊，其中还夹杂着一只公鸡"咯咯嗒嗒"的叫声；我看到自己站在东京的一幢高楼上，俯瞰城市霓虹在脚下闪烁，就像一条发光的地毯，我感到胆怯与恐慌从脚下沿着我的身体向上袭来，真希望自己不必离开酒店，如此大的城市，似乎穷尽一生都无法征服；我看到自己在印度泰米尔纳德邦中部一个肮脏的没有门的小厕所里，蹲在臭气扑鼻的茅坑上，苍蝇、蚊子在周围嗡嗡嘤嘤地乱飞乱撞；我看到自己在帕米尔高原上的登山之旅，每次筋疲力尽之后的休息都能让我迅速昏睡过去；我看到自己在锡金邦的高山上彻夜无法入眠，因为我的脉搏在这个海拔几乎无法正常跳动。体验过所有这些无疑是美好的，令人终生难忘。但是，有没有必要重新体验一遍呢？哪怕是换一种形式或者换一个背景？随着年龄的增长，我越来越明白为什么最好不要再次踏上新的旅途。

踏上异域之旅，对我们很多人来说意味着放弃舒适安逸、丰富多彩的案头工作，换取一个严酷的未知世界。我们不了解那个世界里共同生活的准则，会不可避免地与其发生冲突。不仅如此，有些地方还会有人身危险，这时候，你就只能靠自己的体力取胜。作为一个受过启蒙教育的文明人这样做吗？当然了，当你在寺庙里面对一群愤怒的印度教信徒时，就和在山林里面对一群野狼一样，根本没有任何商讨的余地。

每当我们对异域产生幻想，总喜欢把它们想象得广袤无垠，把它们完全想象成另外一个世界。我们将在那个陌生世界里认识全新事物，体验并学习那些我们在家里不屑一顾的东西，那些在我们头脑清醒时被斥为古老而陈腐的东西。我们将必须学会这些。我们能做得到？对艰辛劳苦的预判总是伴随着对失败的恐惧。旅行不是度假，相反，"旅行是地狱的一部分"[1]——这是英国旅行作家布鲁斯·查特文记录的一位游牧民向导对他说过的话，这位向导陪他穿越了整个苏丹。

旅行还是一项艰苦的工作，要完成一连串的任务，其困难程度是我们在制订完美计划之初无法估量的。偶尔犯错不可避免，旅行回来之后，这些挫折和错误就会成为我们茶余饭后谈笑的调料。但是，我们真的还想再一次启程、再一次体验这些吗？

这个问题就像俄罗斯套娃一样，一层套着一层，还包含其他问题：宅在家里是否也是一种选择？对启程上路的恐惧——如沃勒所说——是否无异于"未出家门先思乡"？如果冷静下来思考，那么跟我们待在家里所享受的乐趣相比——如在我们多年经营起来的小家里，我们享受到柴米油盐的安逸和舒适，我们与伴侣亲密无间，心灵创伤被他们的

---

1 布鲁斯·查特文《梦的轨迹》，慕尼黑，1990年，第31页。这句引语当然并非查特文的本意，他实际上更赞同罗伯特·伯尔通的观点："旅行并不是灾难，而是医治忧郁的一剂良药，即治愈由宅居生活带来的抑郁症的良药。"（同上，第231页。）

爱与关怀疗愈，与这些乐趣比起来，冒险旅行带来的短暂乐趣还那么重要吗？

早在八百多年前，哈特曼·冯·奥厄就试图在其两部著名的宫廷史诗里寻找这个问题的答案。他以亚瑟王圆桌骑士的故事为蓝本，通过骑士埃里克和伊万因的故事，描述了矛盾的冲突：一方面是骑士精神所追求的"冒险"，另一方面是对家中爱人的"眷恋"。埃里克必须再次踏上征途，在异国他乡经受各种考验，因为他沉溺于家乡的爱情已经太久。另一名骑士伊万因则必须努力奋斗，挽回失去的爱情，因为他渴望不断冒险而忘记了在约定好的归期返程。

对中世纪骑士来说，在这两个极端中找到平衡点，无论如何都不是一件简单的事，至少在自我美化的骑士文学里如此。不单是旅行难以在思乡和渴望远行之间找到平衡点，即便身在家中，也会面临这个棘手的问题。对此，现代科学的看法很冷静，因为一个人是崇尚冒险还是固执守旧，取决于不同的遗传基因：大量科学研究表明，渴望冒险的性格是有遗传性的。早在史前时期，"DRD4基因携带者就倾向于迁徙漫游"，1999年的一项研究表明，"几乎所有携带该基因的受试人员都有丰富的旅行史"。[1]

现在我们知道了自己别无选择。谁要是萌生了看看世界某一面的想法，他还会尽可能多看几面——实际上是想探索世界的全部。在启程之前，我们能否忍受这种渴望带来的焦虑？我的回答是"不能"，因为探

---

[1] 摘自胡晓《基因遗传：为什么一些人天性喜爱周游世界》，2015年4月24日，http://news.bitofnews.com/the-wanderlust-gene-why-some-people-are-born-to-travel-aii-over-the-world/；参见大卫·多布斯《有没有探险基因？》，出自《国家地理》，2013年第1期。文中提到的变异基因DRD4-7R指研究基因或冒险基因，约20%的人类携带此基因（http://www.nationalgeographic.de/reportage/gibt-es-ein-entdecker-gen）。

索世界的渴望早在我们旅行规划之初就已成为一种义务。我们为自己制订的旅行计划总是过于宏伟，我们盲目自大，认为自己的旅行技能随着岁月的流逝会不断增强。泰国是开启亚洲之旅的理想始发国，纳米比亚是开启非洲之旅的出发地，阿拉伯联合酋长国则是打开阿拉伯世界的大门。多年来，我们对一些国家的旅行渴望不断高涨，我们给自己设定的目标也水涨船高。有时我们必须挑战自身的极限，有时还得努力超越。1907年，杰克·伦敦在开启环球之旅前曾说："对我来说，最重要的是创造个人的丰功伟绩……这是一句古老的名言：'我成功了！成功了！我完全以一己之力获得了成功！'"[1]

在异国他乡获得成功的感觉，是在自己的家乡做梦也难以想象的，那种感觉会给人极大的鼓舞和激励。当然，我们首先得获得成功。我们在生活中获得的成功越多，等着我们实现的目标也就越多，这是不可避免的。经过加工的回忆，其价值并不低于所赢得的胜利。失败本身是痛苦的，更糟糕的是，它还总是和疾病、伤痛以及濒临死亡联系在一起。随着人们在旅行生涯中的年龄不断增长，明白这一点却仍然义无反顾地踏上旅程会变得越来越难。难道我们还没有看够这个世界吗？还有什么真正的新东西我们尚未发现？此处世界文化遗产与彼处的文化遗产不都差不多吗？路边的快餐摊和它旁边的那个有什么不同？一个原生态的国家公园、一座峭壁上的修道院、一座史前的石室墓冢……所有这些在我们开始旅行前，不是早已见过了吗？吉塞克问道："为什么我不能像其他人一样去一个温暖的地方度假，那样不是更好吗？"

度假是不是一种选择？

1　摘自《乘斯纳克号快艇环游世界》，汉堡，2016年，第15页。杰克·伦敦所言的"成功"实际上并没有实现，两年后，他身患疾病，在南太平洋终止了自己的旅行计划。

当然是，如果可以单纯度假的话！即便我有了一个既定的计划——"这次我一定得好好休息几天"，比如在海滨漂亮的酒店里休闲度假，但第二天，我就会上路去探索小岛，余下的假期也都会如此。我无法忍受猜想的折磨，也许我会发现一个墙外的世界，度假天堂与现实世界就在一墙之隔。

宅居家中绝不是一种选择，更不用说悠闲度假了。瓦尔德领事说："无论是为了再次眺望地平线而前往圣彼得 – 奥尔丁海滩，还是为了避开地平线而前往阿尔卑斯山脚下的加尔米施镇，这些都是远远不够的。"阿希尔说："我们不能允许自己停下寻觅的脚步。"[1]

旅行者原本就是寻觅者，无论在路上发现了什么，都会激励我们继续向前。事实上，我们的旅程没有终点，在家的时间不过是短暂的休息，而每次启程都是"返回"异域的开始。不管我们愿不愿意，休息时间一结束，我们就得再次踏上远行的旅途——跨出第一步就是对我们勇气的第一次考验，我们必须通过。

"人们审视一切，"荷尔德林写道，"他……渴望自由，踏上旅途，奔向欲望之乡。"[2]我们总是牢骚满腹、内心躁动不安，是因为我们在家里还被日常琐碎羁绊，我们必须重新审视渴望自由的思想，学会理解并忍受令人惊慌的极端狂热。艾里克有个很简单的办法："我在电脑里存了一份旅行用品清单，至少，只要把它打印出来，我就嗅到了自由的气味。"

---

1 阿希尔·莫泽尔《与心灵同步向前》，汉堡，2016 年，第 24 页。

2 摘自《荷尔德林作品与书信集》第一卷，法兰克福，1969 年，第 74 页。

第二章　读图的兴致

"亲手绘制了第一张地图的人，也就完成了他的第一部小说。"据说这句话是作家伊塔洛·卡尔维诺说的。[1] 不管怎么说，对此我完全赞同。并非每一部小说都可以像地图那样形象地讲故事，但每张地图都至少记载着一个故事，甚至研究一张城市地图也是另一种形式的阅读。当然，规划图和地图的叙事节奏要比小说平缓得多，读者不会突然紧张或觉得平淡无味。

我读过的那本《奥德赛》里是没有地图的。当时还是学生的我，为了理解故事情节，只能在《迪尔克世界地图集》上，把故事主角奥德修斯的历险一段一段地标记出来。地图册上是不允许乱画的，因为它是学校的财产。我在地图册上涂抹勾勒得越多，继续读下去的兴趣就越浓。读完整部史诗时，我已经描绘出了一幅比其他同学的地图更有意思的地中海地图。上面展示了奥德修斯冒险之旅的全部路线，甚至还包括古代地名以及我补充的要点。暑假之前要把地图册还给学校的那天，对我来说非常煎熬。

是的，我特别钟情于地图，也收藏了很多地图。对我来说，无论是旅行之前、旅行途中还是旅行之后，地图都是不可或缺的。地图的重要

1　但出自哪里呢？就我所知，我没有在他书中的任何地方找到这句话。

性高于一切：无论是用于制订计划、辨别方向、搜索调查，还是仅仅用来观察欣赏。尹德拉跟我差不多，她认为："在一张完美的城市地图里，你可以考察一个地方，识别各种路径，甚至可以凭借丰富的想象力了解当地人的生活方式。于我而言，这是对异乡的一种了解，非常重要，即便旅行结束之后也是如此。"

如果你研究一张城市地图的时间足够长，就能透过地图看穿这座城市。我们看一座城市，当然不只看它具体的外表，还要看这座城市所体现的理念。其实每座城市都很相似，如果你不仅看到了它的名胜景点，还研究了城市结构，那么你很快就能识别出其他城市的类似结构。从此以后，在每次旅行真正开始之前，你都可以在地图上预习。布莱克博士说："我可以没完没了地研究地图，这能让我有一种身临其境的感觉。纯文学作品会让我昏昏欲睡，但地图总能让我头脑清醒、振奋不已。"

尽管地图学可以使用地貌阴影线和不同色彩绘出地势的高低起伏，但有时仍无法展现自然风景的多姿多彩。相反，城市则是同一主题的不同变体，人们能够以虚拟形式在城市中漫游、观光，只需一些旅行经验和丰富的想象，再加上一张不局限于内城范围的城市地图。"如果人们耽于幻想难以自拔，仅仅沉湎于照片、旅行笔记来回顾其旅行经历而弃地图于不顾，那么他们就是无可救药的了。"[1]

当然，并非每个旅行者都是"地图迷"——如约翰·斯坦贝克所称[2]。沃勒说："我对地图没有兴趣，我常常选择最简单的路线，也就是手

1　摘自瓦尔特·本雅明《拱廊街工程》，卷一，第136页起。

2　美国作家约翰·斯坦贝克曾详细地驳斥那些爱看地图的人，但与此同时，进行穿越全美的旅行时，他总是迷路，甚至在终于返回纽约时不得不承认："现在我回到了自己的城市，回到了我居住已久的地方，但我又迷路了。"（摘自《横越美国》，慕尼黑，2007年，第78页。）

机上谷歌地图给出的路线。"

"谷歌地图一目了然，"瓦尔德领事也承认谷歌地图的优势，"但糟糕的是它给出的街区实景。我不想预先看到实地的街景画面，我要用自己的眼睛。谷歌街区实景地图是给胆小鬼使用的功能。"

吉塞克说："数字地图，确切地说是数字导航，使人类逐渐变得蠢笨。更准确地说，它们使人类大脑开始退化。"

凯先生说："这完全取决于旅行的方式。比如，在旧金山这样的大城市里寻找一个具体的地址，谷歌地图、电子导航之类的新工具就是不可或缺的，也是极受欢迎的。但如果你踏上旅途，一张地图就足够了。"

在实际的日常旅行中，谷歌地图总是可以为我们找到一条合理的路线，但我们也只能任凭程序摆布。手持一张地图，虽然显得有些守旧落伍，但如果我们依靠自己辨别方向的能力找到目标，岂不是还能收获一种成就感吗？即便在异国他乡，也应该信任自己的能力，这对艾里克来说非常重要，甚至在开车的时候，他也会用地图找路。"电子导航只能给你提供建议，纸上的地图却能提供更多的可能性。另外，地图还会显示更广阔的全景，便于旅行者掌握总体方向。"艾里克只有在做旅行攻略时才会使用谷歌地图，但在准备山区旅行时不会，因为简单来说，它还不够精确。"有血肉之躯的登山向导更为可靠。"

即便拥有一张传统的纸质地图，也绝不代表你就可以高枕无忧了。城市旅游局提供的市区地图通常被精简到只剩下旅游观光景点而别无他物。也许这是有意为之，以便将观光客流导向特定的路线，把城市的其他区域留给当地居民。如果你想在陌生之地，在旅行原定计划之外绕道游览，那么城市地图一无是处。"我在泰国得到的地图几乎都是错的，"瓦尔德领事抱怨说，不过这至少给他带来了一些另类体验，"因为辨明正确方向会成为另一种冒险。"[1]

绘制这种失真地图可以说是前东欧国家的"功劳"，据说这是为了故意给潜在的侵略者提供错误的信息。虽然听起来天真可笑，但至今仍有一些国家对此坚信不疑。例如，在乌兹别克斯坦，私人持有精确的地图甚至是违法的。我曾给自己搞到了一张撒马尔罕的标准地图，以便让自己看清楚这座老城弯弯绕绕的街巷。当时，我被严肃地告知，千万不可以在公众场合拿出这张地图。拥有一张城市地图而不得不小心被人逮住，这实际上说明了很多问题。任何拥有一张城市地图的人，都大有间谍、密探的嫌疑。尽管时下，谷歌地图已在世界上被广泛使用，但在撒马尔罕，它却被完全禁止。

"地图是件艺术品，几百年来，它都是对现实世界的颠覆，"吉塞克说，"因为它强制性地把圆形变成正方形，把立体的变成平面的。"即便是精心制作的地图也在所难免。对很多人来说，所有数据资料和卫星图像看上去都没什么差别，但它们转换成地图后，却是如此令人惊异地不同。毕竟，即便在数字化时代，完成一张地图仍然需要人工工序。只有制图员完成了最后一道工序，一张生动、美妙的地图才算诞生。因此，地图的风格也迥然不同。例如，法国"米其林"绘图员热衷于把浅色公路绘在暗淡的背景上，这让他们的地图比色彩浓重的德国地图更难以辨认。法国的城市地图用淡黄底色衬托白色街道，看起来色调大抵相同，而德国城市地图的底色则选用玫瑰色，与白色街道的对比更加鲜明，一目了然。最难以辨认的是英国的（A–Z）单张地图，它不但缺少统一的对比色，而且所有街道都是用粗线条笨拙地画出来的，就好像绘制它们

1　以我的经验来看，那些"最冒险的旅行"是在山丘上的城市。在印度西隆，我曾最终不得不根据太阳的位置辨别方向。

的人都是没有经过专业训练的业余绘图员。恰恰是发现了新大陆之国的人绘制出了如此粗糙劣质的地图，盛名之下，其实难副。

对地图爱好者来说，最值得庆幸的莫过于拥有官方测绘图。我本人就收藏了几张由巴伐利亚州测绘局绘制的，覆盖了周边地区的慕尼黑测绘图。这些测绘图就像一整幅世界画卷中的局部，人们总能从中发现一些新的东西。然而有时候，恰恰是地图上某些没有被标出来的东西才是重要的，至少对我来说是决定性的。尤其是亲临实地看过后，发现现实有另一种选择，并将缺少的部分在想象中或在地图上用笔补充完整，是非常令人欢欣鼓舞的。1983年，我们驱车前往魏玛，找了很久才找到尼采故居。在民主德国时代，任何一张地图上都没有标出尼采故居，因此用手标出尼采故居的位置，就像是一种对当局的批判。我们只是想在地图上标出自己走过的路。这个简单的过程既令人骄傲又令人沮丧，我们发现自己所闻所见何其少，而未知未见又何其多。

只有经过诸如此类的补充，地图才会成为我们的知识财产，它几乎可以和书里的注释相媲美。若干年之后，它们将成为我们曾经探索世界的见证，永久收藏我们那时所获得的知识和体验，或者为我们多年之后获得更多奠定基础。2016年，我第二次去东京时，带着1988年的东京地铁线路图。把它跟2016年的地铁线路图进行对比，我仿佛看到了一部写在象形图上的进步史。几十年来，我一直住在汉堡，这里的地铁线路几乎没有任何变化，而在此期间，东京的地铁网扩大了一倍，地铁站的数量也随之翻了一番。至少这是东京给我的印象。比较这两张地铁线路图，人们可以看到一座城市的未来是如何打造的。

每一张地图，无论以何种或写实或失真的方式展示现实世界，都是对世界的认识和理解，因此严格来说，它也是认识论的研究对象。在这种浓缩艺术中，只有手绘简图才能更胜一筹。还有比这更精简的表现形式吗？标在手绘简图上的一段路，好比写在纸上的一句箴言。实际上，手绘简图代表了地图的精髓，属于有经验的旅行者。

当地人常常无法准确描述某个地点的位置，甚至会无意间给游客指错方向，但是，他们却常常可以准确地画出草图。以这种方式，他们可以指明任何一本旅游指南或地图上都没有的位置。当然，路途的距离通常也不怎么精确。在没有熟练的当地向导的情况下，按图索骥找到隐藏的地点，仅这一点就极具吸引力。因此，解密手绘草图常常是游客面临的一项艰难任务，若能成功解密，在一整天里都会有一种发现新大陆的欣喜。

迄今为止，我收藏的最美的手绘草图，是一位名叫李斯豪特的印度教师给我画的，他这辈子一直在家乡毛利南周围的热带雨林里转悠。我去那里，是想看看著名的活树根吊桥。此前我已经在乞拉朋齐见识过一次，当时给我留下了非常深刻的印象。这两个地方都在印度的梅加拉亚邦，数百年前，那里的土著卡西族人将榕树树根牵引横跨河流，搭建了"活树根吊桥"。在接下来的十五到二十年里，树根不断生长，形成了一座天然的吊桥。

那天恰好赶上星期天，邻近村庄利瓦的活树根吊桥上挤满了印度观光客，于是李斯豪特给我手绘了一张通往另一座偏僻吊桥的路线草图。他说那里肯定没有游客，印度人懒得走那么远去看吊桥。除了他本人和当地丛林里的村民，没有人知道那个地方。

他的草图指引我不断上下爬坡走了好几个小时，很快，我就偏离了当地唯一的公路，踏上了一条如穿越史前时代灌木丛的小道。不过，这条路实际上比李斯豪特为我画的小路长得多。我发现时间飞速流逝，为了赶在日落前看到那座吊桥，我加快了脚步，甚至快速奔跑起来。当那座吊桥出现在我的眼前时，暮色降临，幽暗中弯弯曲曲、盘根错节的活树根吊桥如神话般忽隐忽现，比我想象中的更加神秘梦幻。我屏住呼吸，驻足于吊桥前，孤独地与它默默对视了一分钟，又一分钟，然后，我拔腿在回程的小路上飞奔起来，直到夜幕完全降临。雨林之夜的天籁伴我一路走完剩下的路程。

返回住处之前，我先去拜访了李斯豪特，表示感谢。他又向我介绍了其他几座天然的榕树吊桥，甚至还有一段榕树根天然形成的悬梯。不知何时，那段榕树根被人牵置到悬崖上，一直垂到下面的山崖突石处。

榕树根悬梯？

只有他和他的朋友知道这段悬梯的秘密。他说下次我再来的时候，他会告诉我这段悬梯的位置。

我问他会不会再给我画一张路线指示图。

他挤挤眼笑着对我说，他不会再画图了，会亲自给我做向导，因为要画出通往悬梯的那条路，实在太复杂了。[1]

1　如果谁有兴趣去冒险，可以拜访李斯豪特。李斯豪特的全名是 Rishot Khong Thonh Rem，除了教师工作，他还在业余时间打理毛利南村的天景小客栈。

第三章 轻装旅行的谣言

"人绝对应该轻装旅行。"[1] 这句空洞的套话如幽灵般，经常变换各种形式在旅行文学中出现。人们想象中的冒险旅行家皮肤黝黑、饱经风霜，昂扬地走在丘陵起伏的大地上，风吹、日晒、雨淋，背着一个简陋的旅行背囊。没错，这样一个旅行者很清楚，旅行路上并不需要万物俱备。

然而，用这种方式旅行，可以走多远呢？几十年来，每次我把我像"飞翔的荷兰人"[2] 一样注定漂泊的狼爪牌背包装满后过秤，从来就没有少于过十六千克，多数情况下甚至超过十八千克。我还有一个适用于短途旅行的背包，根据不同的旅行需求，有时重一点，有时轻一点。它的最大承重是八千克，事实上也经常装满。带着行李箱旅行时，我也常常要与二十三千克的限制作斗争。

每次打点行李时，我都感到很惊异，需要携带的必需品很快就会令人可敬地装满箱包，最后不得不使劲挤压。旅途中，我很庆幸自己携带了每一件必需品。要不要放弃某些在途中可以买到的东西呢？对我来说，在途中购买意味着牺牲可贵的旅行时间。也许别人可以轻装旅行，

---

1 保罗·索鲁《旅行之道》，汉堡，2015 年，第 63 页。

2 "飞翔的荷兰人"是传说中一艘永远无法返乡的幽灵船，注定在海上漂泊。——编者注

但我不行，我宁愿多带一些旅行装备，这会让我感到更踏实。

不知何人何时说过，出门旅行时，只带一把牙刷和一张信用卡就够了。看来，这个人的旅行不过是从一家设施齐全的酒店到另一家酒店。如果布莱希特或者奥斯卡·王尔德现在还活着，这话很可能会是他们中的一人说的。同样留在我记忆里的，还有我的前女友说过的话："拜托你带上安全套以防万一，谁知道会出现什么情况呢。"当时我们早已分手，但她确实是认真说的，这使我百思不得其解。吉塞克同样确信地说过："没有德国汽车协会的安全保险，我是不会轻易上路的。"美国小说家威廉·伯勒斯声称，没有海洛因他是不会出门旅行的；英国旅行作家布鲁斯·查特文说他出门旅行时不能没有万宝龙钢笔；保罗·索鲁则说在外旅行不能没有短波收音机[1]。我曾经问我的几位旅友，他们都带些什么上路。虽然他们在很多问题上都意见一致，在选择随身行李时却有天壤之别。瓦尔德领事说："无论我去哪里，也无论出门多久，我只带一个手提包，轻松自由。此外，我还总是随身带一个 Moleskine 笔记本，其大小取决于旅行时间的长短。我不仅做些旅行笔记，还剪贴、涂抹、勾画草图，一路下来，我就完成了自己的旅行日志。"

艾里克出门前一定要把随身携带的书都过过秤，最重不得超过三百五十克。他会把手机留在家里，"失联也是一种解脱，我会觉得旅行更加轻松，离家好像也就更远了"。

凯先生与他们不同，他说："去西方国家旅行的话，我会带上苹果手机、平板电脑、相机及其他高科技产品。如果是短途旅行，我就只带手机、Kindle 和必需品。当然，我总会准备两个电源转换插头，一个适用于欧洲，一个适用于美国。以前去芬兰徒步旅行时，我还总要带上六

---

1 保罗·索鲁《旅行之道》，汉堡，2015 年，第 103 页。

罐啤酒，每一罐都有三千克重。不过由于欧洲统一了啤酒价格，现在这些已经不是问题了。"

我有时也会把啤酒装在背包里，不过仅在回程路上。我很喜欢坐在家里回味旅途中走过的地方，为它干上一杯。不过，这种事似乎都是自然而然的，对于行李来讲，要紧的是能带着上路。苏珊和许多人一样，尽管吹风机不可或缺，但还是不得不放弃，因为瑞安廉价航空公司有硬性规定，吹风机不得带上飞机。对尹德拉来说，行李绝对不能再减少了，因为她要做到万无一失，必须准备周全。每一次旅行，她都带很多行李，从晚礼服到橡胶雨靴（以备雨天时在沙滩散步），一应俱全。"不管怎么说，我是不会穿着勃肯牌凉鞋和退休大妈式的休闲裤出门旅行的。如果我能在旅途中随意选择穿什么衣服，我会觉得自己把整个家都带在了身边。"

有人享受旅行中的奢侈满足，有人享受轻装潇洒。即便是享受"存在的轻盈"[1]，行李从来不会超过十五千克的阿希尔，也要准备充分以备不时之需。他有五张不同的行李清单，选用哪张取决于目的地是沙漠、森林、山地、城市还是海滨，"有时候唯一的遗憾是书带得不够"。

我本人则只准备一份标准行李清单，它既适用于巡回演讲、潜水之旅，也适用于徒步、考察及度假，同时不限冬季还是夏季，可以说，我的行李清单适用范围极广。只有在准备马拉松旅行时，我才会用另外一张清单。我有过一次长达半年的海上环球之旅，乘坐的是"欧罗巴号"游轮。我当然不得不考虑带上诸如黑色晚礼服之类的东西，那些东西在我其他旅行中是从来不予考虑的。结果，为了那次海上旅行，我装了满满三个大行李箱。不过，即便是我的标准行李清单，也包括两百件物

1　见阿希尔·莫泽尔《与心灵同步向前》，汉堡，2016 年，第 242、239 页。

品，有时为了徒步或潜水，还需要再加上十多件物品。我在旅行开始几周前，会把行李清单打印出来，毫不犹豫地立即删掉三分之二，然后看着所剩项目实际上不足理论上应有的一半，感觉会非常轻松。

还有"精神包袱"的问题。有人说你最好把它留在家里。这样管用吗？瓦尔德领事说："如果你每天都要踏上新的旅程，不知道自己第二天身在何处，就会忽略这些问题了。这种旅行方式带来的压力会使平日里的担忧烟消云散，以这种方式旅行，就像猛然被推进冷水，根本无暇顾及其他。或者，你可以选择旅行足够长的时间，解决问题的可能性越小，问题也就越无关紧要。你可以像政客那样，学会搁置问题。"

我试过一次，那是在 1977 年 8 月。我悉心整理自己的"精神包袱"，把它留在家里，然后就出门了。我直奔慕尼黑施瓦宾的高速路口，打算从那儿搭顺风车旅行，甩掉心中的郁闷和苦恼。去哪儿呢？随便！一般来说，搭顺风车时选择拒绝也很重要，就跟招手拦车时的表情和手势一样重要。拦下的车子至少要能把你载到下一个"好的"高速公路休息区或下一个高速公路入口，这样才能很快拦到下一辆车。但这次，我打算不加选择地搭乘任何一辆停下来的车。也许是之前几个月我太执着于某个目标了，现在，我的新生活的道路何去何从，就听天由命吧。我只想闻闻柏油马路的味道，看着公路上的隔离线，完全漫无目的。

当晚，我坐在小城伊策霍市郊，脑子里已经在盘算是不是该在田里找一块合适的地方睡觉了。就在那时，一辆嘎吱作响的雷诺 R 4 老爷车停在了我面前，车里的两个姑娘问我这个时间还要去哪儿。在那个年代，如果人们说起搭车经历，常常会说拦下了奔驰或美女，不过，两个姑娘开着雷诺老爷车，也许会是好运呢！一整天，我都想着留在家里的"精神包袱"，此时此刻，它化作轻烟，消失殆尽。

两个女孩一个叫艾蒂，另一个叫海柯，我搭上她们的车子行驶了大约十千米，就到了霍恩洛克施泰特。她们邀请我一起吃了晚饭，然后自然而然地邀我在她们那里留宿。不过别想歪了，显然没有其他意思，因为艾蒂的男朋友乌维和她们住在一起。况且，我是为了逃离而非到达某个地方才选择远行的。我们在乡镇小酒馆里和老板娘的女儿玩掷骰子的游戏，谁输了就要请大家喝一轮啤酒。幸运的是，多数时候都是老板娘的女儿输，她不太讨我们的喜欢。那天晚上剩下的时间里，我眼里能看见的就只有骰子了。

第二天，艾蒂和海柯把我带到了一个容易拦车的"好"路口。分别时，她俩邀请我回程时再来找她们玩。很快，我就搭上了一辆大众客车，司机特意开到高速路口，以便载上其他想搭顺风车的人。我们欢声笑语，好不热闹。到了丹麦的奥胡斯市就陆陆续续有人下车了，最后只剩下我一个人，汽车一直开到腓特烈港。码头上有一排木头货架，我背靠木架蜷缩着身体，很快就进入了梦乡。后来我一直在想，为什么当时我没有从那里乘船前往瑞典的哥特堡一路北上，而是搭乘渡轮登上了丹麦的莱斯小岛。我在小岛上待了好几天，有时窝在小帐篷里，有时在沙滩上呆呆地看着那些裸体天浴者。我的"精神包袱"突然又回来了。当我匆匆走在旅途上时，我确实已经摆脱了它。现在当我要休息的时候，它又追上了我。小岛上白天有海蜇吃，晚上在水手小客栈的晚饭还有酸奶作为甜点。

忍耐了一个星期之后，我开始搭车踏上了回家的路。在丹麦的瓦埃勒，恰好赶上天气突变，乌云翻滚，大雨瓢泼，我不得不在暴风雨中狂奔穿过整座城市。在哈泽斯莱乌，尽管又是倾盆大雨，我还是在田野边上打了我的睡袋露宿，那是一个军用睡袋，有橡胶里衬。接近午夜时，我醒了过来，发现自己全身已经被雨水浸透。回到霍恩洛克施泰特，我和太阳还是没有缘分。艾蒂和海柯开车载我直奔汉堡，为的是带我看看著名的圣保利大街红灯区的夜景。第二天早上，我们去了鱼市，有商贩在叫卖盆栽棕榈树和成箱的香蕉："今天礼拜天啦！非洲猎杀猴子啦！原始森林被伐光啦！快来买啊……"我却怎么也高兴不起来。不知什么时候，我又来到了高速路口，命运似乎在嘲弄我，这次一辆银色的奔驰跑车在我眼前停下，我竟然可以一路搭到维尔茨堡，然后我又搭上了一辆大货车。我没有坐在驾驶室里，而是坐在黑黢黢的货舱里，不过我对这种体验倒是很满意。快到慕尼黑时，我得下车了，我很清楚我的"精神包袱"在哪里等着我，我没有直接回家，想都没想就直奔目标而去。她给我开门时，我几乎什么都不必说了。我的兜里没剩下一分钱，一整天还没吃过一顿饭。她不是一个喜欢做饭的女人。不一会儿，她端给我一盘意大利面，没有任何酱料，也没有意面干酪粉，只有一盘白面。那一刻，我也明白，我的出逃旅行彻底失败了。

第四章　致过客

意大利北方无名的小镇，
五月一个礼拜六的清晨，
教堂塔楼的钟声此起彼伏。
广场上的咖啡馆前，
参加婚礼的人摩肩接踵。

男士频频敬烟，
女宾依依留影。
没有比这更好的地方，买上一副太阳镜，
开启一段新的生活 ——
他思索着悄然走过。

迈出几步，他觉得自己
如此虚弱，甚至不能
在命运吧台前点一杯咖啡。
他庆幸，时光流逝，
他可以再次悄然走过。

第五章　最初的震撼

我们在印度马德拉斯的机场降落时已是深夜，飞机在跑道上停留了一会儿，几辆摆渡车驶了过来，然后就是无奈的等待。我们又疲倦又恼怒。终于，机舱门缓缓打开，深深吸了一口闷热又潮湿的空气后，头脑立刻就清醒了，恼怒也顿时烟消云散。这就是抵达热带地区后会闻到的气息！我们屏住呼吸，然后慢慢吸气，在这片陌生的国土上，嗅觉感受完全不同。踏上舷梯后，我感觉身上的每个毛孔都嗅到了这种气息。行李领取处混乱不堪，不过这对我们来说还不是问题，问题是接下来要经历的。我们朝对方点了点头，这里的一切原本就该是这样的，我们不就是为此而来的吗？

旅行的美好始于抵达目的地之时——事实上，飞机还在上空盘旋时就已开始。我们透过舷窗看到下面的马德拉斯如一张灯火辉煌的城市地图，虽然没有像孟买和卡拉奇那样梦幻般光的海洋，但也是万家灯火。五颜六色的光海把亚洲很多大城市变成了多彩的夜景灯雕。你看不到城市的丑陋，也看不到城市的悲惨，只看到它光彩照人的美。这种美的愉悦有悖于所有理性，每次都使我处于一种充满希望的亢奋状态。

最壮观的一次夜间降落，我记不清是在阿联酋的阿布扎比还是在迪拜，飞机在城市上空低空盘旋长达数分钟，下面的城市就像被灯光照亮的巨型多彩画卷，彩灯延绵不断。每一条马路都被打上了黄色的光，每一块街区都浸在白色的光海中，整座城市明亮耀眼、光彩夺目，你甚至会觉得这里的每个邮筒都在闪闪发光。

在德国的城市，你体验不到这种光的魅力，尽管有些城市事实上更漂亮。和充满梦幻色彩的马德拉斯相比，德国城市的日常规划也更加舒适。马德拉斯市内的马路有好几条行车道，中间的隔离带上散落着那些"不可触碰"之人居住的帐篷。在市中心，数百贫民就睡在人行便道上，一两头白牛穿插其间。酷暑三十八摄氏度，街道上到处都是肮脏的积水，或许是下水管道破裂 —— 我记得有一个光膀子、皮肤黝黑的男人在下水井口徒手掏着些什么。就这样，我们真的来到了这里。这一切并没有让我们吃惊，相反，一切都让我们感到兴奋。入睡前，我们交换了各自的最初印象，觉得我们或许会喜欢上这个国家。

后来，我们也确实喜欢上了这个国家。那么是不是说，最初的印象会在整个旅行体验中起着决定性的作用呢？当然，人们不愿做出这样的假设。作为旅行者，人们要展示开放的心态，并在旅途中通过种种判断加以证实，尤其是向自己证实。另外，人们希望旅行顺利，有一个令人欢欣鼓舞的、成功的开端，不必总是追问，而是享受一切。如果你想不断获得惊喜 —— 这也是在像印度这样的国家应该采取的态度 —— 你就会不断发现获得惊喜的理由，相比那些在旅行之初就冷漠保持距离并不断发牢骚的人，你会收获更多惊喜。

从熟悉的环境过渡到陌生的环境时，旅行者会非常敏感，也很容易接受新事物。在一些发展中国家和威权国家，政府常斥资修建从机场到市中心的景观大道，以此取悦观光游客，这并非没有理由。然而，着陆后的第二天，也是旅行伊始。从进入一个完全陌生的世界到适应新的日常生活，目的明确地去捕捉某些印象，同时屏蔽其他印象，是需要一段过渡时间的。只有在最初几天里，人们才怀有真正开放的心态。这期间的所见所闻及后来不断留下的相似印象，逐渐积累成整个旅行的主题，这是从精神层面进入一个陌生世界的第一次尝试。

乘船旅行则完全是另一种特殊体验，不论是驶入悉尼港口，还是在太平洋上经过六天的漂泊，终于抵达海平线上某个若隐若现的南海小岛。即便你乘坐"欧洲之星"抵达伦敦圣潘克拉斯车站，环顾华丽的大厅时，也会立刻进入状态。1990年，我们乘坐横贯西伯利亚的火车，历时一个星期抵达蒙古首都乌兰巴托。当时，一半城市是由蒙古包组成的，没有什么比这种陌生的体验更让我们惊异的了。入住酒店的那一刻起，我就知道自己又发现了一个新的令我心仪的国家。

艾里克说，一个陌生城市的混乱"如同突然响起的摇滚乐，令人陶醉"。艾里克来自一个完全中规中矩的城市，对他来说，突如其来的混乱简直是一种享受。二十年后，他还记得自己当年抵达那不勒斯时的每个细节："我从火车站走出来，站在一个巨大的广场上，头顶是湛蓝的天空，交通噪声、鸣笛声，还有广场上弥漫着的腐烂蔬菜的恶臭。车站入口旁有一摞破旧的床垫，完全是点睛之笔！我立刻就喜欢上了这座城市。为了留住对它的美好记忆，我再也没去过那不勒斯。"

瓦尔德领事则警告说，不要在初抵目的地时抱有太多的幻想，"最初的印象就像女人一样具有迷惑性，即便这个国家很迷人，我也不会立刻下结论"。

尹德拉也持有相同的观点："中国香港很容易让人一见钟情，但要想窥视城市幕后，整个旅行过程中，你都得有耐心。金边则是一个需要三四次到访才会从心里喜欢上的城市，而那之后，它的魅力就超过了香港。"

大多数人都会低估初抵某地时的情形，只想尽快到达目的地。事实上，对我们来说，旅行中最有趣的阶段之一，就是这种面对陌生时自然流露的从克制到坦诚、亢奋的状态。我们不会因为目的地这样或那样的特质而恼怒，也不会再有新鲜感。倘若我们到达时因为无知看走了眼，那也是出于某种先入为主的偏见。

恰恰是伴随每次抵达时的不确定性和误解，才是最弥足珍贵的。旅行日常里所经历的神秘和惊奇，或许会成为旅行结束时最主要的体验。有一次，我刚到日本不久，在一家餐厅里的洗手间，马桶圈的温度把我吓了一大跳，看来是电预热的。在应该放着卫生纸的墙上，我发现了一个排列着十几个按钮的操作盘，上面都是日语说明。事实证明，这些按钮可以调控水温及清洗下身所用的喷水的冲力。还有一个吹风的按钮，甚至还有一个能发出冲水声音的按钮，以掩盖方便时尴尬的声音。我找了半天却没有找到冲水按钮，不得已，我叫来了工作人员帮忙，他殷勤地跟我进了卫生间，我这才发现冲水按钮极其隐秘地藏在房间里的另一个角落，远离电子操控板。

这一幕绝不是出现在高级酒店里，这种精心设计的冲水马桶在日本很普遍。现在回想起来，初到日本时的震惊带来了文化冲击，几个星期之后，我都还处于震惊之中——至今我都认为，日本之旅是一段通向未来文明的旅程。几周后我返回德国，意识到日本人对于成千上万的日常琐事，管理得是那么精密、完美。

一个日本人初次来德国上厕所，因冰冷的马桶圈而感到震惊时，他会怎么想呢？他可能会把自己的经历当作逸闻趣事，乐在其中。有没有一种文化冲击，使人对异域文化的兴趣骤减呢？我记得1978年乘船抵达埃及的亚历山大港时，我们立刻就被当地人团团包围，他们向我们提供未经许可的服务；我记得1982年第一次去美国时，纽约移民局官员对我的粗暴盘问；我也忘不了1993年在乌干达的坎帕拉，我们被几个毒品小贩紧紧尾随，只是因为我们不想买他们的东西。吉塞克记得自己进入加沙地带时，徒步穿越以色列人控制的一千五百米长的无人区，一辆大篷车后面停着很多马车。于尔根记得 1988 年到达库尔德人聚居的土耳其城市迪亚巴克尔时的情景："下了飞机，从停机坪徒步走到机场大楼，夹道两边是土耳其士兵列队，他们端着上了膛的机关枪，士兵身后是重型火炮，记不清是坦克还是大炮了，总之是一次令人望而生畏的'夹道欢迎'。"

这也算是相当令人兴奋的体验了。当然，亚历山大港、纽约、坎帕拉、加沙等地也让人心潮澎湃。最初的文化冲击把我们从自己的世界里拽出来，抛进了一个完全陌生的世界。有时，我们将其视为厄运警告，有时则将其视为好运预兆。然而最糟的是，当你抵达一个陌生地方后，你所体验到的仅仅让你耸了耸肩。我在美国哥伦布市的体验就是这样，后来我改变计划，去了一个还算有趣的地方旅行。

凯先生说自己对牙买加的最初印象一点都不好，相反非常厌恶，觉得再也没有比那里更糟糕的了，他的整个假期都被毁了。他的描述之所以这么过激，或许是因为："坐船抵达牙买加后，蒙特哥贝港口到处都是乞讨的、兜售廉价小商品的非裔加勒比人，他们或多或少都有些残疾。那个画面就像意大利导演费里尼电影中的场景一样光怪陆离，其间掺杂着来自西欧的猎寻廉价爱情的性感老女人、流浪汉、流氓、瘾君子、小偷……也许那里是世界上最令人厌恶的地方了。"

沃勒回忆起他 2015 年去伊拉克的旅行时说道："天啊！我这是降落在哪里了？"接着他又补充道，"你必须逗留很长时间才会适应那里糟糕的一切，然后你会觉得，其实一切都很正常。"

恰如"美无非恐怖的开端"[1] 一样，恐怖 —— 或许不是美丽的开端，但至少是有意思的开端。因此，我们应该尽早放下由最初体验而产生的负面评价。

1　摘自里尔克《杜伊诺哀歌》（第一节），《里尔克全集》第二卷，法兰克福，1955 年，第 685 页。

第六章　纯粹体验

1978 年，我们去埃及旅行，抵达开罗后，我们给父母发了一封电报——绝非出于自愿，而是父母的要求。这是我们第一次冒险去欧洲以外的地方旅行，三个男孩、两个女孩，我们的父母万分担心，甚至想到了最糟糕的事。为了节省电报费，我们只写了一串缩写——Allesok（一切顺利）。实际上，一路的经历并非"一切顺利"，我们在仪表盘上动了手脚，然后每人驾驶一辆奔驰从斯图加特开到埃及。我们觉得没有必要向父母汇报更多。

报平安的电报发出后，我们就跟家人正式失联了。父母们只能盼着我们说不准哪一天再次出现，我们甚至都没有确定回家的日期。那时候其实这样很普遍，出门旅行时，说走就真的走了。幸运的话，留在家里的人或许会在几个星期后收到一张明信片，当然上面也只写着"一切平安"。至于实际上发生了什么，要等回来以后再讲，也可能根本就不讲。

那时，我们也会长达好几个星期收不到家里的任何信息，完全"迷失"在旅途中的"彼时彼地"。如果那时我们有手机，可能也会时时刻刻跟父母、朋友、社交媒体上的粉丝和脸书里的朋友汇报，晒出我们在路边摊上吃的蚕豆，或者描述我们因内急而寻找厕所的窘状。如今，不管我在哪里，都会看到旅行者人手一部手机，在另一个世界中旅行。有时我暗自寻思，他们在这个过程中，从身临其境的真实世界里得到了什么。本地人也都在不停地摆弄手机，甚至在世界上最遥远、最偏僻的角落里，街头上的乞丐也捧着手机。所有人都在跟所有人交流，只是没有和就在你身边真实存在的人交流。

"专注于你的所到之地，"旅行作家保罗·索鲁这样建议道，"专心体验你的所到之国，断绝和家里人的一切联系。"[1]

然而事情并非如此简单。"有时候我会好几天不开手机，"沃勒如是说，"但是时间长了就不行了。"来自家乡的坏消息总会破坏我们的旅行兴致，好消息会使我们的旅行变得轻松愉快，但无论是好消息还是坏消息都会改变我们的旅行印象。不停地和朋友在线上交流，不停地在网络平台上浏览景点、餐厅、各种活动等由虚拟旅友提供的信息，会使人感觉从来不是单独旅行，也不是完完全全身处一个陌生之地。看到大街上很多游客都在按图索骥，跟着谷歌地图从一条街移动到另一条街，几乎目不转睛地盯着手机，也不抬头看看前方，我真为那些人感到遗憾。不过至少，他们会找到要找的地方，在那里发现和他们一样的人。他们以后会怎样讲述自己去过的地方呢？

或许他们不会讲述太多所见所闻，而是给别人展示他们自拍的照片。一方面，他们的眼睛时刻不离手机屏幕，以便随时捕获地球另一端的最新消息；另一方面，当他们自拍时，角色就发生了变化，轮到他们上场了，几秒钟之后，他们的照片和文字就上传到了数字社区供大家欣赏。重要的是竖起大拇指，背景中的埃及金字塔或中国长城，只是到此一游的证明。景点用来记录自己的生活，准确地说是记录自身的活力。人们通过手机对其进行观察记录，用数据存储取代了大脑的图像记忆。

过去，人们或多或少尽量不引人注意地悄悄拍摄当地人的日常生

1　保罗·索鲁《旅行之道》，汉堡，2015 年，第 20 页。

活。现在，同样是给当地人拍照，则更频繁，方式也更粗暴、直接。人们热情洋溢、不假思索地把当地人当作拍摄对象，与他们合影。如果一个街头商贩躲避镜头，或一个人力车夫想要索取入镜费，就会被认为是给游客扫兴。在许多国家，当地人也像游客一样疯狂热衷于拍摄，在那里，外国游客也常常被当作拍摄对象。有些当地人想跟外国游客合影时，至少会先搭话。多数人则只是简单地一通乱拍，只要出现了一个外国游客，他们就蜂拥而上，肆意用手机拍照。如果你抗议，就是外国游客扫了当地人的兴。

摄影已经不仅是个人业余爱好了，还是一种生活方式，同时受到某种压力的推动。如今，很多名胜古迹已堕落为集市，世界各地的青年在那里摆出各种姿势拍照。他们摆出来的快乐姿态会败坏其他游人的心情。尹德拉讲述了她在里约热内卢的经历，那里的巨型基督雕像被游客重重包围，很多游客躺在地上，摆出各种姿势跟基督自拍。她不得不小心翼翼地走路，以免踩到其他游客的身体。画家约翰内斯·纳夫拉特在旅途中总是起得很早，以便在清晨没有游客时再看看景点并拍照——用的当然是过时的老办法。"如果人们一味拍照，那么看到的就不再是整体，而只是一部分。一般来说，第一次出门时不要带相机（无论是在乡村还是在城市），第二次去时再带上。否则虽然带回家很多影像资料，却完全没有看到景物整体的本来面貌。"

纳夫拉特还说，作为游客的视角会妨碍他作为艺术家的审美视角。很长时间以来，他面临的最大难题是威尼斯。有一次，他花了整整两天的时间，去欣赏明信片式的景色背后的城市——在运河的涟漪水光倒影里观察威尼斯。"你身处世界上最美丽如画的城市，起初看到的基本是自己早已熟悉的那些东西。然而，作为画家，我需要寻找标新立异的主题。我拍的照片是我旅行中最大的收获，也是我未来进行创作的基础和素材。"

艾里克也热衷于拍照："一张好照片胜过这个世界上的所有文字，它比文字描述包含更多的隐喻。"

以行为方式来说，艾里克是那种比较守旧的人，他至今用的还是数码单反相机。我问过的很多人如今都只用手机拍摄了。吉塞克说："我很少拍风景，倒是宁愿把照片都变成旅行日记。"

凯先生说："我以前会定期写旅行日记，如今我不得不常常用脸书的帖子记录。"

偶尔我也会拍照，多是为了记录，这时我的视野很快就会被局限在寻找拍摄主题上，无法欣赏那神奇的瞬间。在喜马拉雅山，我抓拍了一支牦牛商队，他们从漫山遍野的杜鹃花丛中迎面走来。后来再看这些照片时，我发现画面令人沮丧：照片中看不到牦牛摇摆着脑袋行进的动态，听不到牦牛脖子上的铃铛发出的低沉响声，也听不到赶牛人的吆喝声和鸟儿叽叽喳喳的歌唱声。仅用眼睛看，常常不能满足我的愿望，所以我宁愿体验纯粹的旅行。

在旅途中，我也会做些笔记，这并非出于什么原则，写不写笔记对我来说不是那么重要。但是如果不写下来，很多情况下，我的大脑容不下洪水般的印象，所以无论如何，我都会在我的褐色小本上做些旅行记录。那是一个丽都牌旅行记事本，自 1975 年以来，每年我都会在这种小本上写手记。最初这种笔记本只有一种褐色封面，因此得到了俗名"褐色小本"。我写下的与其说是日记，不如说是日常生活的一些评注式要点。为了写这本书，我重读了一遍我所有的旅行记事本。令我惊讶的是，尽管只是寥寥几个词语，以前的旅行经历竟栩栩如生地重现在我的眼前。虽然艾里克持相反的观点，但他也承认：有时候，一本好的手记胜过这个世界上的所有照片。

有一次，我因为写手记被拘捕了。那是2006年，在古巴奥连特省，我跟朋友库奎和他的妻子玛丽拉在马埃斯特拉山区旅行。他们用旧衣物跟当地农民交换食品，如用一双旧鞋换一只鸡。一个便衣警察跟了我们一阵，正当玛丽拉准备用一条自己缝制的牛仔短裤再换一只鸡时，便衣警察当场把她抓住了。他先是在山谷里就地盘问我们，后来又来了一位警长继续盘问，他告诉我，古巴法律第二十三条规定，禁止外国游客在此地旅行。第二天，我不得不去圣地亚哥移民局局长那里报到，两个秘密警察轮流审讯我，经过三刻钟的审讯，我终于明白所谓的第二十三条法律条款是他们凭空杜撰的。我之所以被怀疑，是因为我没有拍照，而是不停地写笔记！为什么我要在山里转来转去？山里有什么好看的？最后他们跟我握手告别时说，古巴是一个很小的国家，四周都被敌人包围，所以他们要时刻提高警惕，特别要注意像我这样的人。他还问我，听懂了没有？我听懂了。

· · ·

　　十年后，我去了印度的东北角，我希望至少在那里还可以体验纯粹的旅行，没有手机也没有网络。但我错了，那里也没有什么纯粹的旅行。多数情况下，如果没有提前在网上预订，你无法入住酒店。这可是在印度啊！幸运的是，我随身带了笔记本电脑，原本是为了记录旅行，现在竟然是为了继续旅行。每隔一个晚上，我就得上网找酒店，TripAdvisor、Goibibo、Clear Trip、Agoda、Booking.com，等等，在上面浏览酒店，在谷歌地图上比对位置。在网上预订酒店的辛苦不亚于过去在蜿蜒曲折的老城里寻找住处，也不比跟客栈老板讨价还价，你要有坚强的毅力和耐心。印度的网速很慢，还常常在关键时刻掉线，最后预订失败经常是因为不能提供印度手机号或印度的信用卡号。

在互联网上预订酒店时，人们不得不查看照片，浏览其他客人的评语，尽管都知道这会破坏初抵某地时的好心情，但这个环节是避免不了的。不过，偶尔也有令人发笑的事情发生。例如有一次，我在印度最权威的旅游官网 MakeMytrip 上预订火车票，登录后网页上显示："根据印度铁路局规定，八点至八点半停止预订火车票。"印度铁路局的网站上也有类似的通告，让我稍后再登录预订。事实上，网站上写得很简要，此时是 ——"午休时间"。

既然我已经坐在了电脑前，我就利用这个空当回复了电子邮件，查看维基百科和其他网站，为我的旅行计划做准备，或温习我的旅行心得。我甚至浏览了德国的时政新闻，在踢球者体育网上查看了比赛结果。

在这次旅行途中，我也拍了照片。晚上我会翻看白天的照片，整理分类，挑出最漂亮的照片发送到世界各个角落，同时收到来自世界各地的发给我的照片。我不断和留在家里及正在其他国家旅行的人交流，分享各自的喜怒哀乐，提出建议，或者约定见面时间，等等。只要一上网，就总会有各种各样的理由留在网上，这简直是不可摆脱的魔咒。想在异域里人间蒸发，看来得另寻办法。

第七章　保持你的本色

在旅途中，我希望自己轻松随意一些，既不想看起来像个流浪的背包客，也不想像个一身职业装、假装风雅的公务差旅者，尤其不想看起来像个游客！"我的行李包里没有拖鞋，"瓦尔德领事在回答旅行穿戴问题时这样说，他还进一步说明，"背包客总是急于让自己融入当地环境，不仅换上了灯笼裤，思维方式也不一样了。试图在旅途中把自己装扮成当地人的模样，会很快失去尊严。"

无论是身裹埃及传统长袍，还是身穿类似古罗马长袍的阿拉伯风格的服装，也无论是痴迷于印度风格，身披纱丽、佩戴各种首饰，还是梳着时髦的牙买加脏辫，这些游客很快就会变为四处游走的本地小丑。"就好像他们不是游客似的。"布莱克博士摇头叹道。

在尝试入乡随俗的背后隐藏着一个愿望，即在旅行期间把自己变成另外一个人。一个很常见的现象是在办理登机手续时，头戴一顶小太阳帽，看起来像一个业余的马戏团小丑。男人们身穿百慕大短裤，脚蹬阿迪达斯廉价平替款徒步拖鞋；女人们穿着鲜艳的阔腿裤和人字拖。似乎从一开始，旅行就应该显现出休闲轻松的状态，人们也许是想通过换装来调整心态吧。

第三类典型游客完全是出于务实考虑而忽略着装的。他们出行前有意从衣柜里挑选出那些早就该丢弃的旧衣服，打算在旅行结束时送给当地人。布莱克博士说："这种事情在我这儿也发生过，接受馈赠的'需求者'很不情愿地收下了我送的已经磨出了毛边的破旧衣服，我的衣服已经穿得很旧了，甚至他们自己的衣服都比我送的好得多。"尹德拉也很不理解为什么有些旅行者不重视自己的穿戴。究竟为什么会这样呢？是因为反正出门在外，谁也不认识谁，所以就无所谓了，还是根本就不想结识新朋友？难道他们就没有想过，不重视着装，对当地人来说也是一种没礼貌的行为吗？[1]

这三种度假着装的类型，背后隐藏着三种态度：入乡随俗，和当地人穿同样的衣服；轻视外表衣着，显现出孩子气的天真；视觉上放低姿态，尽量去适应当地艰苦的生活条件而非当地人。

自从户外服装被时装业发掘以来，连旅游团里的游客都喜欢把自己打扮成（时髦的）冒险家。当然，也总会出现一些惊人的个别事件：我记得在紧邻新加坡的印度尼西亚巴淡岛上，看见一个时髦的女游客，穿着一身鲜亮的夏裙，足蹬一双时髦的黑漆皮高跟鞋，艰难地穿越热带雨林。她不是在行走，而是在缓慢地挪步移动。你很难想象出这样一幅场景，这实在太匪夷所思了，让人难以忘记。

我在这里要说的并不是特例，也不是讨论某种旅行穿戴适合或不适合。这里主要探讨的是态度问题，即在陌生的国家里应该怎样表现自己。你的穿戴实际上已经表明了你的某种态度和立场。德国游客旅游的目的不仅仅是体验异国情调，还有意要在外国给当地人留下良好的印象。特别是上了岁数、在历史意识中成长起来的老年人，他们想向世人展示，今天的德国人早已不是纳粹时期留给世界记忆里那样的德国人

1　唯一始终注重穿着打扮的是西班牙人，尤其是西班牙老年女性。即便是在城市马拉松赛上，她们也被认为是"极其好看的"。（马蒂亚斯·波利蒂基《42.195》，汉堡，2015年，第96页起。）

了。实际上，这是一种值得钦佩的态度，而且数十年来，德国游客也确实为改变德国在世界上的形象做出了很大的贡献。至于是否被他人喜欢、是否会被尊重，那就是另外一回事了。

德国人希望被他人喜欢，这不仅体现在旅行穿戴上，有时甚至会因夸张的姿态而适得其反。英国人在旅行时常常表现出一种后殖民主义的心态，看不起当地人，喜欢取笑一切。跟英国人不同，德国人试图重新归属于国际社会大家庭，为谨慎起见，他们会仰视一切。他们试图理解别人，即便不能完全理解，也总会露出会心的微笑，保持谨慎的距离。凯先生不满地说："在外国他们是变色龙，回到家里，他们喋喋不休地谈论外国人如何野蛮。"

我们热衷于奉承当地人，极力夸奖他们的国家。（哦，很好！非常伟大！）但事实上，如果你想在风景名胜之外深度了解这个国家，那么英国人的自傲和德国人的谦卑都不是很恰当。设想一下，我们会怎样看待一位外国游客？如果他一味地夸奖我们的国家如何棒，我们可能会认为他是在取笑我们呢。

如果当地人问我怎么看待他们的国家，我现在更有可能回答：我还不知道。我会反问提问题的人 —— 你自己怎么看呢？回答通常是令人吃惊的，他们直截了当地指出这个国家所掩盖的真实问题。有一次，我在印度的西孟加拉邦通过这种方法获知，很多人很担心并害怕无数来自孟加拉国的非法移民[1]："他们不打算融入我们的社会，只生活在自己的圈子里。人们根本不了解他们的想法，也不知道他们将来的打算。"跟我交谈的每个人都认为，印度是一个伟大、神奇的国家，（哦，很好！非常伟大！）但必须加强外部边界的安全。这些离欧洲很遥远，正如我当时

---

1 大多数生活在印度西孟加拉邦的人是印度教教徒。

所想，此刻却觉得近在身边。

保持你的本色始于日常生活。如果你只是小心翼翼不想引人注目，那么在很多国家里，你就会被排挤在社会边缘。但如果你了解了当地人的肢体语言，学会了提高嗓门说话，还学会了用胳膊肘在拥挤的人群中给自己开道，那么你就会在中非国家赢得尊重，获得一席之地。在那里，"机会主义"并不意味着胆小怕事。

让我们从日常生活中的讨价还价说起。恰恰是知识分子总是带有偏见地认为，当地人都穷得食不果腹、衣不蔽体了，我们应该对他们慷慨一些。他们并不觉得由于这种态度，自己反而会被当地人瞧不起。他们这样的做法不仅破坏了市场价格，也破坏了他们所代表的国家的形象。当然，在我看来，跟出租车司机为了一百卢比而争吵并不值得，但是从印度出租车司机的角度来看，这是很值得一争的。我们若不遵守游戏规则，就会得罪他们。实际上，如果我们慷慨地付给他们酬劳，反而会使他们觉得自己是不知足的乞讨者。相反，如果我们使劲和他们讨价还价，他们会觉得自己的劳动受到了应有的尊重。讨价还价的实际意义超出了乘出租车本身，最后达成一致时双方常常会用力握手。

即便我们觉得这种行为不合时宜、不恰当或者太过分，但无论是在讨价还价还是在其他场合，我们在世界上的任何一个地方都会被看作自己国家的代表，其次是被看作欧洲或西方世界的代表（每当有人问我从哪里来的时候，我都会真心实意地说是从"欧洲"来的。但是人们并不满足于我的回答，一定要知道我是从哪个国家来的）。这种情况在外国时常发生，特别是当我们一再与人发生关乎世界观的辩论时。例如，乘坐公共交通时，几名乘客一定要用一两百头骆驼买下我的女友，或者趁我们上厕所的时候，无礼地骚扰她。他们不但不对此行为道歉，反而把我们卷入关于男人和女人社会角色的争吵。更有甚者，还会在我们面前宣称自己崇拜希特勒，鄙视西方的颓废文化。牙买加的拉斯特法里[1]信徒公开声称西方世界是"巴比伦"，或他们所信仰的上帝才是最伟大的上帝。

在塔吉克斯坦，我常常被迫被当地人亲切地称为兄弟，因为他们认为，德国人跟他们同属于雅利安民族。塔吉克人属于印度日耳曼人大家庭，他们非常在意自己跟乌兹别克人和其他鞑靼人（也有鞑靼人生活在塔吉克斯坦）的区别。他们还特别喜欢指出自己的大眼睛不同于乌兹别克人的眯缝眼——虽说是开玩笑，但也严肃认真。

如果我们出于礼貌克制自己，那就证明了自己是他们所认为的胆小鬼。当然，我这里所说的"他们"不是这个国家的知识分子，我们在旅途中也很少遇到知识分子。"他们"是出租车司机、餐厅老板、大街上偶遇的行人，大都是些非常简单的、单纯得不能再单纯的普通人。他们真实地生硬、直爽，不会在跨文化交流时隐藏自己，也从不会像议会政客那样用密码编成的毫无指摘的官腔说话。

在很多国家，恳求彼此宽容不能帮助我们解决问题。宽容他人是启蒙主义的核心价值观，诉诸宽容是欧洲中心主义的表现。如果我们诉诸宽容，那表明我们没有重视所在国人们的价值观，如他们所强调的信仰、家庭、集体、安全。关键时刻，我们必须振作起来，坚持我们所认同的宽容的价值，以不宽容的态度捍卫宽容的价值，必要的话，要勇于决一胜负。人们不可能总是朋友，即便是出国在外的德国人也是如此。

2010年，在撒马尔罕的一家夜店里，我就曾身陷困境。当时我拒绝跟一个乌兹别克人干杯，因为他说所有的德国人都是强盗，并说这是

1　拉斯特法里运动是20世纪30年代自牙买加兴起的黑人基督教运动，雷鬼乐深受拉斯特法里运动的影响。——译者注

他祖父母告诉他的。他力劝我跟他干杯，而我却把他请我喝的伏特加全倒进了旁边的一个大花盆里。他向我扑上来的瞬间，他的朋友们冲过去把他按住了。后来我们达成了和解，一致同意，德国人和乌兹别克人里都有强盗，但大多数人不是。

第八章　旅行的足迹

2016 年 1 月 14 日，我收到布莱克博士的一封群发邮件，他在邮件中写道：

亲爱的朋友们：

（……）2015 年我度过了美妙的一年。尽管我有全职工作，但我成功地在一年内畅游了世界七大洲。下面就是我这份感人的旅行清单：

1 月：南极洲、南美洲（智利、阿根廷、乌拉圭）

2 月：北美洲（美国加利福尼亚州）

3 月：亚洲（缅甸、中国香港）

4 月：美国纽约

5 月：墨西哥

6 月：欧洲（德国、奥地利、斯洛文尼亚、匈牙利、斯洛伐克、波兰、乌克兰、罗马尼亚、保加利亚）

7 月：非洲（南非、斯威士兰、莱索托、纳米比亚、博茨瓦纳、赞比亚、津巴布韦）

8 月：火人祭（美国"燃烧人节庆"，感觉不像在某个大洲，而像在另一个星球）

9月：美国俄勒冈海滨

10月：奇怪，竟然哪儿都没去，留在加州的家里，但参加了各种节庆和派对活动

11月：墨西哥、日本

12月：大洋洲（我的第一百二十个国家——斐济，还有澳大利亚）

在一年之内走过七大洲二十七个国家，并不是"到此一游"式的走马观花，而是深度游，多数是长途自驾游（只有南极洲是例外，我在那里只逗留了五天）。

现在我在澳大利亚的塔斯马尼亚，仍然停不下脚步休息。不过天气预报说明天是个坏天气，或许我会美美地睡个懒觉。（……）

布莱克博士从大学时代起就住在加利福尼亚，显然需要经常在两个语言世界之间来回穿梭。他不是唯一打卡旅行之地的人。最年轻的环球旅行达人是挪威人居纳尔·迦夫斯，三十七岁时，他就走遍了地球上的所有国家和地区。2012年，他打破了自己的第二个吉尼斯世界纪录：在一天之内走访了五大洲。两年后，他又打破了一项世界纪录：二十四小时之内游走了十九个国家。[1]

对此我们也只能耸耸肩，承认这个吉尼斯纪录，但这种旅行方式并不能让人深入了解异国文化。我的朋友艾里克显然也有这个雄心壮志，他想尽可能多地看看外边精彩的世界。

他说："我在客厅里挂了一张特殊的地图，上面覆盖了一层金黄色

---

1 居纳尔·迦夫斯《我怎样游遍了一百九十八个国家》，奥斯陆，2015年，http://news.bitofnews.com / every-country-in-the-world-before-age-40/。

的薄膜，透过薄膜只能看到国境轮廓线。如果用一枚硬币刮开新近旅行之地的位置，地图上就会出现红色、绿色或黄色的色块。这种感觉总是非常美妙。"

我的旅友吉塞克则用另一种奇怪的方式制定旅行目标，他的目标可远远超越了单一目的地的旅行："我悄悄地用一种独特的方法进行旅行打卡，即按照字母表的顺序排列地名，完成打卡。现在已经完成了百分之八十，还在期待以 Q 和 X 开头的国家成立。"

像阿希尔这样的人已经记不清自己走过多少国家和地区了。不过至少他还能告诉我，他已经走过了二十八个沙漠，在那里度过了五年半的时光。他并不热衷于统计数字，但坦承："走过之地的数量也显示了经验值，旅行的数量是知识质量的保证。"

旅行家跟专家不同，他们的兴趣在于宏观看世界。在他们的旅行生涯里，他们或许会成为作家，最多能成为通才。他们不会唯独偏爱某个国家，一有机会就去，而是泛爱全世界。他们被世界上的一百九十四个国家吸引 —— 这是目前官方确认的数字[1]，此外还有十三个主权有争议的国家、民族、地区或领土[2]。旅行家的主要问题是时间，他总是要挤出时间游遍所有地方 —— 无论是国家还是地区。

或者，至少是游览尽可能多的地方。即便是普通游客蜂拥而至的景点，那里的日常生活也值得旅行家去探索。他把所见所闻跟以前的进行比较，通过比较得出自己的判断。他在最静默的瞬间看到了今昔对比的

1　联合国统计数为一百九十三个国家，此外还有非会员观察国巴勒斯坦。参见联合国官网，http://www.un.org/en/sections/member-states/growthunited-nations-membership-1945-present/index.html。(此处为作者创作时的联合国数据。——编者注)

2　对于国家有不同的定义，所以其他资料来源可能会有不同的数字。(参见维基百科网站，https://de.wikipedia.org/wiki/Liste_der_Staaten_der_Erde。)

细微共性，而这恰是旅行魅力多样性的表现。无论走到哪里，他看到的都是同样的东西，无论其表现形式如何多元，他对此都会比只在家乡时理解得更加深刻和全面，那就是——人性的，太人性的。

旅行家日常活动的背后是一种实践哲学，他所获得的知识不是凭借逻辑而是凭借经验。这也说明了为什么旅行作家的作品相比其他作家的作品更能够直接打动我们的心，后者一生除了自己的书桌，几乎没见过其他。我们随便挑出一本旅行作家的书，如英国作家吉卜林、美国探险作家乔恩·克拉考尔、杰克·伦敦、现代旅行作家布鲁斯·查特文的作品，其文风都很直率，开门见山，直切主题，如同斗牛士面对公牛，绝对优雅威武，有时甚至是自恋，但是一登场就表现出坚定的决心。读者可以从他们的字里行间感受到，他们完全依随内心逻辑刻画人物形象、提炼文学主题，并把握整体故事情节。他们用清晰透彻的笔法把自身关于世界和人类的知识融入其中，使黑暗的深渊透出智慧的光芒。

从冒险旅行家到受过良好教育的中产阶级，除了追求知识，他们还有很多动机去远方追逐，醉心于创造"走遍"的纪录——登遍七大洲的七大顶峰，登遍八千米以上的十四座山峰，游遍世界上最美的国际大都市[1]，逛遍世界最美广场[2]，在地球上的所有大洋航行，参加世界马拉松大满贯巡回赛，或徒步横穿国家或大洲……

人们会出于本能地自问，我有哪些纪录可以炫耀？我在世界上哪些地方留下了足迹？嗯，至于我……我去过亚洲最干净的地方——印度

1　一般指巴西里约热内卢、中国香港、南非开普敦、美国旧金山、澳大利亚悉尼。

2　公认的有撒马尔罕的雷吉斯坦广场（乌兹别克斯坦）、伊斯法罕的伊玛目广场（伊朗）、威尼斯的圣马可广场（意大利）、布鲁塞尔大广场（比利时）、萨拉曼卡的马约尔广场（西班牙）等。

梅加拉亚邦的莫里农小村庄，2003 年，它获得了"亚洲最干净村庄"的称号。最初这个称号是《发现印度》杂志的商业炒作，但尽管如此，这一称号还是流传开了。此外，我去过世界上降雨量最多的地方——乞拉朋齐，它也在印度的梅加拉亚邦，曾获得吉尼斯"地球最湿润之地"的称号，创下了一年内和一个月内降水量最多的纪录，不过那是在 1861 年，最新纪录则由附近的毛辛拉姆打破。换言之，在打破纪录方面，我没有什么可以炫耀的资本。

收到布莱克博士的邮件后，我也不得不开始统计自己旅行过的地方。这是之前我没有想过的问题，当时只好依靠我的褐色旅行记事本来完成这项统计。很快，我就陷入了苦思，我去过的哪些地方可以算作国家呢？尤其是在加勒比海地区和南太平洋，也许一个地区的国家归属对于旅行者来说并不重要。

最后我决定只按走过的地区算，不按国家来统计。当然，中转地是不算在内的。有时我也会气恼，比如 1987 年我曾去苏联旅行，如果我再晚去几年的话，就可以在同一地区多数出几个国家了，但当时那里还只是苏联。不过，我在 2005 年又去了一趟俄罗斯圣彼得堡，这时就可以把它算作苏联之外的一个新国家来统计了。截至 2016 年 6 月 17 日，我一共去过九十七个国家和地区。

不管怎么说，我至少走过了目前世界上一百九十四个国家的一半数目，也可以说刚好够到。奥地利我去过二十六次，意大利去过十八次。说这些有什么用呢？如果利用这个时间轻轻松松地去……当然人们旅行不是为了和别人进行虚拟竞赛，不是吗？不过我认识几个人，他们恰恰就是为了和别人攀比而去旅行的。

既然我已经统计了自己的旅行之地，我也就顺便计算了一下实际的旅行天数[1]。我的年均旅行天数为 175.66 天，这还不算 2006 年 7 月我在"欧罗巴号"游轮上的半年航海之旅，毕竟在一定程度上，那是由船长和他的船员替我完成的。2000 年是我创纪录的一年，既有旅行时长纪录（二百二十六天），也有打卡数量纪录（十个国家）。记得布莱克博士说在 2015 年"走过七大洲二十七个国家"。除去休整时间，难道他一直马不停蹄地行进在途中？他在体力上能坚持下来吗？布莱克博士笑着说："我有一辆老切诺基吉普车代步。我懒得走路，甚至违反交通规则把车开进了禁止行车的市区，我开车穿过田野驶上登山道，驶进寺庙庭院（玛雅文明弃都蒂卡尔、柬埔寨吴哥窟等地），还驶进了城堡。有一次在捷克，我甚至开车驶进了一座宫殿，真的把车子开进了建筑。有意思的是，总是德国人对此很激动。"

难道他准备一直这样旅行，直至走完一百九十四个国家吗？

"别急，一个一个来，"布莱克博士的话对我不知算是打击还是鼓励，"我的下一个目标是在七十岁前走完一百五十个国家和地区。"[2]

我花了好几个星期的时间来消化自我统计的结果。假如出于自愿，我不会在统计清单上花费时间，但现在回想起来，我只是不想低估自己或者让别人笑话我。我已经习惯于别人问我全程或半程马拉松的个人最好成绩。在业余体育运动员中，人们总是想知道别人的成绩。旅行者也是如此。和一个偶然在出租车上认识的，只去过巴塞罗那、布拉格和里斯本的游客相比，像阿希尔这样有沙漠远行经验的专业人士所提供的判断和建议更有分量。

1　这里也包括在德国境内的旅行时间。

2　布莱克博士出生于 1963 年，从 2016 年到 2033 年，他还要去三十个国家和地区旅行，差不多每年走两个国家。这对他来说不是太少了吗？不会的，他反驳说，剩下的国家并不相邻。与他目前为止的旅行实践相反，他必须一个个国家单独行走。

然而，我现在才明白，在旅行计划清单上打钩从来就不是我擅长的事情，我只是出于好奇。自从我开始统计自己的旅行数据以来，真正让我思考的是，除了泰姬陵和南太平洋，至今还有很多我梦寐以求的目的地尚未前往——我既没去过马里的通布图，也没去过阿尔及利亚的阿哈加尔高原；没去过格陵兰岛，也没去过北极和南极。至于乞力马扎罗山，虽然有一次我去了马兰古大本营，但从没有登上去过。这究竟是为什么呢？我去过很多地方，但几十年来，我最想去的地方恰恰没有走到。至于泰姬陵和南太平洋，那是因为这两个梦想旅行之地恰好就在我环球航海的行程途中。否则，我可能至今都没去过这两个梦想中的旅行目的地。

第九章　按图索骥

　　每次旅行都是一次考试，人们希望最终顺利通过。然而"顺利通过"并不总是意味着得到好成绩，这取决于旅行的困难程度、你为旅行所做的攻略以及计划停留的每一站的难度。一份旅行计划实际上就是一个以日程表形式表现出来的我们的期盼与渴望。

　　时间紧迫又想多停留几站，途中意外的阻碍、偏离行程计划的诱惑等，都会给旅行带来潜在的压力。我们每天都要做出抉择，原计划之外的景点去还是不去，当地人说知道一条更好的路，我们是接受还是拒绝？每一次抉择，其结果不是一次意外惊喜就是一次毁灭性灾难。旅行计划越雄心勃勃，我们越接近目标的关键点，日后回想起来的感觉就越好。

　　当然，人们旅行不仅是为了单纯的享受。在旅行途中发现点儿什么常常是一项艰苦的工作，幸运不可能从天而降。即便是游山玩水性质的旅行，也不能保证自始至终是纯粹的享受。在游轮旅行中，你可能会在娱乐活动里表现得相当糟糕。在城市观光时，你可能连旅行指南上列出的"五星级景点"都难以悉数到访，却仍希望发现一家指南上没有的神秘餐厅。旅途常引发争吵，不仅情侣如此，这不是没有原因的。

　　在这方面，经常旅行的人常疑惑地一致表示，他们启程前几乎不做攻略，而是在旅途中随遇而安。"旅行指南越少越好，即便是

TripAdvisor 也有限制"（瓦尔德领事语）。"随遇而安"会使我们获得轻松美妙的旅行体验，也会带给我们不可思议的惊喜。我自己就有过一次这样的尝试。

1979 年夏天，我和女友临时决定骑自行车穿越德国南部。我们用了整整一个晚上的时间伏在地图上粗略制定了一条骑行路线：从慕尼黑启程，途经雷根斯堡和纽伦堡到维尔茨堡，然后沿着莱茵河谷直至弗莱堡，最后从弗莱堡返回慕尼黑。我们还在地图上标出了沿途的古堡、宫殿和教堂，打算一路游览 —— 也可能不游览。我们给自己定了一条规则 —— 无论如何都不要给自己施加压力。

我们第一段行程骑到了兰茨胡特，只有七十千米，我的膝盖就开始作痛，到了晚上，我几乎无法走出帐篷。出发前，我们最远的骑行也就是从家骑到大学再骑回家，如果启程前做些锻炼会更好。骑过了兰茨胡特，上坡路段才真正开始！也许我们制定路线时应该用地形地貌图。我们最先放弃了骑行路线旁边山上的景点，很快我们就精减了路线，最后干脆直奔当日目的地，不在偏离路线的景点上浪费精力。我们眼里只有柏油路，每天都忍受着压力。到了莱茵河谷后，我们终于能按计划行进了。从弗莱堡到多瑙埃兴根的路上，我们经过了黑森林山地，那时，我骑的是一辆有三挡变速的公路自行车，装配的是"轻松骑士"车把和三响车铃，这种车子根本就不适合在德国的山区骑行。我的自尊心让我无法下车推行，尤其是现在，绝对不能放弃。一路上，飞驰而过的汽车上的乘客，摇下车窗大声嘲笑我们。那是我们第一次也是最后一次一起骑行。

那次骑行的主意原本是不错的，只是当我们把计划付诸行动时，骄傲和自负多于草率和鲁莽。我们在慕尼黑长大，觉得只凭一张公路地图就足以了解南德的路况。最后我们确信，我们根本不是在旅行，而是在被旅行[1]。"无知是糟糕的旅行指南。"吉卜林写道[2]。像我们这样装酷、说走就走的人，实际上是没有经验的业余旅行者，是没有受过训练的半瓶子醋的冒险者。而职业冒险家，人们从他的出行准备上就可以一眼识别。

人们总会从旅行中不断获得满足：设定目标，考量达成目标的不同途径，最终到达目的地，哪怕绕路而行。如果人们在陌生的地方只是盲目游走，就会错过很多有意思的东西。一次有意思的旅行虽然远远说不上是完美的，却可以说是不失败的。按照行程计划一站一站地走，至少可以说是一条通向满足的道路。在这条路上，不幸可能突如其来，幸运也有可能从天而降。

旅行就像写小说，提纲让我在灵感匮乏的日子里能够持续工作。最重要的是，它可以帮我应对种种预料之外的情形 —— 当灵感的走向不同于我在纸面上所预想的时候。如果这种灵感让故事发展得比原计划更好，那没问题，如果不是，为了走出死胡同，我会把精力集中在提纲里下一个关乎全局的情节主线上，忽略提纲里的副线，为整体的创作找一条出路。现在回想起来，那恰恰是写作过程中最重要的时刻。

旅行也是如此。当然，在旅途中，我会不断修改旅行计划，遇到合适的机会就随机应变。把计划外的"自选动作"加入计划内的"规定动作"之后，它才会是一段精彩的旅程、一篇出色的小说、一段美好的生活。

如果这个重要时刻没有出现，每天只是要完成一个必须完成的新任务呢？那么，不一定什么时候，我的能量就会耗尽。这时，我就会躲在

1　约翰·斯坦贝克《横越美国》，慕尼黑，2007年，第8页。

2　吉卜林《从大海到大海》，汉堡，2015年，第68页。

酒店房间里给自己放假，躺在风扇下听它嗡嗡的响声，聆听从窗外挤进来的鸣笛声、叫喊声、吵架声、街头小贩的叫卖声、清真寺呼唤做礼拜的歌声、驴子的嘶鸣声、小鸟的叽叽喳喳声。偶尔会突然闯进启动发动机的嘣嘣声，还有火车呼啸而来的鸣笛声，也总能听到有人敲打金属的声响。人们在这块土地上听到的嘈杂交响乐，完全不同于画面所能引起的共鸣。无所事事也是一种幸福，旅行途中同样如此。

. . .

每一次的旅行都要有获得意外惊喜的高潮，否则在旅行结束的时候，尽管完成了旅行计划，还是会让人感到没有完全尽兴。1981年，也就是土耳其军事接管的第二年，我们几个朋友 —— 沃勒、我和我的女友，还有另一个朋友 —— 四个人结伴去土耳其旅行。几个星期下来，大家都觉得乏味无聊，我们只是走马观花地看到了表面，所见无非是被封锁的道路、持续的停电、堵塞的厕所。我们不甘心就这样结束自己的旅行。

在土耳其西北部的布尔萨，我们还有五天的旅行时间，按计划，我们将从伊斯坦布尔飞回德国。那天晚上，我们临时决定第二天搭乘夜车前往马拉蒂亚，据说那里的早餐有羊脑一锅炖。我们都觉得这是个好主意，大家立刻兴奋了起来。在阿德亚曼，我们换乘一辆中巴前往卡赫塔，在那里又换乘一辆大巴前往艾斯基－卡赫塔（如今被称为科扎希萨），汽车一路爬坡，最后到达了库尔德斯坦中部的一个小山村。

在这之前的几个星期，我们在土耳其的各个地方 —— 车站、银行、游客咨询中心 —— 都能看到一张内姆鲁特山的旅游宣传画。彩图上是一座宏伟的碎石垒筑的山岗，前面散落着巨大的狮子和山鹰的石刻雕像，还有人头石雕和神像石雕。这处显然是由人工堆起来的乱石岗，也许是陵墓或祭坛。几个星期前，我们原本可以很方便地从开塞利到达这里，但它当时并不在我们的旅行计划里。现在，我们花了两天时间，一路艰辛来到山脚下，只有一天可以爬上爬下观览，剩下的两天时间还要往回赶路。这个计划外的小插曲令我们相当兴奋。啊！艾斯基－卡赫塔……我们下车后，继续前行的汽车还没有驶出我们的视野，我们就被当地人团团围住了。有那么一瞬间，我们非常惊讶，然后被带到了一户人家，这家人给我们腾出了一个房间，让我们住了下来。这家有个儿子会说一点英语，没等我们开口问，他就主动告诉我们，这里的居民都认为自己是土耳其人，库尔德人和土耳其人之间没有冲突。我们惊讶得竖起了耳朵，到那时为止，我们的整个旅程只是前奏，现在才拉开大幕真正开始。

第二天早上五点，我们开始攀登，我们几个紧跟在那家人的儿子身后，他是我们的向导。上山途中经过一个小村子时，我们吃了早饭，那里的山民同样声称他们认同自己的身份——尽管他们是库尔德人。中午十二点，我们爬到了顶峰，山岗上有一些石刻的无头神像，神像的头像散落在四周。眼前的现实远远超出了宣传画上的景象，我们沉默不语，试图按照自己的理解去解释我们看到的景象。因为我们的土耳其旅行指南里，完全没有提到内姆鲁特山上的这个乱石岗，我们对此一无所知，只能胡乱猜想。我们当然还爬上了乱石岗，一座四五十米高、由碎石块堆成的金字塔。在那里，我们可以看到如月球地貌般绵延的铜褐色山峦。下午两点半，我们开始下山，夜幕笼罩山村时，我们回到了寄宿的人家。

那天夜里，我们开始了抓跳蚤行动，在接下来的两天里，跳蚤一直跟随着我们。早上起来时，我身上被跳蚤咬了一百多处。等我们登上开往伊斯坦布尔的汽车时，这些跳蚤突然间都消失了。回到德国后，我买了一本关于内姆鲁特山的书，终于对它有了深入的了解。几年后，土耳其人和库尔德人之间的冲突爆发。如今，内姆鲁特山已被联合国教科文组织列为世界文化遗产，据说那里还修了一条通往山顶的路，也许每个去土耳其的游客都会在行程计划上写下这个必观景点。如果你在旅途中感到乏味无聊了，那就必须另辟蹊径。

第十章 城市漫游（1）

"我的上帝就是徒步旅行者的上帝。"英国旅行作家布鲁斯·查特文在其游记《巴塔哥尼亚高原上》中写道，"如果人们徒步长途旅行，或许就不再需要其他上帝了。"[1]18 世纪末，资产阶级兴起远足的热潮，徒步漫游逐渐成为市民的一项户外休闲活动。浪漫主义者把它看作体验乡村风景的一面镜子。时至今日，很多人依然如此认为。

事实上，很多漫游者的心声都表达了宗教般的共鸣。最突出的或许就是美国大自然的捍卫者——作家亨利·戴维·梭罗。对他来说，每天穿越家乡的树林，走遍家乡的草地，无异于朝圣大自然，或者说是十字军圣战的另一种形式，尝试把这块圣地从异教徒手中解救出来。[2]

阿希尔也认为，徒步是"一种自我解脱的形式"，也是一条"通往幸福之路"。他不仅是一位著名的沙漠行者，也是一位生命行者——无论是行走在西班牙的拉曼查高原，还是穿越北美的恶地；是沿尼罗河暴走，还是穿越德国的哈茨山林，在我所有的旅友中，他跟布莱克博士形成了鲜明的对比。如果有可能的话，他甚至想在只允许汽车行驶的公路上徒步，用双脚丈量汉堡的科尔布兰特大桥，或走在韩国首尔二三十米

1　布鲁斯·查特文《巴塔哥尼亚高原上》，赖因贝克，1984 年，第 49 页。

2　亨利·戴维·梭罗《散步》，苏黎世，2001 年，第 5—7 页。

高的高架公路上，穿梭于摩天大厦之间。

我也很熟悉这种"行走在路上的快感"，你会"将身体的活跃与沉思冥想结合在一起"[1]。如果你走得足够远，就会变成道路本身——变成山脉、河谷、沙漠和沙漠之上的天空。一切尽在彼时彼地，人如过客行走于天地间，整个世界是如此宏伟壮丽。在这样的时刻，人仿佛参禅悟道，如同长跑者找到了"跑步快感"。这两种感觉都源于运动流程的重复性和单一性，但它并不无聊枯燥，它会让身心得到完美净化。这就是行走。

毫无疑问，这是一种幸运。当然，地势须一马平川，才有可能形成均匀有规律的步伐。如果人们爬坡上山或下山深入树林，很快就会失去行走的下意识动作，"自我"就会重新掌握方向盘，以清醒的意识勘测地域。行走途中存在的挑战越多，中途短暂喘息时的思维也就越清晰明了。这就是思想。

毫无疑问，这也是一种成就。但我本人首先是一个城市旅行者，尽管我并非有意为之。城市，特别是大城市，它们无限膨胀，将个体吞噬。在我看来，它们比其他东西都更能代表我们的世界，我们的现在。我总是不情愿地将自己置身于城市之中，天知道我不喜欢城市，它给我带来的痛苦，不亚于我在险恶乡野艰难旅行时所经受的痛苦的极限考验。

伦敦、纽约、德里、北京，它们都有自己独特的景致。在其中徒步简直是对我们勇气的第一个挑战。对于旅行者来说，最基本的是了解每个逗留地的安全路线，以此缓解陌生环境带来的复杂性。然而，世界上

---

1 以上引语摘自阿希尔·莫泽尔《与心灵同步向前》，汉堡，2016 年，见第 61、248、67、27 页。

的特大城市都有多个城市中心和副中心，旅行的基本常识远远不够。不仅如此，尤其在远东地区，多数城市的交通枢纽错综复杂，人们可以在多个层面上行走：高大的人行过街桥横跨整个街区，桥下及地下通道形成长达几千米的购物街，里面挤满了广场、喷泉、花园和咖啡馆。没有哪条过街天桥或通道是按照城市地图规划的那样延伸的，它们有数不清的岔路和出口，直通购物中心、写字楼和饭店——你在一开始绝不可能知道从哪里可以回到马路上。

在中国香港，人们可以乘坐自动街梯穿越大半个城市。它可以把大批人流带到中环以上的"睡城"[1]，上班早高峰时，所有的自动街梯又反方向朝山下的商务中心滚动。整个城市以这种简单的方式令人钦佩，给游客带来一种既兴奋又胆怯的城市体验。仅仅是惊奇地注视着这条把各个城区完美连接在一起的自动街梯，就会让来自发达国家的游客自愧不如。穿行在亚洲的特大城市里，就像一次通向未来的旅行，特别是对欧洲游客来说，他们只在科幻电影里见过这种城市。

即使是像雅加达那样杂乱无章、自由发展起来的特大城市，也会使人陷入自我怀疑的困境。城市地图中并没有详细绘制出最有趣的那些街区里密布的小巷，游客只能像走迷宫一样自行摸索。这两种类型的特大城市都会带给我们文化冲击，前者是以其超完美的规划体系，后者则是以其混乱无序。我们该如何找到自己的路，乃至理解一座城市？我尝试着反其道而行之：先试着去理解这座城市，然后找到自己的路。要做到这一点，我必须从上俯瞰，看到城市的结构，乘坐地铁于我无益。

1976 年，我们站在雅典卫城旁，简直不敢相信自己的眼睛。俯瞰雅典古城，它就像一团由围墙和屋顶组成的乱麻向四周延伸开来。我们临

1　指大城市周边的大型社区或居民点。——译者注

时决定不再游览雅典城区了，就这样从上面"观光"一下就好。当天，我们继续前往斯巴达时，深感自己相当机智。在事实面前，我们只好屈服。

两年后在开罗，我们又一次忍无可忍。我们根本找不到一张能用的城市地图。事实上，我们只是往前走，边走边迷失方向，一而再，再而三地误入歧途。我们吵了一架，五个人都毫无头绪，却都坚持己见。后来，直觉把我带到了伊本·图伦清真寺，我登上宣礼塔，也不知在上面停留了多久……在宣礼塔的高处，我认出了开罗城内的几座清真寺和城堡，那是我第一次看到一座城市如此这般扩张，令人难以置信。

如果人们久久眺望一座城市，就会注意到几个比较突出的城市建筑地标。你会从一个点连到那几个点，并将它们彼此相连。最后人们不仅能享受到远眺带来的愉悦，还会因该城市的建筑规划而感到赏心悦目。如果此时有一张地图在手，就会获益良多。

从上海金茂君悦酒店的九重天酒吧向远处眺望，上海外滩就像玩具街道，人们在欣赏夜景的同时还可以喝上一杯昂贵的鸡尾酒，直到晚上十点半，所有高层建筑上的五彩霓虹突然熄灭。在广州塔上，观光客可以乘坐摩天轮沿着观景台的外沿轨道欣赏美丽风景。在日本大阪世贸中心大厦的展望台，面向日落的一侧有私密的沙发座，情侣可以在那里不受打扰地欣赏夕阳西下的美丽景色。塔什干的电视塔上却什么也没有，只在观光台下一层有个饭店，到了晚上，当地的黑帮常在那里聚会。通过观光塔以及办公大楼的夜景照明，我们可以颇受启发地看到一座城市是如何展现自己的。首尔和东京会变身为静静地闪闪发光的海洋，在光海里，只有摩天大厦顶尖会有几百个信号灯发出红色的亮光。而在中国的城市里，所有的高楼大厦和桥梁都被挂上了霓虹灯，它们时时变换着不同的形状和绚丽的色彩。[1]

接下来是东京。东京晴空塔，也被称为"东京天空树"，高六百三十四米，就像来自 22 世纪的指针。我去那里参观的那年，四百五十米处的第二观景台是以《星球大战》中的各种人物形象来装饰的，人们可以以未来世界画面为背景（反正东京也像未来世界似的），跟那些未来世界中的生物合影。在一个特定的摄影点，游客还可以挥舞激光剑拍摄全景照。三百五十米处的第一观景台则提供了与在第二观景台观望城市全然不同的体验。观望的入射角更平、更人性化。那里有个几米长的触摸屏，如果不愿挤在观景玻璃前，可以通过移动触摸屏静静地欣赏景点的动态图像。游客还可以在触摸屏上聚焦摩天大厦的每个细节，或者切换成灯光夜景，当然还可以挑选不同的季节景象作为拍照的背景。我选了圣诞树作为背景。

现在来看迪拜。迪拜的哈利法塔高八百二十八米，是迄今为止的世界第一高楼。在那里，游客被分为两个等级。三个观景台中最高的一个位于五百五十五米处，那里提供免费饮料和夹心巧克力，但门票高达一百二十五欧元（2015 年）。那里的人说话都是柔声细语的，给人感觉是在高级会馆里——事实上，在参观时段里，你确实享受到了贵宾待遇。在最高观景塔上，人们觉得像是登上了巴比伦通天塔，而在下面的两层观景台，视觉冲击力就会明显减弱。在迪拜市中心，到处都有还未开发的地，它们都被沙漠占领。人们还会看到一些四处散落的废墟，如果将来有一天，沙漠重新夺回了它失去的领地，这些废墟也许会在未来成为参观景点。

1　大阪市游览区通天阁瞭望塔的顶灯会在夜间通过变换颜色发布天气预报，红色为多云，蓝色为小雨，白色为晴天，红蓝色为多云转雨。见 http://www.tsutenkaku.co.jp./Guidepdf/mishiran-guide-english.pdf。

迪拜作为我们这个世纪的巴比伦象征，远远超出了视野上的意义。人类的雄心在短短几年时间里让高楼大厦拔地而起，世界超级大城市快速建成。而我们知道，东京古都则经历了漫长的千年历史才发展为世界大都市。高速建设看起来既惊天动地又鼓舞人心。有些人在离开哈利法塔之前，会从纪念品自动售卖机里换取一枚金币留作纪念。

在开罗，我忘记了时间，因为从高处远眺，世界的景象使我入迷。从那以后，我疯狂地在世界各地收集这种居高临下的景象。它们改变的不仅是我的旅行，还有我对整个世界的看法。那天，当我从伊本·图伦清真寺的宣礼塔上走下来的时候，大门已经关闭。我又转身拾级而上，越过屋顶走到大门上方，朝下面总是坐在入口处的两个乞丐投小石子，接着就听到一声吼叫传来。几分钟后，我下到地面，从乞丐把守的那个大门走了出去。

第十一章　城市漫游（2）

　　然后，我继续前行。当然我要先去看看那些名胜古迹，毕竟它们成为名胜古迹不是没有理由的。然而，当我好不容易找到了这些景点，马上就想掉头离开。事实上，熙熙攘攘的噪声、摩肩接踵的拥挤和华丽幕布背后的贫困，以及生活在那里的平民百姓，对我更有吸引力。

　　随着岁月的流逝，我对庙宇寺院、王宫城堡、教堂及清真寺的记忆都模糊了，这些记忆跟我以前在别处参观过的庙宇寺院、王宫城堡、教堂及清真寺混在一起，每到一处我都感觉似曾相识。但是，在城市里一些通常不被游客注意的地方，每个独特的场景却给我留下了清晰、深刻的印象，特别是当我跟当地人有过不同方式的交流后。我记不清开罗的爱资哈尔清真大寺，也对那里大大小小的城堡没有什么印象，这些都是从旅游指南 *Polyglotts* 上看到的。但我能准确记起开罗的小巷子，记得那里卖茶的小贩和踢足球的孩子。还有开罗塔希尔广场，虽然交通拥挤混乱，但仍是一块沉闷、宽阔的荒地。闭上眼睛，我还能依稀看见那个友好的科普特人，他每天都在那里摆摊叫卖柠汁。有一次，我在他的摊位前把刚喝到嘴里的果汁全部吐了出来（还混杂着其他东西），因为我把一整杯柠果汁一饮而尽。经历过几次这种不幸遭遇后，我才明白，在热带地区不能喝冰镇饮料，至少不要一饮而尽。吐出来的果汁立刻就被尘土吸干了，就好像被蓬松的地毯吸进去了一样，在我们眼前一下子就消失得无影无踪，我们都忍不住大笑起来。那些尘土、冷饮摊、科普特人，还有四周明亮耀眼的阳光，就是开罗留给我的印象，比其他任何事物都深刻难忘。

不像沙漠、高山、海洋，城市本身并不美丽，它们既令人向往又让人厌烦。你经常要走过长长的街道，身后并没有成群结队的孩子追着你走。沿着高大的老城墙或废弃了的工业码头，穿过破败的郊区，或是再走远一点，越过棚户区和高楼大厦之间荒草丛生的空地，都是为了体验旅行尽头那个蕴藏着神明启示的万人瞩目的旅游景点：一棵圣树、一座小巧的陵墓、一面画满了涂鸦的砖墙、一口还是用公牛打水的辘轳水井。对于那些乘坐出租车直达的游客来说，这些可能毫无意义。然而对那些凭借自己的努力找到路的行者来说，这幅画面会在他心中留下有力而深刻的印象。

"生活中重要的一切，我们称之为收获的一切，都来自我们的努力和抵抗。"茨威格这句话深深触动了我的心。"在我们尚未发现或至少认为有待发现的时候（……）缺少一种享受中的神秘张力，因为在从未见过的和初次见时的震惊之间有一种内在的联系。我们的体验越是不易，经历越是冒险，那种体验留给我们的记忆就越是深刻。"[1]

让我们为之付出所有努力的精神上的吸引，被茨威格称为"一种奇怪的、令人兴奋而又刺激的自豪感，一种征服的感觉"。如果我们想对一座城市至少有一定程度的理解，就要逐条街道地去攻克它。当然有时候，我们会在某一个城区浪费很多时间，那里其实没有什么可提供给游客的。但事实上，恰恰是这种地方能给游客提供一般景区所没有的，即

---

1 此处及随后引文均摘自茨威格《旅行或被旅行》，见《旅途中：文艺副刊及通讯》，法兰克福，1987年，第261页起。

这座城市的常态生活，它的真实面貌，不是为游客刻意准备的或者被游客破坏了的真实面貌。它比其他所有景点都能让人更多地了解这个国家。

我第一次用这种方法游览了威尼斯，那是在 1978 年 3 月，和苏珊一起，她当时搬进我们在维也纳的合租房不久。我们不去博物馆，也很少进教堂。我们不停地走，没有什么能让我们停下脚步。有时吃个比萨、喝杯啤酒，然后继续走，日复一日。当时旅游旺季还没有开始，也还没有什么烦人的拉客者破坏我们宁静冥思的心境。"一切顺畅又美好"，我在褐色的旅行记事本里读到了有关那次旅行的记录 ——"让人觉得死而无憾"。不过，那时我才二十二岁。

数十年来，那是我第一次也是最后一次，像阿希尔徒步旅行那样，以走路的方式游览一座陌生的城市。今天，相对来说，我在国外旅行时从不知疲倦，对我来说，既能增长见闻又能举杯畅饮的旅途简直不可思议，这会让我轻易地与这个城市达成和解。我这里说的不再是早春的威尼斯，而是盛夏的肯尼亚首都内罗毕，是季风雨季时印度的特里凡得琅，是秋季的伦敦。在这些地方，你无法将行走作为一种冥思方式，你的步伐会被突然打断，眼前的景物纷至沓来，让人目不暇接。像阿希尔那样的徒步行者，可以在旅行途中发现大自然的宁静之地，城市旅行者则迫不得已地要遭遇城市的吵闹和喧嚣。

我尝试去适应一个地方的条件和环境，像当地人一样行走。在行走中没有美食的诱惑，也不会窥视四周。不是闲逛，不让自己被驱赶，也不是漫无目的地漫游，只是在徒步行走。让自己加入当地人的运动流，他们的节奏就是我的节奏，他们的道路就是我的道路。眼观六路，耳听八方，这就是我能做的一切。

这不一定是一种乐趣，更像是一种工作。你在研究，却不知道到底为什么要研究，只是为了研究而研究，就好像为了旅行而旅行，两者是一样的。一切东西都将被感知，没有任何拣选，也没有任何评价，因为没有时间去做这些。总之，绝不是为了成为专家，仅仅是成为一个收藏者，保持收藏者的身份。收藏印象、场景、只言片语，以及更多东西。

游荡的时代已经过去了。游客去度假，可以让自己懒洋洋地闲散，但是旅行者只有回到家后才能得到休息。谁要是在大城市里只想闲逛，就会错过所有重要的东西；谁要是驻足留步，很快就会把虚假的朋友当作向导和同伴。

行走在城市中，有时会来到一个没有街牌路标也没有指示图的地方，这正是城市旅行的魅力所在。特别是在一些城市，那里的日常生活随时在街头上演。街道串起了各种形式的生活，你会在路上发现一些简单的东西或简单的人，他们只是在做简单的事情。再次看到这些，就像人们幼时发现陌生事物时那样惊讶，同时你发现自己仍是一个容易惊叹的孩子，几秒后又以同样强烈的兴趣对其他事物惊叹不已。正是这种简单性使之与众不同，也正是这种简单性使人见惯不怪。你最后一次观察一个木匠做木工活儿是什么时候？最后一次观察一个锁匠或者鞋匠做手工活儿呢？现在，就在这条街上，他们在各自的店铺前，比肩相隔，有坐着的、蹲着的，还有跪着的，完全沉浸在自己的工作中。久久地观察简单事物也足以令人心满意足。

观察比理解重要得多。学会爱你所看到的东西，即便你对它们还不是十分理解 —— 有时对人也是如此。走到下一个路口时，你会对他们的行为摇头，或者面对他们的愚蠢、鲁莽和残酷，你会感到恐慌，怜悯他们被社会漠视和抛弃。城市是城市人的城市，城市人是城市的城市人。我爱他们，我恨他们，我根本不想去他们那里，不想知道他们的任何事情和他们经常可疑的行为，然而又完全离不开他们，没有他们就没有我的存在。非洲、阿拉伯世界和印度城市里的居民，不多于也不少于镜中的我自己，他们的行为表现是那么直爽，像我这样一个西方社会受过良好教育的代表，是从不会这样自我表现的。但是，一旦挣脱了我们的文化禁锢，屈服于原始本性的要求，我可能也跟他们没什么两样。徒步游览这些城市让我明白了自己绝不想成为什么样子的人，也明白了在命运赋予我所有的精神升华和文化素养之后，该如何保持自我。在陌生城市里的每一天，我把另一个我——我的黑暗的自我，留在了一条新的路上。

. . .

如果你走得够远，即使在令人兴奋的远东大都市，也能很快发现日常的平和。在大阪，离繁华商业区和步行街两条马路远的地方，就是一派小城市的安谧祥和。那里几乎看不到汽车，也少有行人。我看到一位老妇人，跪在自家门前的几十个花盆前莳弄花草；或者你会看见五只小猫咪，它们正趴在马路中间晒太阳；在高楼之间的空地上，你会看到整齐的蔬菜苗圃；你还会看到骑自行车的当地人，他们把太阳伞固定在车把上，或者固定在他们长衬衫的硬袖口上，以防太阳晒到胳膊。在一个小公园里，几个杂耍表演者展示着他们的戏法，他们通过耳麦对观众说着什么，不一会儿变出来几个盘子，就像我小时候在巡回马戏团里看到过的那样。恰恰就是在这里，时间好像凝固了，你会不知不觉地走进百万人口大城市周边的城镇。在那里，你遇到一条小河，沿着河滨路走，可能会和一个女人擦肩而过，她正唱着一首莫扎特的咏叹调；五十米外，一个男人正用吉他弹奏披头士的乐曲；再往前五十米，有人在吹横笛，一座拱桥下有鼓手正在练习打击乐；最后是一个男人，正在体贴地给他的小狗梳毛。一位身穿白色裤子的老者，正用一个抄网捕蝴蝶，网罩大到可以把他自己罩住。他不时轻快地一路小跑钻进河岸斜坡上高高的草丛，这时人们就只能看到他举起来的捕网。我在这里描述的是大阪市的城区我孙子市。如果你在那里不留神，就有可能再次成为一个漫游者。

第十二章　和本土人斗智

如果你是第一次去国外旅行，特别是在第三世界国家[1]，那么你很可能轻易受骗。初来乍到，人生地不熟，也不了解当地的市场行情，你会轻易相信当地每个人，盲目相信一切。有一次，我们乘坐火车和大巴连续行驶了六十二小时，横穿欧洲大陆，来到了摩洛哥北部海滨城市丹吉尔的轮渡码头，我们几个人都已疲惫不堪。一个招揽顾客的当地人向我们走来，他用德语向我们打招呼："今天是集市开放的最后一天了。"接着他声称，从明天开始，露天集市要关闭二十五天。他催促我们，如果我们今晚还要买什么东西，就要抓紧时间去买。我们觉得有些奇怪，但是也没特别在意，毕竟我们才二十多岁。我们住进他介绍的一家破旧不堪的小旅馆，放下行李就跟着他在麦地那老城里七拐八拐，走进一家又一家他力荐的商店。是啊！摩洛哥各地所有的集市从明天起就要关门了，我们现在一定要买些东西。但最后我们没买什么，这让导游很是生气，因为他无法得到商家的任何回扣。他突然不再带我们继续游览，然后向我们索要小费，我们给了他很多小费，他却生气地斥责我们是不是

1　过去人们所称的第三世界国家，在今天被称为介于"第四世界国家"和"转型国家"之间的国家。这是为了更好、更合理地区别第三世界国家。对旅行者来说，旧说法的意义并没有改变。在转型国家（如印度）和当地人打交道的经历，跟在第四世界的非洲国家的经历相比，没有太大的区别。

要羞辱他。我们正想再多给他一些钱的时候，忽然围上来很多看热闹的人，这时候，他夹杂各种外语侮辱并威胁我们，不一会儿就在人群中消失了。我们对摩洛哥的兴奋和期待在第一个晚上就变成了怀疑和沮丧，后面的旅行经历也证实了初次的印象。旅行结束回家以后，我们甚至产生了分歧，不知道究竟是摩洛哥之旅还是突尼斯之旅更为糟糕。

在旅途中，每到一处，我们都会受到当地"接待委员会"的欢迎。他们以本土主人的热情强加给我们许多不需要的服务，带我们去我们不想去的地方，或竭力邀请我们参加我们不感兴趣的活动。这种事情总是以热情友好开始，却变成棘手的麻烦，他们有意发出热情好客的信号，谁要是没能及时摆脱这种热情的纠缠，就会被从一个"叔叔"传送到下一个"叔叔"那里去。

这样的遭遇所带来的不安，与旅行初衷十分不协调。在你真正深入了解这个国家之前，它作为一个整体的形象就已经被扭曲了。在那之后，无论遇到什么，你都会感到兴味索然，甚至产生怀疑，是不是又被骗了？又遇到乞讨、又被宰了、又被偷了？这种事情每天都在发生，有时会让你习惯性地对当地人愤愤不平，出言不逊。甚至有一次，在印度加尔各答的特蕾莎修女收容所，我刚一走进临终病房，就有个男人向我走来，带着一种压迫感。他在临终之人旁边，却仍然是一副乞讨的面孔。久而久之，旅途中的偏见就转变成了评价。回到家后，当你跟别人说起在国外的经历时，会说印度人如何如何，阿拉伯人又是怎样怎样，实际上在整个旅途中，你遇到的都是同类型的人。

旅行者的世界跟政客和作家的世界不同，后者到了国外有红毯迎接，他们跟经过挑选的要人谈话。相比之下，旅行者的世界显得简朴而又艰难。无论走到哪里，我们接触到的几乎都是社会底层的生存行家和失业者：有赶骆驼的游牧民，他们会擅自缩短预先商定好的行程；有黑市兑换货币的小商贩，他们熟练掌握调包诡计；有自称是停车场警卫的人，向车主收取保护费；有僧侣比丘，他们出其不意地在我们前额上印个红点，然后收取祝福费；有唯利是图的警察，他们总想多捞一些额外收入；有雄性激素过剩的青少年，还有街头流浪儿、乞丐和小偷。然而，我们很少接触到社会中上层人士，也根本接触不到当地的知识分子。他们当中很少有人会自愿跟我们打招呼。是啊，在我们自己的国家，我们遇到游客时也不会这样做。

我们对一个国家和民族的判断，与那些在红毯上旅行的人明显不同，我们在当地的行为表现也跟他们不一样。我们在丹吉尔以轻信开始的马格里布地区[1]的旅行中学会了保护自己。我在牛仔裤一侧的腰带上挂了一只破旧的手表，如果我感觉到有人拉扯它，我就知道此刻必须格外警惕。后来，面对那些拦路自称是导游的人，我也开始自称导游，叫他们不要坏了我的生意。有一次，在摩洛哥的城市菲斯，有个小男孩反问我："如果你真的是导游，那你告诉我，菲斯市的布伊纳尼亚伊斯兰学校有几个大门？"我顿时哑口无言。如果有一群熊孩子朝我们扔石头，我们也会反击追赶他们。同样，如果有半大小伙子亲吻我们女朋友的屁股，我们也会奋起反击。我们当时是五人结伴同行，时刻准备着为我们的女朋友而战。只要让我们抓住，我们就会用肘窝卡住他的脖子用力往下压，或者回敬他一记响亮的大耳光。如果有人总是一路骚扰我们，我们就给他拍照，并索要他的地址，佯称给他寄照片。每天我们都要跟商贩讨价还价，他们总是要求我们付三倍的高价。他们声称自己有权利这样要求，因为数百年来，他们都是受外国人欺压的民族，尤其是受到法

1　马格里布地区位于非洲西北部，阿拉伯语为"日落之地"，原指阿特拉斯山脉至地中海之间的地区，后逐渐成为摩洛哥、突尼斯和阿尔及利亚三国的总称。——译者注

国人的欺压。当我们反驳说自己是德国人的时候，价格就会降低。

其实并非我们对钱斤斤计较，这事关我们的尊严。偶尔会有人带我们去我们想去的景点，或者请我们喝一杯清爽可口的薄荷茶，一直到分手前，我们都始终保持警惕，直到最后他没有索要小费跟我们告别时，才会松一口气。这简直就是旅行紧箍咒，偏偏是那些最友好、善良的当地人遭到我们的鄙夷，我们怀疑他们如此真诚，就是为了最后能狡诈地诱骗我们。

数百年来，这些带有偏见的陈词滥调口口相传，只要旅行者有机会凑到一起，就喜欢说服别人，证明自己是正确的——有时人们也承认个别情况有所不同，但每个人仍然可以说出一打子事例作为论证：

★在斯里兰卡的康提，我们被当地人以特别巧妙的方法骗了。一个僧伽罗人自称是飞行员，他陪着我们走了一段路，然后提议一起去喝茶。他自己喝了一杯啤酒，在安静祥和的氛围中，他向我们索要三百卢比，要从他父亲的种植园给我们寄些茶叶回去：当然，茶叶是送给我们的礼物，只是我们要提前支付高达二百八十卢比的邮费。于是我们给他预付了邮费，还付了酒水的账单。几个星期后回到家，我们才发现自己上当了。也许因为他自称来自上层社会，我们对他掉以轻心了。

★在阿曼首都马斯喀特，有个出租车司机不仅跟我们索要高得离谱的车费，还不肯把我们载到目的地。我们提出教他说德语，告诉他是为了以后能更好地说服其他游客坐他的车子。他很高兴地重复着我们教他的那句德语："我是阿曼最大的骗子。"我们不断纠正他的发音，直到他能准确无误地说好这个句子，我们才下了他的车。

★在哈瓦那一家美元商店的收银台旁，我的钱包掉到了地上，这时小偷一边捡起钱包装进自己的口袋，一边若无其事地说"没关系"，就好像是我踩了他的脚跟他道歉一样。我向他指明那是我的钱包后，他面无愧色地把钱包还给了我。

★在伦敦的哈克尼区，一个阳光明媚的下午，迎面走过来一个黑人，他故意撞了我一下，紧接着骂我是白人。我该做出什么反应呢？毕竟这是一个明显的种族主义案例。在非洲，种族主义无处不在，我无疑能够为自己辩护，但是在欧洲？

★在印度尼西亚的龙目岛上，有一次我在公路上骑着摩托车载一个朋友，被摩托交警追了上来，因为我的朋友没有戴头盔，我们得交罚款。无论我们怎么解释说本地人也很少戴头盔，他似乎都听不懂我们的话。直到我们交了罚款，他才跟我们说了声抱歉，然后允许我们没戴头盔开车走了，他还给我们指了另一条路，说可以避开下一个路口的交警检查。

最让我们恼火的是那些无赖男人，他们竟然当着我们的面，明目张胆地骚扰我们的女同伴。更可恶的是，他们常用下流的方法吸引游客的注意，在沙滩上、河岸边、轮渡上、火车里，在任何可以想象得到的日常场合里。这些下流的年轻人无处不在，他们常常从自己的恶作剧中获得双重乐趣。2013年，在希瓦和塔什干之间，每天都有一班列车往返，在铁道旁边的田野上，总有一帮年轻男人埋伏在那里，当我们的列车缓缓驶过时，他们就一起对着火车做下流动作。

有个朋友跟我叙述了她的一次遭遇。那是1985年，在摩洛哥古城马拉喀什的德吉玛广场上，她正聚精会神地观看耍蛇人表演，忽然感到后背一片潮湿——是一个当地人的性骚扰，她挺着腰，急忙跑回酒店，脱去上衣并愤愤地把它扔了出去。"直到今天，我都不明白那个浑蛋怎么会这样做，现场那么多人，肯定有其他人看见他在耍流氓。"

我的朋友苏珊说，她在摩洛哥给自己买了一副墨镜，是那种镀铬反光镜："这样就没有男人敢和我有眼神接触了，这似乎让他们很倒胃口。从此我也就不再被异性骚扰了。"

尹德拉经常感到恼火，无论是购物还是去博物馆，她都必须付双倍于当地人的价钱，就因为她是个外国人。"在非洲这很正常，因为我是个白人，他们以为我很有钱，所以我得跟他们分享。我也尝试不跟他们计较，但有时候还是忍不住爆发。"我个人的最高纪录是在撒马尔罕，2013 年，我去参观兀鲁伯天文台，在那里，我要付比当地人高三十倍的门票价格。天文台参观票有两种完全不同的售价。争辩了很久后，当地人至少对我表达了歉意。如果你不反抗，你的旅行乐趣就会大大缩减。我的朋友沃勒在非洲旅行时经常跟当地人发生冲突："有一次在肯尼亚城市蒙巴萨的集市上，我差点儿跟一个商贩打起来。他卖我一瓶矿泉水，索要四倍的价格，我知道原价，但是我也不想再用一般的价格买了，因为我认为他是个骗子，我也这样对他明说了。另一个商贩不得不上来劝架。"

在芬兰小城安内科斯基的集市上，我的朋友凯先生一拳把一个芬兰人打昏在地，因为那个人骂他是纳粹分子。在这个问题上，他任何时候都不会妥协："我反对这种笼统地歧视其他文化的'社会浪漫主义目光'。乞丐和儿童都会被赶跑，实际上他们什么也得不到。"

阿希尔有时说话嗓门很高，尤其是在男性世界里，他会故意大声地说："他们是在寻找牺牲者，我就是要用我的大男子主义保护受害者，谁要是让我遇到了，我会很不客气的。"

瓦尔德领事有一次从尼泊尔去印度旅行，刚入境不久，他就跟一个印度人吵了起来。"我们还像是在尼泊尔旅行那样天真不设防，但是在印度边境，我们被敲诈了好几次后，我几乎压不住火要跟他们打起来，当时我们已经是鼻尖对着鼻尖怒目相对。"每一次挨宰被骗都会让他十分愤怒，他不无幽默地说："那个人比我还聪明，能让我这个傲慢的西方人落入他的圈套。"他也喜欢用当地人发明的玩笑开心解闷："印度古城瓦拉纳西的出租车司机很有趣，他清晨五点在火车站等着接我们，一见面就高兴地对我们说：'今天早上不骗人'！"即使在玻利维亚，瓦尔德领事的背包被偷了，他也没有失去幽默风趣："当时我只是转过身几秒钟，为了从大巴车腹部接一下我朋友的背包，我的包就被偷了，佩服佩服！在拉巴斯的巫婆集市上，你可以把前几天被偷的所有东西再买回来。相机里未被冲洗的胶卷还额外售卖，这可以说是个惊喜彩蛋。其实，这是个很酷的点子。"

布莱克博士还记得自己十六岁第一次去纽约旅行时被骗的经历，那成为他终生的教训。"从那以后我有了不可估量的进步。渐渐地，我也开始骗当地人了。"每次出门之前，他都先在美国汽车协会（AAA）那里购买一沓国际驾驶证，每张十五美元。在国外旅行时，若是收到罚单，必须上交驾驶证。只有在你交了罚款之后，才能从警察总局那里取回来。他就总是装作不情愿地交出一张，然后继续上路。

艾里克以毫不妥协的倔强继续他的旅行，尤其是在印度的拉贾斯坦邦，还有在非洲旅行的时候，他故意像过去的殖民者那样趾高气扬："你不要正眼看那些人，只管独自一直向前走，最多给他们一个表示坚决拒绝的手势，他们就会明白了。"

有时候他也很沮丧，正像他在厄立特里亚旅行时所经历的那样："如果你每天都得跟商贩就香蕉的价钱讨价还价，迟早有一天你会厌烦的。这是另一种形式的种族歧视，所有东西卖给白人的价格都高出五到五十倍。但是外国人也想得到和每个普通人一样的待遇。"尽管如此，他还是带着旅行者的热情一如既往地行走在旅途上。说不定什么时候，满腔怒火就变成了茶余饭后的逸闻谈资，一切又恢复往常。

第十三章 美的冲击

旅途中的一切经历对我们来说都是第一次，或者说，它们来得太猛烈了，就像第一次发生。即便是日常生活，在国外也是全新的体验，我们用手抓饭而不是用刀叉，我们在左边而非右边行驶，我们在回答问题时用挑眉而非点头表示同意。最重要的是，我们将这个世界视为伟大的、全新的，那是一种自然奇观：我永远不会忘记自己在1980年第一次看到的沙漠上的星空。事实上，我今天看到它时仍然感到十分震撼。

同样清晰的画面是在一个清晨，我们躺在一座吊脚楼的露台上，从湄公河的泰国河岸眺望对面的老挝。除了一条宽阔的河流和一片热带丛林，后面什么也看不见。但是我们久久无法移开视线。后来我们一致认为，在老挝那边，一定有一个美丽的天堂。

在哲学家看来，有一些扣人心弦的巍峨自然景象，其崇高庄严多于绚丽多彩。按照康德的说法，美或许是熟悉事物的完美形式，也是它的最高形式。与崇高庄严相对应的则是令人窒息的陌生感。一个迷人有魅力，一个让我们惊奇感叹，有时它看起来是那么宏伟，让我们不由得产生了敬畏（一种愉悦的敬畏）。这种敬畏第一次出现在美国的大峡谷，第二次在南极洲，第三次在亚洲中部的兴都库什山脉。

每个人都有终生难忘的体验，这些体验随后成为数十年里所有经历的标杆。对于吉塞克来说，"标杆"是苏格兰高地："它那雄伟庄严的绿色山脊，如此伟大！从精神层面上看，梵蒂冈都无法与之相提并论。"对于尹德拉来说，"标杆"是合恩角："那里承载着深沉厚重的历史，只有身临其境，才能真正理解它。"对于苏珊来说，"标杆"是初次远眺乔戈里峰："它那美丽而又令人毛骨悚然的山貌，古老、坚定、可敬，它似乎以阴森莫测的神情俯瞰一切。第二年，我再次只身前往乔戈里峰大本营徒步。"

这些数不清的大自然景观，无论是美丽还是庄严，都以其独特的方式令人感到震撼。当然，还要看你是以什么方式和顺序体验它们的，因此，旅行家对他们的体验印象和评价从来就不能统一。这并非仅限于对自然景色的体验，在异国他乡，我们也会重新发现村庄、城镇和大城市，无论它们是叫圣米歇尔、萨拉曼卡、悉尼，还是叫波尔多、纽约、西迪布赛义德（突尼斯海滨小镇）。每种类型都是相同的，都如洛·史都华翻唱的那句歌词："第一次伤害最深。"[1]

观光景点也是如此。无论是日本京都的金阁寺，还是印尼爪哇岛的婆罗浮屠大佛寺；是西班牙南部格拉纳达的阿尔罕布拉宫，还是土耳其的以弗所古城废墟，无论我们从哪里开始，都会留下终生难以磨灭的印象，第一眼看到的东西完全迷住了我们。谁要是在约旦废墟古城佩特拉穿过狭窄的深谷，在拐角处突然看见扑面而来的岩石山上雕刻而成的精美的卡兹尼神殿，都会被这第一眼的景物震撼，这种初始体验如此深刻，有可能会掩盖你对这座被遗忘岩城的其他所有印象。佩特拉将在你的记忆中，以这幅令人印象深刻的画面凝固。

旅行者一生都在路上。我们总是希望在下一次的旅行中被新的印象震慑。但是我们旅行的次数越多，这种情况出现得就越少，这也是难以

---

1 《第一次伤害最深》（*The First Cut Is The Deepest*）是凯特·斯蒂文斯（Cat Stevens）创作并自己演唱的一首歌曲。洛·史都华为英国著名摇滚歌手。

避免的。喜马拉雅山上的星空十分壮观，但没有我在撒哈拉大沙漠里看到的星空震撼。恒河支流旁的拂晓十分迷人，棕榈叶在微风中沙沙摇曳，第一艘渔船和摆渡船已经迎着初升的太阳出发。但那不是我眺望天堂的第一印象，准确地说，我坐在那里思忖着，看，它几乎跟我在湄公河看到的景色一样美丽。实际上它更美，还有鸟儿叽叽喳喳地歌唱，但我感觉不到，对我来说，"河流、宏大、清晨"这种类型的景色早已被湄公河占据。

德国作家冯塔纳认为，旅行者应该抛开偏见专注于所游之地："他必须有良好的意愿，去发现美好事物的美好，而不是用吹毛求疵的比较将其扼杀。"[1] 良好的意愿我是有的，但是我难以忽略记忆，至少是当我又发现了什么美好的东西时。我最近几十年的旅行生活都是一系列非自愿的比较。在维多利亚瀑布前，我暗自赞叹："多么巨大壮观！但是尼亚加拉大瀑布……"在汉堡的科尔布兰特大桥上，我暗自赞赏："多么优雅！但是金门大桥……"在古巴的比尼亚莱斯山谷，观望着峭壁上奇异的突兀残丘，我心想："这里连棕榈树都不缺！但是桂林山水……"看过危地马拉及萨尔瓦多的火山，无论它们是否烟雾缭绕，我都心想："多么完美的对称！但是富士山……"这样的比较是非常不公平的。我看到美景，欣赏它、赞美它，甚至很难把我的视线移开。但是每次欣赏后，我的脑海里就会浮现另一幅画面，我会不由自主地把它们进行比较，于是我就不再因眼前的景象而感到震撼了。

此外，在一些我们去过的国家里，那里的人也会让我们一再惊叹于他们的美。当然，每个国家和民族的美都是不同的，那里流行的是不同

1　摘自《勃兰登堡漫游记》，载于《冯塔纳选集》上卷第 417 页，于萨尔茨堡-斯图加特出版，出版日期不详。

于西方世界的美学标准——至少在传统上是不一样的：人们会觉得阿拉伯女性用指甲花彩绘文身有点怪异，而面纱则给她们增添了意想不到的吸引力，只有在眼睛、脚踝和步态中才能窥见她们的美。几个星期之后，人们学会了从她们身旁走过时，对隐藏着的美进行猜测和判断，要想再进一步窥视，阿拉伯世界就不允许了。

印度女性丰富的鼻饰和脚趾环，反而没有让我感觉到美。同样，她们在大街上挖鼻孔的行为也令我反感。有时她们从你身旁走过，甚至在把手指插进鼻孔的同时，直勾勾地盯着你的眼睛。但是她们的微笑是非常迷人的。乌兹别克女性一直画到鼻梁的眉线，还有塔吉克斯坦无论男女，都把金牙当作装饰镶得满口金灿灿的，看起来也很怪异。那些没有能力装扮自己的社会底层女性的冰冷美貌反而更加引人注目。总的来说，这似乎是旅行途中一个可怕的副产品，在一些文化里，女性越贫困，或者说她们所生活的国家越贫穷，在西方人眼里，她们就越美丽、越凄楚动人。用丰臀肥乳显示财富不符合欧洲人的审美标准。

另外，日本女性喜爱的天真幼稚的 Hello Kitty 装，搭配迷你裙和坚硬的细高跟鞋，也跟我们的审美相去甚远。儿童一样的步态、内八字的站姿，辅以做作的天真举止和佯装嗔怒，要知道，这些远东的洛丽塔都是成年女性。天真和幼稚是日本"卡哇伊"文化的中心主题，这种"可爱文化"在公共社会生活中随处都受到欢迎和保护，从迷你日用背包上的可爱毛绒动物，到官方布告里站在对话气泡中风趣的卡通形象。也许是日常生活和工作中的压力太大，人们需要这种形式的调节阀门。如果外国游客对日本女性感到不解而摇头，或者想给她们一些解放思想的建议，那么他是高估了自己。日本少女并不是要取悦外国游客，她们是要取悦那些酷酷的日本男青年，他们头顶黑色软塌塌的懒散小帽，穿着赭色的条纹长袜，看起来就像滑稽可爱的魔法学徒。

哪些国家的女性最漂亮？我问了很多人，得到了很多不同的回答。人们几乎一致认为，世界上到处都有美女，哪个国家的美女都比自己国家的美女多。我的旅伴的判断似乎很随意，他们的理由也很有趣：

古巴——（但只是少女，最美少女出自关塔那摩湾）

乌克兰——（她们有最好的造型）

波兰——（比德国女人更有女人味）

巴西——（只是狂欢节上的舞女，其余的都不能达到神话的标准）

法国——（巴黎女郎可以忽略不计，但法国南方女人看起来更像西班牙女人）

缅甸——（远远比被高估的泰国女孩漂亮）

加里曼丹岛——（如果你跟她们进一步交往，她们很快就会跟你谈论婚嫁，并且把你指挥得团团转）

哥伦比亚——（印第安人、黑人和西班牙人的迷人混血儿）

印度尼西亚——（棕色的皮肤和快乐的容颜）

韩国——（她们至少还想更漂亮）

马里——（但只是尼日尔河岸的波尔女人，她们看起来像埃塞俄比亚女人一般高贵）

显然，他们在评价女性美时，把美学标准和色情趣味混杂在一起了。长久以来，外国女性的魅力几乎无处不在。几百年前，德国探险家格奥尔格·福斯特跟随詹姆斯·库克进行环球航行（1772—1775），那时他就描述过在不同停泊站点的狂欢作乐。他对塔希提岛上印第安女人的"天生优雅"和"高贵纯朴"[1]格外着迷。他还写道,"她们可以轻易满足我们水手的愿望"[2]。即使是丑陋的女人,对外国人来说也似乎有无法抵御的吸引力,尽管他摇着头写道:"新西兰女人的身体散发着恶臭,离得很远也能闻到,她们身上到处是跳蚤和虱子,她们在衣服上寻找这些小东西,然后扔进嘴里咬碎。真是让人吃惊,人们竟然能以如此野蛮的方式对付这些令人生厌的生物。"[3]

法国作家福楼拜去埃及旅行时,也不是单纯地为了欣赏美丽如画的风景,他会抓住每个机会猎寻专业舞女,详细描述她们在身体和色情上的诱人之处。[4]福楼拜曾在一夜风流后满怀思念地写道:"告别的时候才知道,她永远不会忘记你,你也会把她留在记忆和内心深处,那是多么甜蜜的满足和骄傲。"[5]

---

1 格奥尔格·福斯特于1772年至1775年进行世界环航,引自《世界环航观察》,法兰克福,2007年版第209页。在福斯特的描述里,温克曼的原话是"高贵的纯朴和沉静的崇高"。席勒也用过关于优雅的词汇("优雅和尊严"),克莱斯特的《论木偶戏》中也说过"失去反思的优雅"。

2 同上书,第181页,其他关于狂欢作乐的描写见第212页、240页等。

3 同上书,第159页,此处新西兰女人指毛利人。

4 古斯塔夫·福楼拜《埃及旅游见闻》,柏林,2011年,第49、101、105、119页。

5 同上书,第111页。

第十四章　世界的背面

我重读了一遍自己在 1978 年的旅行日记,简直不可思议:我们游览埃及卢克索神庙时几乎没有其他游客,帝王谷里空空荡荡,女王谷也是如此,几天后,阿布辛贝神庙仍是一样。我们五个人几乎独享了所有世界级的景点,那时候的埃及在夏天的几个月里几乎没有什么游客。我们骑着毛驴穿过红峡谷,久久地坐在不同的陵墓旁。赶驴的人用一个小镜子捕捉阳光,照亮每一个古埃及象形文字。我被眼前的景象惊得哑口无言,直到我们参观图坦卡蒙陵墓。我的父母有一本很漂亮的画册是关于这位英年早逝的法老的,我还是小学生的时候就很喜欢他。现在的我还有什么可期待的呢?他的黄金面罩我已经在开罗的国家博物馆里看到了。尽管如此,我还是感到非常失望。其他所有陵墓都更宏伟壮观,因为里面安葬的是更重要的统治者。即便我可以解释自己的失望,我还是希望能领略到图坦卡蒙的更多魅力。

假如我不曾看过那本画册,也许对我来说,那天在帝王谷会是另外一种感受。那些我们最期待的景点,往往到头来不过如此。突尼斯的迦太基遗址徒有虚名,土耳其的特洛伊遗迹也是如此。印度穆尔斯希达巴德废墟的重要地方到处是粪便,埃及胡夫金字塔的通道和房间常常被翻译、导游当作小便的地方,恶臭使得这个著名景点失去了原有的魅力 —— 至少 1978 年是这样的。1979 年在卢浮宫,当我的目光越过无数参观者攒动的头终于捕获到蒙娜丽莎时，画像看起来是那么小，让我对整个卢浮宫都感到失望。1985 年，我独自一人站在北京北部的长城上，一时兴起飞奔，直到惊讶地看到它的终点。我当时怎么也无法相信。我看到过的所有照片展现的都是这个古老防御工事在山谷里、山峰上逶迤延绵不绝的景象，它不可能就这样戛然而止了。假如我当时像一个普通游客那样漫步，那么那天晚上，我可能就会心满意足地返回酒店了。

"游览观光是失望的艺术。"罗伯特·路易斯·史蒂文森说过这句格言。[1] 如果现实和我们的期望相去甚远，我们该怎么办呢？沃勒说："我会把失望尽情发泄出来。"尹德拉说："试着想象你看不到的一切。"瓦尔德领事说："始终保持最低的预期值，能多低就多低。"至于我，当人数众多的旅游团破坏了我对这个景点的想象时，我会试着从这些游客身上找补偿。我仔细观察那些游客，毕竟他们毫无掩饰的行为举止显示了他们各自国家的特征。这样一来，你坐着不动就能获得环球旅行的体验。2016 年，这种坐地日行三万里的方式使我对卢浮宫产生了很大的兴趣。卢浮宫的玻璃金字塔入口吸引了很多游客自拍，自拍杆的旋转运动让所有人看上去都像是太极拳大师和业余魔术师。这种奇异的情景在无声无息的笼罩中显得更加突出，为巴黎增添了一道新的景观。

然而，如果你长时间地观察游客，你就会变得不喜欢人类。于是，我踏上前往二级景点的路，这些不同寻常的旅行目的地总是那些没有游客涌动的地方，那里不会有人去，也不会有人感兴趣，你要自己去寻找。不过你对这种地方要有所预知，那里可能会有跟热门景点同样重要的景观，比如有个神殿或寺庙，由于某种莫名的原因没有登上联合国教

---

1 保罗·索鲁《旅行之道》，汉堡，2015 年，第 163 页。

科文组织的世界遗产名录，所以只有当地人才去那里拜访。或者有个废墟，那里充其量就是被雨燕筑巢据为己有。要不然就是一个省级博物馆，里面展出的一些动物标本不是缺只眼睛就是少只翅膀，还有布满灰尘的人物生活情景仿真模型，可以触摸的猎豹爪子，或者是酒精玻璃柜里的大象或狮子的胚胎 —— 就像在纳米比亚首都温得和克的奥维拉博物馆。在清真寺的台阶上，你会看到各种各样的交易。如果你有足够的时间坐在那里观察，还会发现采耳工在尽职尽责地工作 —— 在印度德里贾玛清真寺的台阶上，我就看到过这样一幕。

你必须摆脱失望继续前行，有价值的地方永远不会人满为患。排除游客必看景点后开始自由行，这是真正意义上的发现之旅。要在一个国家寻找属于自己的场景，因为明信片上的风景很难保留永久的记忆。在南太平洋风景如画的群岛上，只有租一辆自行车，一直骑到不再有如画风景的地方，岛屿才开始变得有趣。同样，在百慕大和巴哈马群岛也是如此。它们的正面被旅游业完全扭曲，你无法真正理解那个地方，直到看到它荒凉的背面：那里有锈迹斑斑的汽车残骸、路边废弃的冰箱和马桶盖、窝棚四周骨瘦如柴的鸡群。首都马累的破败衰落，衬托了马尔代夫度假岛上浪漫的海景洋房。

1991 年，我们从神话般的缅甸去往泰国。对比之下，我们发现那里很无聊，于是就骑着自行车远离旅游景点，直奔稻田农区，那里很有意思，有时甚至相当刺激。一次，我和沃勒一起出门，突然在路上遇到一头苦力大象，它拖着柚木缓缓行走在马路中间，我们停下来，商量着怎么才能更好地从它旁边通过。还有一次，我们帮助了一个农民，他的牛车翻车了。不久后，我们差点被卷入一场斗殴，在村子的路口处有两个闹事青年，他们正进行一场泰拳比武，直到那时，我们还只是在电视上看过泰式拳击。最后，我们来到了一家小镇电影院，正好赶上下午场的电影，电影放到一半，我们坐的那一排座椅突然翻倒了。看完电影，我们又去了一家咖啡馆，里面有三个年轻女孩向我们招手让我们过去，她们互相夸赞是很棒的性伴侣。后来她们非常沮丧，因为我们每个人都发现，一杯可乐比她们更性感。无奈之余，她们给我们领来了一个女友，我们拒绝了之后，她们非要送我们一只小狗，这也被我们谢绝了，后来她们就不再理睬我们了。

泰国的几乎所有旅游景点我都忘记了，只有我们骑自行车的旅程令人难以忘怀。那是很普通的城市公路，很普通的乡间小路。最让我感兴趣的是一个城市的背面，在那里，你每次都会发现一个全新的世界。长途汽车站的喧嚣，监狱门前聚集的人群。更不用说监狱本身了，如果它被重新开发为特殊的观光景点，会更加吸引游客。例如，北爱尔兰首府贝尔法斯特的克拉姆林路监狱，曾关押爱尔兰共和军成员及阿尔斯特志愿军的囚犯，那里的行刑室都完全展示给了游客。看过监狱后，即便是在阳光明媚的白天，你也需要去约克公爵酒吧或者皇冠酒吧喝一扎烈性黑啤，那里华丽的维多利亚式室内装潢又展示了城市的正面。总是很有趣的还有白天的红灯区、不断扩张的郊区及其废料场、未完工的清水墙建筑物和公园、公园里被山羊啃得光秃秃的干枯绿地、令人浮想联翩的老工业码头、空旷荒芜的车间、废弃的汽车加油站、杂草丛生的空地……陌生城市的背面不加掩饰地展现在我们面前。其实在汉堡也能看到类似的景象，但我在那里很少懂得，它们以丑陋的方式直接展示在我们眼前：这才是生活的全部。

在印度中心城区之外，甚至街道也变成了灰色，那里的居民也是灰色的。这并不是说那里真的缺少色彩，只是看起来不再鲜艳了。一切都融进了彩色纱丽，如果你想在商店里找出什么能令你惊讶的东西，就会发现这些努力都是徒劳的。你已经走了很长的时间，不会再注意到任何特别的东西了。这是一种清醒的疲劳，好像身体已经切换到了自动模式，所有感官都处于待机状态。这也许是我旅行的动机之一：不再注意也不再考虑任何不必要的东西。

至少在这一点上，城市观光开始变得有趣了。在异国的日常游览中，你不再注意那些华丽而不值钱的东西，虽然这些东西在观光景点周围还有很多，在市中心的购物街上，它们仍然大大分散了人们的注意力。城市的构架，可能还有整个国家的构架会变得一目了然。真相在所有美丽的背后。

现在这些区域仍然属于当地人，没有拥挤的游客。我们前进时需要某种程度的冷酷无情，谁表现出犹豫不决，就会失去自我。阿希尔说我对某些著名城市和地方的阴暗面有偏好，执着于去寻找、发现那些下水管道、铁路轨道、公路干线之间的东西。事实上，我陷入了一种迷恋，在我的旅行生涯里，这种迷恋越来越强烈。背面比正面更吸引我。在世界背面，我用不同的方式呼吸，变成了另一个人——哪怕只是暂时如此。

第十五章　垃圾山

我曾在印度闯入城市背面的最深处。在印度的大城市，要想走到人烟稀少的地带，需要经过一段特别长的路。一路上不断有卖茶人向我招手："先生，喝茶！"我一直不停地向前走，不再想喝茶了，但马路两边的叫卖声不绝于耳，"哈喽！先生""来来，先生""好茶，先生"，我仍然不停地继续前行，直到看见一个卖茶人对我视而不见，我便知道自己已经走出旅游区了。遗憾的是，这通常也意味着我走出了城市地图所涵盖的范围。我只好随意乱走，或者根据当地人犹豫不决的指示，他们通常自己也不清楚怎么走，却总是热忱地使劲点头说，"对对，一直往前走"。常常是我走着走着就又迷路了，但是在加尔各答，我很想知道自己是在往哪里走。

垃圾山是印度地图上最后一个白点，也是普通人的禁区。加尔各答市郊的塔坝区是所有垃圾山之母，在那里，由垃圾堆成的小山长达数千米。在垃圾山的入口，我遭到了严厉的拒绝——没有特许证，任何人都不得入内。从门卫的口气里，我听出贿赂也没用，这倒也省钱了。另外，那个门卫还警告我，整个垃圾山上都有摄像头监控，也许他是为了让我不要进行愚蠢的尝试，但是很快，我就有了一个愚蠢的念头。

为了寻找塔坝区，我已经在路上走了好几个钟头。远远望去，垃圾山山顶上可以看见很多人和牛晃动的影子，上方盘旋着秃鹰，斜坡上，暗火和微烟忽隐忽现，有的地方还可以看到熊熊燃烧的明火。那里散发着难闻的气味。那里规模惊人。垃圾山跟印度博物馆、维多利亚纪念馆及圣保罗大教堂形成了鲜明的对比。它给我的印象，比我整整一周里看到的加尔各答还要深刻。

加尔各答郊区塔坝。街头流浪儿和乞丐在城中的垃圾堆里没有捞出来的所有东西，在这里都被分门别类地挑了出来，又通过各种蜿蜒渠道运送回印度的日常生活。男人、女人还有孩子，搜寻一切可以再利用的原材料，有的专门挑选废金属，有的专选木料，多数人挑选废塑料，剩余的垃圾就留在原地，一层一层不断增高，同时不断向四周延伸。不仅休耕地或农田渐渐被垃圾覆盖，有时甚至一整栋房屋都必须被清空，垃圾山在房屋的前后左右不断蔓延、不断增高，最后把房屋紧紧包围。这里随处可见牛、猪、狗等家养动物寻找剩食，它们的一生都在这里度过。特别是成群的猪，它们在垃圾堆里配种、出生，有的还在垃圾堆里死去，最后被猛禽吃得只剩下猪头。一般来说，垃圾山里养的猪是要被屠宰的，每头猪都属于在这里工作的人，猪是他们赖以生存的东西——垃圾也是如此。不少人直接把他们的窝棚搭在垃圾山山脚下或垃圾山的斜坡上。让欧洲人百思不得其解的是，在那里，你看到的每个人都洋溢着幸福的笑脸。

当我在塔坝垃圾山入口处被拒绝的时候，我对所有这些还都不甚了解。准确地说，我什么也不知道，但又隐约预料到了一切。我朝着城市的方向往回走了一两千米，在第一个路口左拐，路过一个垃圾加工村——仅是为了这个村庄就值得来一趟，那里到处堆积着房屋高的垃圾袋。然后我再次向左拐了一个弯，走上另外一条通向垃圾山的路，最后，我沿着垃圾山围墙的长边走，看到墙上有缺口。我先是观察了一会儿，有一群脏兮兮的猪在垃圾山山脚下的泥潭里打滚，然后我跟着两个小孩钻过墙洞，爬上了垃圾山。

　　垃圾山的坡很陡，是由一层层废塑料堆积而成的，一堆紧挨着一堆，还喷洒了很多灰色的粉末，它们沿着山坡往下滑，有的地方被这粉末覆盖了。我一次次从山坡上滑下来，不得不手脚并用，牢牢抓住些什么。爬到山顶后，我坐在两个男孩身旁，我们开始互相嘲笑。从垃圾山山顶上远望，景色很棒，我们眼前是一个盐湖和一片狭长的田野，头顶上方盘旋着几只饥饿的秃鹰，旁边有一群猪和狗在地上翻找食物。附近的一个垃圾山包上，有一台履带推土机把新送来的垃圾推到四周，以便拾荒的人更好地分类挑拣。垃圾山上有二三十处轻烟袅袅上升，在这遥远的地方让人神奇地想起冰岛上的火山景象。这就是我的第一座垃圾山！第二天我乘车去了加尔各答附近的豪拉市，去那里攀爬另一座垃圾山。

第十六章　从何时起度假成为旅行

　　"如果人们必须飞行四五个小时，"沃勒声称，"那么在欧洲，无论去哪儿都只是度假而不是旅行。只有随身携带的手提行李包不足以装下必需品的时候，旅行才真正开始。"自称只带手提行李包旅行的瓦尔德领事，对此当然有不同的看法，他说："度假只是人们自己选择的在度假村与世隔绝的休息，无论在哪里都一样。旅行则是扩展视野。如果你在国外看到的总是同一种视野，也不能称其为旅行。"

　　尹德拉的观点又不同于他们两位，她认为："度假意味着抽出时间放松自己。度假者可以随意去任何地方，但他远远不算游客。"她在这一点上非常尖刻，"成为一名游客，意味着在外国保持冷漠，跟随旅游团出国旅游以预防一切可能发生的不测，保持一种非常有限的单纯的世界观。这种全程专注于景点，而非自己去了解一个国家多样性的旅游，让我觉得平庸乏味，我讨厌这种旅游。"

　　旅行家所说的游客，指从游学团到购物团等各种旅行团里的游客。他们成团出行，被整车整车地送到各个景点，由于人数众多，他们当中某些人有不文明行为，所以当他们还在忙着吃早餐的时候，独行旅行者觉得最好将自己的游览计划推迟到第二天，以免跟他们同行。反对游客的争论早在大众旅游热潮兴起之前就出现了。英国作家吉卜林一再嘲讽那些"环球旅行者"，说他们并没有什么真正的兴趣，只是让别人开车把他们送到一个又一个景点，为的就是把他们的名字刻在寺庙的砖墙上。从这些人的评价中，看不出什么"这个或者那个景点让他们很喜欢"[1]之类的言辞。

旅行家指责观光客的主要论点是，他们只会消费观光景点而不是深入了解这个国家，好像除了旅行社安排的走马观花式的旅游就没有其他可能了。无疑，这里有个世界观的问题。旅行家认为他们践行的是唯一真正的旅行方式，有助于改善世界，而观光客甚至不知道他们在做什么。这类似于跑步者将自己与慢跑者区分开来。[2]这两种情况都属于少数人为自己的"本意"辩护。旅行家的论点如下——

一、在外国逗留的时间长短及所去国家的异国情调，并不能决定你去那里是旅行还是度假，决定因素是你对待这个国家的态度——是对目的地侧面及背面的了解，而不仅仅是从世界文化遗产名录上标记的正面来看。如此来说，即便是去南蒂罗尔（意大利北部）的三日游，也不能说是度假。

二、你要想有所发现，就要做好失败的准备。若是凭一己之力达成了目标，就会获得极大的自我满足感。最重要的是，旅行者想去探索未被旅游业影响的地方和民族——比如某个地方丛林里生活着的土著民族，你只能长途跋涉到达，那里也并没有什么可以售卖给你的东西。

三、旅行不是娱乐，旅行是一件严肃的事情。它是一种工作形式，只是工作的人将其视为闲暇活动。设定的旅行目标对身体或后勤的挑战越大，旅行家的胜利就越辉煌精彩。即使在追求知识的过程中，旅行家也是以绩效为导向的。

1　吉卜林《从大海到大海》，汉堡，2015 年，第 64 页、第 53 页。

2　参见马蒂亚斯·波利蒂基《42.195》，汉堡，2015 年，第 225 页起。

四、观光游客通常按照旅行社预订的游览计划满载而归，无论他经历了令人失望的还是伟大的体验。而旅行家则不会将好奇心局限在陌生国家美丽的正面，他还会获得很多并不愉快的体验。

五、观光游客收藏景点照片和表面印象，旅行家则通过身临其境的观察收藏旅行体验，并由此形成一种面对世界、故乡和人类同胞的新态度。美国作家保罗·鲍尔斯作品《遮蔽的天空》中的主人公表示，"游客和旅行家的另一个重要区别在于前者承认自己的文化，并且从不怀疑。旅行家不是这样，他们会把自己的文化与其他文化进行比较，然后剔除那些不符合自己喜好的元素"[1]。总而言之，先锋旅行家开路，旅游大军随后跟进。

这些论点听起来都很有说服力，实际上，游客、度假者和旅行者之间并没有明确的分界线。三者之间的过渡是流动的。最重要的是，人们经常自己转换角色：一个游客可能在外国终其一生都是游客，一个旅行家却常常转换身份，他常常也是游客，有时候在整个度假期间都是游客（因为有的国家，比如冷战时期的苏联，不可能让你以其他方式旅行），有时仅有一天是游客（因为他无法摆脱迪士尼乐园这样的旅游景点的诱惑），有时仅一小时是游客（因为他想体验一下里斯本著名的穿越老城的 28 路有轨电车）。简单来说，旅行家也像游客一样，当他初次站在泰晤士河岸看到议会大厦和大本钟的时候，同样会惊叹于眼前的景象。

此外，不只是观光游客在某个城市（如罗马）、某个城区（如哈瓦那老城）或某条大街（如都柏林的圣殿酒吧区或新奥尔良的波旁街）涌动，这些地方也吸引了大批寻欢探险的年轻人，他们和游客几乎没有区

---

1 保罗·鲍尔斯《遮蔽的天空》，慕尼黑，1994 年，第 12 页。

别。唯一的区别是他们用手机一个景点接一个景点地导航，他们的导游是虚拟的，旅游团也是虚拟的，他们通过 App 加入虚拟旅游团。即便他们感觉自己是探险家，依靠自身能力发现了什么，走在自己走出来的路上，但也许他们只是另一种形式的游客，只是他们并不清楚自己是游客。甚至从对一个地方的破坏程度来说，传统的背包客数量众多，也跟旅行团的游客没有什么区别，只是前者搭乘不同的长途汽车，后者集体乘坐旅行社的大巴。两者都使得越来越多的地方，如英国的巨石阵，不得不被隔开，变成露天博物馆，人们只能从远处遥望。

我记得小时候和父母一起搭帐篷，在意大利或北海海滨度假的美好时光，也记得后来在阿布扎比酋长国宫殿酒店度过的超现实主义的一周。那里的大理石走廊上立着一台德国 Ex oriente lux 公司生产的黄金自动贩卖机"黄金外带"（GOLD to go），据说不久后还要在前厅摆放一棵高大的圣诞树，用在这里下榻的酋长家族的珠宝装饰。当时已经2014 年了，前台的客服人员跟我保证说不需要特别的警卫来看守。在酒店附近的法拉利世界游乐园，游客付一百二十五欧元可以乘坐一分钟世界上最快的过山车，为了得到第一排的好座位，还要排队等候两小时。过山车的弹射式发车简直是一种生死体验，就像蹦极一样，仅用4.9 秒就达到了每小时二百四十千米的速度。后来我知道了在世界一级方程式锦标赛里把油门踩到最大是怎样的感受，这种极限体验，我也只有在外国才能获得。

尽管如此，我在阿布扎比总有一种内疚感，为了这么一点体验，花了那么多钱。另外，我又自我安慰，为此我获得了更多的度假体验——尽管这并不是我真正寻求的。最终，我把它看作一种对学生时代穷游的补偿。有一次，我们驾车沿着海岸线旅行，三个人在长达六周的时间里，每天都挤在汽车里睡觉，因为我们没钱住旅馆，每天也只在温蒂汉堡店吃一顿快餐果腹。在阿布扎比时，我想，也许在生活中经历两种体验都很重要。

多数情况下，我不得不中断原本计划好的天堂度假游。一旦脱离原计划踏上新的行程，一段新的旅行就开始了。即便是最后一分钟定好的西班牙特内里费岛的一周度假，也变成了租车深入偏僻山村的发现之旅。在加勒比海南部的库拉索，如果不是每天开着小摩托出去兜风，我简直无法忍受沙滩上的完美世界。1985 年，我跟随旅游团去了中国（那时中国只允许外国人参团旅游），在完成当日的观光项目后，我每天都拉着导游出去。我们在南京跟建筑工人或大运河上的渔民一起喝茶；我们去上海刚开张的第一家迪厅跳舞；我们去曲阜附近的一户农家，老农把家里唯一的椅子让给我坐，还给我端来一碗糖水。第二天我们又继续跟着旅游团游览，跟我们的自由行动一样有意思。

但我的旅行有时也会变成度假，要么是因为我需要休息一天，要么是想试一试旅行计划外的东西。比如，在埃及的沙姆沙伊赫玩摩托艇，或者驾驶四轮摩托车穿越纳米比亚大沙漠，又如乘热气球在塞伦盖蒂上空飞行，然后吃一次像电影《走出非洲》里一样带香槟的早餐，在巨大的合欢树下布好餐桌，铺着餐布，摆着银餐具，服务员都穿着传统服装。是的，这一切很有意思，即使它不符合一个旅行家理想的行为准则。

好像对一个国家的认识只能通过贫困和底层的经历才能获得。"奢侈是仔细观察的敌人，"美国旅行作家保罗·索鲁认为，"因为你不会从你的舒适中感受到任何东西。"[1] 奢侈不一定会让我感到舒适，我会像在我的"中产舒适区"里一样准确观察。对我来说，最难的是在旅途中偶尔

1　保罗·索鲁《旅行之道》，汉堡，2015 年，第 34 页。

享受那么一点奢侈。比如在一个地方为了享受而逗留，而非利用时间继续旅行，或者住进一个高档酒店，只为了不必不停地拍打蚊子。对我来说，最有可能实现奢侈的是那些奢侈不再的地方，就像英国旧殖民地的旅馆或经过重建的迈索尔皇宫酒店。在那种旅馆里住宿我很享受，就像一次穿越时光的短途旅行。圣彼得堡的欧罗巴大酒店富丽堂皇，那里的大堂酒吧既可以让人回到新艺术运动时期，也能让人进入俄罗斯的富裕未来，那种仪式感在任何地方都不能如此近距离地体验。

没有任何一次旅行比我在 2006 年到 2007 年那次一百八十三天的"欧罗巴号"航海之旅更让人疲惫不堪的了。"欧罗巴号"游轮连续好几年都在世界最佳游轮排行榜上名列前茅，其超标奢华远远超过很多五星级游轮。当然你必须忍受长达半年的超五星豪华游轮的奢侈。我并不想听起来假装绅士、附庸风雅。对于奢侈，你必须做好准备去享受它。尹德拉说："如果我去莱佛士酒吧喝了一杯鸡尾酒，之后就又可以去一个像金边这样的城市了。"瓦尔德领事说："在欧贝罗伊酒店里待三天，加尔各答的噪声只是游泳池边遥远的鸣笛声。我心想，别想了，你们都进不来。"苏珊说："奢侈？最好一直如此，最好一直是五星。我们总是预订自己刚好负担得起的行程，然后祈祷着能够升级。"

历史上的佛陀是一位来自奢华宫廷的王子，他逃离奢侈境遇走向另一个极端——禁欲主义。六年后，当他几乎快饿死时，有人施舍给他一碗米饭，他意识到禁欲主义也不是正确的方法，从此开始宣扬中间道路。

他所提倡的介于奢侈和禁欲之间的中间道路，必须由每个人自己去探索，此人的中间道路非彼人的中间道路。就我而言，我的每次旅行都是一次重新尝试和探索，所以至今，我仍然难以找到适合我的中间道路。为了拥有一场好的旅行，我可以沉溺于什么？我必须拒绝什么？似乎只要你每天因为一再享受的奢侈而惩罚自己，旅行就会变得美好似的。更不用说，你选择住棚屋而非中档酒店，就是为了用节省下来的钱旅行两倍的时间。历尽艰辛后应该给自己一些奖励，问题是在哪个方面、多大程度上的奖励？破例把脏兮兮的衣服交给洗衣店，或给自己增添一点新的徒步装备，这个奖励够不够？如果我在度假时坐加长豪华轿车兜一次风、乘直升机来一次空中游览，或者在希尔顿酒店里品尝一块黑森林樱桃蛋糕——就像阿希尔在戈壁沙漠长达几个月的艰辛旅行之后那样酬劳自己一次，这样的一天度假是否合理呢？甚至把这些奖励都享受一遍又如何？唉，其实也许一杯特别的冰镇可乐就足够了！

有一次，奢侈来得出其不意，使我受宠若惊。那是在喜马拉雅山上经过了两个星期的徒步后，按照约定，登山向导把我带到了印度的贝玛扬泽，从那里开始我将继续独自前行，然后很快就要飞回家了。准备行装的时候，我决定在那里过夜，尽量住在我打算参观的著名的贝玛扬泽寺附近。不料在贝玛扬泽只有一家酒店，还是一家星级酒店，名叫潘迪姆山大酒店。

此前，印度旅行社不加解释地按照我的意愿调整了我的行程计划，因为我们在全部行程的总报价上跟旅行社砍价很厉害，所以我只能指望旅行社给我安排一家还算过得去的旅馆。在我们徒步旅行的最后一天早上，我把几乎所有的衣服都送给了我的尼泊尔登山向导。几小时后，我站在潘迪姆山大酒店前厅，面前是几位身穿整洁制服的酒店服务员，而我则穿着一条皱巴巴的裤子和一件脏兮兮的户外 T 恤。一位服务生很快取下我的背包，另一位往我的脖子上戴上一条白丝巾表示欢迎，第三位服务生送了一杯樱桃白兰地酒到我的房间。那是一个套间，壁炉前的桶里装满了劈得很小的木柴。一位酒店服务员告诉我，预订的晚餐也准备好了，看来我要逃到附近的街边小吃摊是不可能的了。

最后，我只好硬着头皮，穿着汗迹斑斑的黑色户外服和在垃圾山上穿脏了的跑鞋。领班友好地欢迎我，好像他根本就没有注意到我的外表和我的衣服是怎么回事。晚餐时，我破例给自己要了一扎锡金啤酒。回到套房后，我困惑地坐在冰冷的壁炉前，吃了酒店给客人准备的夹心巧克力。我好像可以享受这种奢侈，又好像不可以。上床睡觉前，我在我的褐色旅行记事本里写道："没有爱的奢侈让我感到悲哀。"

第十七章　纯净的眼睛、冰冷的目光

几乎没有什么活动可以使你的眼睛变得像在潜水时一样纯粹。观察水下世界稀奇古怪的珍品，尤其是那里无声的美，是那么令人陶醉，人们随后几乎可以长达几小时沉浸在鱼类百科或潜水指南里，查阅在水下看到的一切。但是，如果人们潜进的是一个恐怖、丑陋、残忍、充满痛苦、骇人听闻的世界，那么，"先观察后思考"这条常规还会起作用吗？你能目睹一个丑陋的世界而无动于衷吗？不管你看到的是一个赤身裸体的男人在垃圾山上讨生活，还是一个女人在脏水坑里洗碗；是一个向行人乞讨的孩子，还是临终关怀所里濒临死亡的病人，他们默默地、一动不动地并排坐在那里，等待死神的到来 —— 目睹这一切后，你还能悄悄溜走吗？

"在旅途中带走一切，只把愤慨留在家里。"德国作家埃利亚斯·卡内蒂写道，"人们观察、聆听，对可怕、糟糕的事物心醉神迷，只因为这些都是新鲜的。好的旅行者应该是无情的。"[1]这听起来多么冷酷。尽管如此，人们常在旅行文学里看到类似的自白，特别是著名登山家们所写的书，"他们的语气在某种冷漠上极其相似 —— 一种能力者的冷漠"[2]。登

1　埃利亚斯·卡内蒂《谛听马拉喀什》，法兰克福，1980年，第24页。

2　乔恩·克拉考尔《绝命海拔》，慕尼黑、柏林，1998年，第190页。

山家乔恩·克拉考尔和莱因霍尔德·梅斯纳尔，即使在描述自己或其他人从登山者尸体旁走过时，也能够保持客观。[1]

对文学作家来说，"冷酷"对其观察和文体风格起着相当重要的作用。福楼拜在开罗从一家医院（《美丽的梅毒》）走到另一家医院（《在隔离间里号叫的疯子》），观察那些最惨不忍睹甚至赤裸裸的场景。[3] 德国作家贝恩认为冷酷绝对应该是艺术家的态度："这很残忍，但文本必须保持冷酷，它要让思想硬化，将他人留给自己的温暖冷却，让柔软变得坚硬。"[4]

当然，上面提到的这些人都不曾是，确切地说现在也不是冷酷无情之人，只是个性敏感，他们迫使自己冷静观察。这种惊奇的旁观者的态度，在作家和旅行家身上表现得很相似。他们绝不是为了得知耸人听闻的事件或者幸灾乐祸而旅行；相反，为了探险者心理的自我调节，他们想尽可能保持自己的体验免受情绪的干扰。只有那些学会了忍受所见之痛苦的人，才能无视人们对所旅行国家的陈词滥调的评价。布莱克博士直言不讳地表达了他的态度："事实上，我会正视它们。越是奇异的、残酷的、悲惨的、无情的、不公的，我就越是要直视。这并不是什么偷窥癖，而是一个学习的过程，我想让自己成为一个见证者。"

让我们从贫民区开始。贫民区究竟是什么，从什么地方开始起算是贫民区？仅仅几块瓦楞铁皮还不足以成为判断贫民区的标准。同样，卫

1　乔恩·克拉考尔《绝命海拔》，慕尼黑、柏林，1998年，第147、304页。莱因霍尔德·梅斯纳尔《劫后余生》，慕尼黑，2013年，第228页。

3　福楼拜《埃及旅行见闻》，柏林，2011年，第73、75页。

4　戈特弗里德·贝恩《双重生活》，四卷本全集，斯图加特，出版日期不详，第四卷第162页。

星天线也不能算作贫民区尽头的标志。贫民区有很多级别，就像划分贫困等级一样。尹德拉说："贫困是相对而言的。在欧洲，贫困被遮掩，羞耻心是欧洲人的心态，如果一个人一无所有，他是不想被别人察觉的。但是在亚洲、非洲和拉丁美洲则不是这样，贫困时时处处可见，人们对此早已习以为常。实际上，最糟糕的是贫民区里游客的慈悲心，这些游客总是把见到的一切跟自家相比，然后大发怜悯。"

我从来没有在贫民区里遭遇过乞讨，在别处有过，但在贫民区没有。我也从来没有受到过威胁。当然，你必须采用一种随意的方式观察，不让任何人感到困扰。最好是跟在别的城区游览时一样，绝不能看到什么都惊恐地停下来，因好奇擅自闯入他人领地，或者表现出虚伪的惊愕。尽管你目睹一切，还是要目不斜视地一直往前走，好像一切都很正常。不管怎么说，一切会很快变得正常。在贫民区也是如此，表面看起来，那里的日常生活都是正常的。谁要是克制住了自己的内心走进贫民区，继续走一段路后，常常就感觉和在中产阶级社区没什么区别了。

我在这里有什么期盼呢？我期盼得到别处没有得到的东西，期待人生的一课，它是如此清晰、直观，是你在任何一个地方都得不到的。一直以来，我都把贫民区看作自己身居环境的对照。我在那里总是能发现在西方日常生活中被刻意隐藏和被边缘化的东西。在贫民区，我是一个学习者，必须不断重新调整我对人类和社会的看法。布莱克博士说："我在棚户区如鱼得水，那里是真实的、真诚的，即便它看起来更接近'环境'本身。在那里，我宁愿跟小偷强盗打交道，也不愿跟保险公司打着领带、穿着衬衫的保险代理打交道，他们花言巧语就把我给'宰'了，随后我三分之一的养老金就打了水漂。小偷最多是拿走我的零花钱。"

贫民区的大部分生活都发生在街头，没有什么可隐藏的。当然，贫民区也因其所在的国家而各不相同。在伯利兹城，我刚刚跨过一条隐形界线，还没有搞清楚这里跟别处有什么不一样，一个有文身的黑人就热情地挽着我的胳膊，把我送回了原地，说这里没有什么适合我看的。在美国印第安人的居住保留区，贫民区是得到政府补贴的，面对完全的绝望，我只好转身而归。我在古巴圣地亚哥住过半年之久，不知从何时起，我熟悉了"属于我的"贫民区，因为我认识了几个在那里生活的居民。对我来说，在一个棚户屋里坐坐，跟主人一起喝杯咖啡是再正常不过的事。假如邻居隔着篱笆硬是要送给我一块烤猪头肉，那就危险了，我很有可能会把这件事当作田园诗继而将其浪漫化。

事实上，贫民区有时看起来很美，社区狭窄空间里的安全感是萧条无望最诡诈的面具，一有风吹草动，那里的悲惨世界就暴露无遗。在肯尼亚首都内罗毕，除了有保安守卫的住宅区，整个城市给我的印象就是一个大贫民区，作为一个白人，你经常一路都在逃跑躲避。在东京，我花了三天时间去找贫民区，当我终于发现了那个贫民区时 —— 它的名字已被政府抹去，就像日本其他城市里一样，大概政府希望这种东西本身会消失 —— 一切看起来都很好，干干净净。我思忖着，日本的一个问题社区看起来要比非洲城市里一个最漂亮的社区好得多。就连那里的酒鬼都不会怪声怪气地大喊大叫。到了晚上，他们用纸箱在马路旁给自己搭建起一个纸板棚，头顶处有一个小窗口，门可以从里面关上。日本的流浪汉都有保护隐私的谨慎。

谁要是看透了一个国家的贫民区，他就能看透这个国家。日本城市中所谓的"日薪阶层街区"，其组织和管理都非常完善，即便是半夜走在大街上，你也会觉得比在德国任何一个大城市里安全。与之形成鲜明对比的是印度，加尔各答这样的城市已经成为贫困和苦难的代名词。对一个日本人而言，那里的每个城区都可能被看作贫民区。那么，贫民区里的贫民区在哪儿呢？

如果你仔细观察，就会发现它几乎无处不在。其悲惨的程度和规模，我们可以先从官方贫民区来看。那里有水泵、有电网、有和其他社区类似的基础设施，甚至有男装裁缝店和珠宝店。从停在路边的摩托车、重新砌过的房屋围墙以及砖瓦屋顶来看，即便是在贫民区，某些方面也跟其他城区差不多。

不如这般舒适的是那些非法搭建的贫民区，它们位于城市边缘、运河岸边、铁路沿线或垃圾山山脚下。那里尘土飞扬、臭气熏天，大部分房屋是木棚屋。尽管如此，那里也充满了辛勤的生活气息，人们对你微笑、冲你打招呼，还会邀请你做客。

更加悲惨的是随处可见的简陋住所 —— 用几块塑料防水布在人行道两边、主干道中间隔离地带和其他街道上搭建的简易棚 —— 这不是真正意义上的贫民区，但它比我在加尔各答看到的任何一个贫民区都要糟糕。这里没有笑声，只有生存的挣扎，只有那些在人流中放下一块纸板就地睡觉的人。

"从空调酒店和翻修一新的老建筑物看加尔各答贫民区，人们可能会批评那里的生活，"德国记者加博尔·施泰因加特写道，"但并不能真正理解它。"[1]我花了好几天时间在加尔各答的各个贫民区里徘徊，去了那里的理发店，在路边吃喝，和年轻人一起玩一种没有球杆的台球，和其他印度男人一起开怀大笑，看他们用一条带子牵着一只老鼠戏耍。比起在荒凉的印度博物馆或加尔各答欧贝罗伊大酒店里毫无灵魂的乔林基

1　见《德国商报》副刊"晨报通讯"，2016 年 9 月 5 日。

酒吧——这两个地方被认真列进了《一生必去的1000个地方》[1]——我在贫民区里对这座城市有了更好、更深层的了解。但我真正了解贫民区吗？其实远远没有。

是的，那里很可怕，但那是不同程度的可怕，也不仅只有可怕。真正糟糕的是在贫民区之外，最糟糕的是在寺庙入口周围。那是一个怎样的底层社会啊！那里会集了叫卖杂货的小商贩或跻身于不值钱破烂中的乞丐。沃勒说："起初你对什么都感到好奇，不知从什么时候起，你就不能再看那些悲惨世界了。你想绕开他们，但这又是根本不可能的。在非洲也是这样，所有景点前都有他们的身影，那些瘦骨嶙峋的艾滋病患者，他们完全清楚，在这里你是无法躲开他们的。"

在乞讨这个问题上，旅行者的意见是一致的——无论如何也不能施舍，这只会增加痛苦，还会资助乞讨者背后的黑手党。他们丧尽天良，有组织地犯罪，迫使家长送孩子去街头乞讨而不是去上学，逼迫家长卖儿卖女，甚至伤害儿童致使他们残疾。

我仍然觉得很难将理论见解转化为实际行动。乞讨者一次又一次地抓住我的脚，也许是故意的？我不由自主地摆出了防御姿势。在古巴古城卡马圭，一个年轻人一直纠缠我，我真的很生气，但是后来，他跪在我面前的排水沟里，对着我伸出双手苦苦哀求，我几乎忍不住要拥抱他了。在阿拉伯国家，街头乞丐的纠缠也令人无法忍耐，我曾看到路上的行人被纠缠得忍无可忍，暴怒地抽出皮带来抵挡乞丐的侵扰。在日本，我没有见过一个乞丐；相反，在大阪的"日薪阶层街区"釜崎，甚至有个名叫安藤的流浪汉执意要送我一件东西。那是一个火车头形状的塑料

1　美国旅行作家帕特里夏·舒尔茨《一生必去的1000个地方》德文译本，波茨坦，2012年，第583页。

小闹钟，他特别喜欢。我不忍拒绝他的好意，为了让他高兴，最后接受了他的礼物。在印度，我经历了完全不同的事情。好吧，在这方面，这个国家也制定了法规。

在加尔各答的新市场，有个截肢的残疾人每晚都坐在马路边，冲着过往的行人不停地叫喊"阿拉"。他用高嗓门只喊这一个词，这对他没有任何帮助，因为没有人注意到他。几米之外，有人推着一个小推车，上面是一个残疾人，一言不发地坐在推车里。类似的场景我在也门的一个山村里也遇到过，一个人用推车推着一个在战争中失去了双腿的士兵，他们一直默默走在我们旁边，直到我们每个人都给了钱。那个残疾士兵也一言不发，只是严肃地盯着我们，但这也足够了。

在孟买标志性的建筑"印度门"前，游客总是被乞丐团团围住。在稍远的地方，我看见一个人长着大象一样的脚，另一个人炫耀着完全没有肉的腿骨。在古城阿格拉，我还看到一个人在马路中间拦住一辆大巴，他的四肢都被弄断了，只能以一种奇怪的姿势移动，用嘴接住递给他的美元钞票。

最严重的情况是在印度小城菩提伽耶。在神圣的菩提树下，释迦牟尼修行悟道最终成佛，此地吸引着成千上万的朝圣者和游客。在那里，每个寺庙的每个入口处都有残疾人，他们的双腿常常被弄断多次。他们手上套着塑料板或旧烙铁支撑身体，以惊人的速度径直爬到游客脚下。人们知道什么也不能给他们，不能让他们的命运在其他人身上重演 —— 如果他们不能因为断肢残疾而比其他乞讨者"成功"，那么这种可怕残忍的悲剧就不值得反复上演。

但这是值得的。我又一次失败了，我明知故犯地给了这些可怜的人一些钱，有时候我都已经走过去了，又转身回来。牙齿掉光了的老妇人摇着铝碗乞讨，里面几个硬币叮当作响，对此我可以无动于衷。还有那些盲人以及他们未成年的陪同者，故意推挤路过的行人；尤其是手里抱着婴儿的年轻母亲，或者生硬拉扯游客裤腿的小孩子。你必须习惯那里的乞丐，否则你在印度这样的国家简直寸步难行。还有那些故意把自己弄成残疾的人，他们把要饭的碗愤怒地摔在我面前，好像要往地上砸钉子一样，对此我不可能冷眼旁观。在理性介入之前，我的内心世界矛盾重重，所以我只在旅途上收集了很多画面，没有形成清晰的想法。

·　·　·

最令人惊讶的是，"最最可怕的恐怖精英"[1]来到了印度的大吉岭。每天早上都有一个没有四肢的男人被摆放在步行街边，光秃秃的躯干、耷拉的脑袋，总是裹着一件黑色的衣服，一顶破帽拉下来遮住了整张脸，头深深地垂着，路人根本看不到他的真实面孔。他看起来就像一尊古老的雕塑，然而这却是一个活生生的人！这个男人一动不动，沉默地、毫无怨言地长达几小时被摆在路边。若是一个玩世不恭的人，可能会把他看作一件艺术品，或街头艺术家的表演。其他人则把他看作冲着天空的黑色怒吼，他面前的乞讨碗里总是满满的钞票。

1　约瑟夫·罗特《残障者：一个波兰残疾人的葬礼》，载于《去乌克兰和俄罗斯旅行》，慕尼黑，2015年，第26页。

第十八章　棕榈树下的孤独

多数情况下，我都是独自一人行走在旅途中，然而这并不是我的秉性。在荒漠和雄伟的山脉，孤独可能有其特殊魔力，但在城市人海里则不然。那是在日常生活的人群里的孤单，在旅游大城市里，短期度假者的兴致更加重了独行者的孤独。在我的城市游经历中，每一次我都要通过自己的努力获得旅行体验。这使我情绪低落、疑虑重重，一次次冒险失败的恼怒很容易毁了我一整天的好心情。最后，我也只能自我调侃，借助讽刺和自嘲把愤怒转化为幽默。

只要你有了一个明确的目标，并且为了实现这个目标不断前进，孤独就会被那些通往目标途中要解决的小任务，以及或成功或失败的经历所掩盖。独行者的诱惑是平静，他几乎不坐在咖啡馆里，那里都是情侣、快乐家庭、亲朋好友，他只会更感到自己的寂寞惆怅。最糟糕的是晚上在餐厅里，即便他使用智能手机，好像有上千的虚拟朋友同桌共饮，但在现实世界里，没有一个人跟他碰杯。看来今天只有他自己小酌了，如果明天晚上路过夜市，他宁愿在小摊上吃饭。

有人喜欢在国外旅行时始终一人。"旅行最好是孤独的行动。要想观察世界、自行判断，就必须独自一人，没有任何负担，"美国旅行家保罗·索鲁写道，"我总是独自旅行。任何其他形式的旅行，由于同行人的存在，都会使我的旅行体验大打折扣。"[1]

阿希尔也是一个在旅行中寻求孤独的人，他将这种体验视为一种"无声的快感"。他独自行走，"不必与他人分担精力"，一步一步地，"孤独让我重新获得了对微小事物的感性认识"。[2]这听起来令人羡慕，尽管阿希尔避而不谈那些微小的烦恼、恐惧和艰辛 —— 这些都是他陶醉于孤独背后的另一面。我个人的经验是，如果一个独行者的旅行过于艰难，很快就会筋疲力尽，因为他会把逆境或当地人的行为看作对他个人的侮辱和攻击。每次旅行都会有危险时刻，如果有朋友在身边，他就会变得更加勇敢。每次旅行也都会有烦恼时刻，朋友会把不愉快变成逸事笑料，他很快就会宽慰释然。

"尽管如此，独行的体验完全是另一回事。"凯先生反驳道，"人们在独行时渴望与人建立联系，而跟朋友或伴侣一起旅行时，则更愿意满足于自我。所以说，发现之旅宁可独行，重复之旅方可二人。"

艾里克也持相似的看法，他最近几年常跟女友一起旅行。他说："旅行途中的体验会加深与一个女人的关系。但有时候，我还是怀念旅行的强度、自由甚至孤独，那是一种只有独自旅行时才会有的孤独。"

尹德拉说："独自旅行时通常是孤独的，在某种程度上，旅行者开始感受到内心的声音，从那时起，他们也就开启了通向自我的道路。"

苏珊提出了一个兼具两面性的答案："有时在旅游团里保持匿名，可以让你更好地独处，就好像你真的是一个人一样。你可以专注于自我，不必跟任何人交流。每次当你面临选择或感觉作为一个女性不安全的时候，哪怕独处，你也不会因此而有任何压力。"

1　保罗·索鲁《旅行之道》，汉堡，2015 年，第 19、120 页。

2　阿希尔·莫泽尔《与心灵同步向前》，汉堡，2016 年，第 49、159、182 页。

独自旅行的理由有很多。尽管如此，我和朋友们一起旅行时会更快乐、更有活力、更勇敢。我独自旅行时会怎样？我不想享受旅行的快乐吗？在我看来，独行者的动机中确实少有快乐。他在寻找和朋友一起旅行时一无所知的东西，寻找他自己也只是模糊知道的东西，寻找那些超越所有景点的东西，也寻找那些超越所有与当地人的相遇、超越对他们文化和生活的所有见解的东西。他在寻找更多，这是毫无疑问的，但他找的是什么？他唯一知道的是：他在路上，因为他不断寻找，不断试图留在路上。他需要不停地行动，如果他让自己休息片刻，就会遭到忧郁的袭击。

"旅行是人生中极悲哀的消遣之一。"或许法国作家斯塔尔夫人是在疲惫不堪时写下了这句话。根据我的经验，在最美好的时刻，当你想让时间停留、全身心汲取并享受的时刻，反思就会到来；它是忧郁、厌世和自怜的结合体，它如晴空霹雳，毫无预兆。只要可以预见天气恶劣、道路崎岖、口干舌燥的下一段路程，我就可以很好地独自旅行。一旦有什么美好的体验，我就渴望有一个旅伴同行并和他分享。尤其是在气候宜人的地方，那里平平无奇，不存在你需要费力夺取的东西。或者是在舒适的小镇里，那里每个角落都弥漫着家乡的气息，它吸引着那些第二天早上不必急于说再见的旅人。对我来说，只有共享的快乐才是幸福的。

在这种情境里，我常常会写下一首小诗，然后便会更加心满意足，就好像跟一个我正深深思念的人进行了一次对话。但如果在旅途中感觉不好的话，我从不写作，而是去墓地会见逝者。在墓地里，你可以任凭想象驰骋，在一次真正的旅行中进行无数次另类旅行：你在墓碑上阅读一部部短篇小说，阅读转瞬即逝，但对它的思考往往停留很久。每多阅读一块墓碑，你在墓地的停留时间就越久，每块墓碑都是这个国家的一小段文化史。比起常规的旅游路线，在这里，我们可以更进一步地了解这个国家。

在一些城市里，墓地是唯一宁静的世外桃源，在那里没有什么必须盘查、讨价还价、争吵和为之争取的。死者的社会里没有任何条件，这就是一切——而且这就足够了。出于无限感激，我允许自己多停留一段时间，让忧愁烟消云散，忘记让自己来到这里的烦恼。

给我力量的并不是那些著名的死者——在奥利地因斯布鲁克那丑陋水泥十字架下的诗人格奥尔格·特拉克尔；在巴黎拉雪兹神父公墓里，墓碑旁有各种涂鸦的美国歌手吉姆·莫里森；被安葬在伊朗设拉子玫瑰园一个小亭子下的抒情诗人哈菲兹，在那里，他的抒情诗至今仍被吟诵；还有被葬在法属波利尼西亚希瓦瓦岛上，可以遥望南太平洋的高更……这些地方都有各自重要的纪念，正因如此，它们很少能打动我。而使我热泪盈眶并抚慰我心灵的则是其他人的墓地，除了已经风化、难以辨认字迹的墓碑，他们什么也没有留下，有的甚至连墓碑都没有留下。

乌兹别克斯坦的卡拉奇托山脉上有很多小小的山村墓地，那里的坟墓由泥土堆积而成，坟头有一些贝壳和萨满教的供品。在乌兹别克斯坦和土库曼斯坦的交界地区，站在高大的米孜达汉墓群的山上，人们可以远眺荒芜的土库曼斯坦，仅是这一场景就能唤起我对新的旅行的渴望。阿拉伯世界的墓地常常是散落在荒芜地带里的几个围起来的水泥基座，这些完全被遗忘的地方阴森荒凉，令人不寒而栗。与之形成鲜明对比的是布宜诺斯艾利斯空旷的死亡之城，那里整齐的街道上排列着像住宅一样的家族墓群，十几具棺材被安放在不同的楼层。在伦敦海格特美丽的、杂草丛生的墓地里，有一部分墓碑十分怪诞。威尼斯迷人的圣米歇尔公墓岛上松柏茂密，就像画家勃克林的著名画作《死亡岛》，那里的每个墓碑上都有亡者的照片，是名副其实的死者画像画廊。撒马尔罕壮丽的夏伊辛达陵墓群跟普通人的公墓相连，墓地黑色大理石上有用激光雕刻的真人大小的死者肖像。在城市的另一端是俄国东正教墓地，有很多桌子和长椅（扫墓人可以和死者共同就餐），那是一块几乎被人遗忘的黏土丘陵，位于贫民区边缘，墓地装饰着几十年前早已褪色的塑料花。

古巴圣地亚哥的圣伊菲热尼亚公墓我也经常去，以至于掘墓人都会跟我握手致意。尸体腐烂几年之后，那里的死者失去了宁静。墓地的盖棺石板被掀起来，棺木被撬开，尸骨被擦拭、清理后重新装进一个小的骨盒。亲友们会蹲在逝者残余的尸骨四周，和掘墓工一起清理，有时会传递一块尸骨，再把金牙小心地嵌进骨架，他们互相说着些什么。有一次，我身旁有个不认识的女人满不在乎地问我需不需要一个女孩。不需要？没关系。她继续擦拭尸骨。

最后是拉罗汤加岛上的墓地，从来没有哪个地方比那里更让我感到孤单和郁闷。我在"欧罗巴号"游轮上已经有三个月了，还有三个月才能回家。我日复一日地在旅行日志上为我的小说《180天周游世界》积累素材，我有很多事要做，必须不停地观察，我也总是惊叹。然而，游览过法属波利尼西亚的梦幻群岛后，游轮来到了拉罗汤加岛，这是库克群岛的主岛——南太平洋荒芜绝望的背面。我的心情也跟这个小岛一样：几棵残破的棕榈树、零星散落的房子、满是珊瑚残片的沙滩、腐烂的椰子、被压扁的可乐罐，还有大海不断推来的两米高的汹涌怒涛。墓地紧邻海岸，坟墓由水泥堆砌而成，漆成蓝色或贴着瓷砖。在那里安葬的人，非常年轻时就死了。到了那里，我才真正感受到南太平洋的残酷无情。

墓地里有一座坟墓，我永远不会忘记：盖板上镶嵌着深蓝色的瓷砖，上面只有一个大写字母"G"，旁边是一个半满的"冰营"牌啤酒瓶。死者的肖像镶嵌在一块单独的大理石板上，那是一个胖胖的年轻人，面露友好的微笑 —— 乔治·弗雷德里克·巴尔·威廉，"很多朋友都叫他大 G 或 DJ 哥斯拉"。他不到二十岁就死了。坟墓顶端斜立着一块木质胶合板，上面写着各种悼词："想你，我亲爱的大男孩""献给我们亲爱的 G，想念你的身体和灵魂，想念你""兄弟，在夏威夷想你"。他是那么受朋友喜爱！在木板中间，他的朋友们留下一句话："G，我们将再会。"在他坟墓顶端的土地上，有六段树干围成一个圆圈，大写的字母"G"正好居中，就好像他们在这里重逢。我想象他们如何聚在这里，一起听音乐，一起喝着冰啤酒。[1]

1　参见马蒂亚斯·波利蒂基《180 天周游世界》，第 202 页起。

第十九章　非常美好的一天

北卡罗来纳州的海岸，
岛屿星星点点，
一串串沙洲，没有马路宽，却有
二百海里伸延！只有一些
灯塔，沙丘，灰黄色的草
还有海鸥，当然，白色的
还有黑色的头。

思绪驰骋，我坐在
绿色闪光的雪佛兰里
乘风踏浪驰向大海：
收音机里老男人应景的蓝调，
空调温柔地嗡嗡伴奏，
方向盘上设定了时速，
我只需要
睁大眼睛竖起耳朵。

你可明白

世界在这一天，

我真的不想抱怨，

妖魔般地使我精疲力竭：

如此惊涛巨浪，冲刷了多少虚无的空间，

清风温柔拂过，还有那……尽管如此！

当我重返故乡家园

（一星期、两星期，或许三星期后），

不再有人跟我分享

这近乎完美的一天。

"啊哈，有意思"，

顶多对我点头示意，

"美国式的叙尔特岛风格"……

但是，你可知道

这天在马路上，在大海里，

并不是很有意思 ——

但是如此地美好，

我几乎大声呼喊

在我四十四岁这一年，

因为我知道，

因为我分分秒秒知道，

我的余生

也许会孤独终老

与所有这些灯塔、海鸥、巨浪做伴，

和我吃的布朗尼蛋糕，
还有喝的根汁饮料，

留在我闪亮发光的雪佛兰里，
在这非常美好的一天。

第二十章　震惊与抵抗 [1]

　　加尔各答给我留下了不可磨灭的印象，这不仅因为垃圾山和贫民区，还因为在城市南部有印度著名的朝拜圣地迦梨女神庙。女神庙周边处处是乞丐，还有一些收容所。迦梨是死亡女神，她嗜血成性，历史上还有过活人献祭。

　　每天十一点左右，就不断有人涌向祭坛，人群逐渐变得密集、粗野。很快就有第一批山羊和羊羔被带了过来，它们的蹄子和前额上都点了红点，有的脖子上还套了一个花环。屠夫此时登场，一个肥胖的小伙子，他粗暴地斥责了助手一番，他的右手里有一把弧形大刀，跟马刀一样大。然后呢？然后一个丑陋邋遢的老妇人走了过来，她急速击鼓，作为献祭仪式开始的信号，就好像在处决犯人的刑场上一样。再后来呢？一切都迅速进行，助手们抓住第一只山羊，其中一人扯下山羊脖子上的花环，第二个人把一桶水泼到山羊的头上，第三个人抡起山羊，把山羊的两条前腿用力压在后背上，山羊可怜地嘶声尖叫。然后羊被放在底下，羊头被塞进两个水泥柱子中间，屠夫扯下一根金属条缠绕在它的脖子上并拧紧，从臀部开始，他不费吹灰之力就一刀砍断了山羊的脖子，

1　本章标题出自战后德国著名作家彼得·鲁姆科夫的一首诗歌，见诗集《保质期至1999》，赖因贝克，1987年，第24页。

同时一个助手立刻把羊身拽到后面去，此时羊的身体还在抽搐。屠夫伸手拿起羊头，并在献羊之人的前额上按下一个血点。

围观的人此时纷纷挤上前，争先恐后地把头伸进那两个水泥柱之间，屠夫也一一在他们的前额上按下血点。然后老妇人再次击鼓，轮到下一只献祭山羊，新来的朝圣者奋力向祭台拥挤。屠夫赤脚站在鲜血里，一次次挥舞砍刀，十次还是十二次，他完全无动于衷。只有在跟助手因分摊信徒捐款争吵时，屠夫才显得活跃一些。尸首分家的山羊被拖放到几米之外的空地上，还在不停地蹬着蹄子，蜷缩成一团抽搐，在水泥地上滚来滚去，有几分钟之久。不知何时，助手才过来抓住羊身把它拖走。

宰割山羊尸体的场景我也不能错过，这发生在庙区外围的一条水泥马路上。场面非常粗暴、冷酷，当然也有很多人围观，他们在一旁指指点点，大声尖叫。我究竟为什么要去那里？为什么我不能在那天所有将被屠宰和分割的动物被送上刑场之前，摆脱自己的好奇呢？

无论是在国外还是在家里，我都把结束生命的行为看作上帝创造的万物世界里最骇人的丑闻。在此前很长一段时间里，死亡在我面前都被刻意屏蔽了。在我被呵护的童年世界里是完全没有屠宰的，肉类食物都是它们自己来到肉店玻璃柜台上的。不知从什么时候起，屠宰被驱逐到了所谓的"绿草地"上，一个几乎没有人清楚的地方。早先的屠宰场被文化活动中心、主题餐厅和出售小商品的人间天堂般的商店所取代。然而，西方世界以外的地方则完全不同。任何地方都可以看到牲畜被屠宰，似乎这是世界上再自然不过的事情，难道不是这样吗？

屠夫所从事的工作并不是残忍的，却是冷酷无情的。作为旁观者，人们不由得感到震惊，要使自己保持镇静，不显露出惊慌失措，每次都是一次新的心理挑战。为了知道并理解死亡不仅是命运的打击，还是所有生命的必然结局，也为了确认自身与死亡之间的适当关系，我观察得尤为仔细。多数情况下，我还会做一些笔记，可以说是写下屠宰记录。死亡的神秘并不是那种我以后会满怀激情叙述的东西。我越是专注于细节，就越少听到自己的心脏怦怦跳的声音。

西方世界日常生活中的死亡禁忌，导致了人们对屠宰和屠夫的完全不合理的评价，对此我十分清楚。然而，作为一个有感觉的人，我无法阻止的是：在我看来大体上合理的东西，在实际看到时，却是一种折磨。当然，我对自身死亡的恐惧也在其中发挥着一定的作用，我突然意识到，这也将是我生命最后一秒不可避免的命运。

其实人生这一课，早在第一次看到动物尸体，尤其是较大动物的尸体时就已经开始了。我第一次看到死猪是在1974年，在意大利海滨度假胜地泰拉奇纳的沙滩上，当地的小孩子在死猪上面欢快地跳来跳去，而我们三个来自慕尼黑的中学毕业生站在那里目瞪口呆、不知所措。第二天清晨，那只死猪消失了，我们找了好久才在沙滩的另一处找到了它，我们再次虔诚地站在死猪面前，后来我们还议论了好长时间，要不要去摸一摸它。

1980年夏天，我们在突尼斯的山区里站在一头死去的母牛面前。炎热酷暑中，它的尸体已经膨胀，在被撑开了的如盘子大的肛门处，数百只苍蝇飞进飞出，巨大的嗡嗡声就像生命在死亡中滋养自己。一年后，我在佛罗伦萨的市场里，被一些剥了皮的兔子吓得心惊肉跳；相对来说，佛罗伦萨的乌菲齐美术馆会让我冷静。就这样，我又看到了很多次，从躺在图卢兹一家熟食店橱窗里等待着我的完整烤乳猪；到缅甸乡村集市上堆积如山的羊头；还有在巴西萨尔瓦多被剜出来的公牛眼睛，它们悲伤的目光投向我。死去的动物望着你……特别是濒临死亡的动物。我还记得在东京中央市场，巨大的活鱼在干冰里痛苦地向上弯曲着身体；记得在新加坡的唐人街，活蹦乱跳的鱼被生生刮去鱼鳞；记得广州一个名声恶劣的市场[1]，那里出售各种动物供作美味佳肴，从虫蛹、蜈蚣到猫狗，甚至秃鹰和猫头鹰，凡是笼子里或木桶里装得下的，无所不卖。那里出售的活鱼按照顾客的要求只是局部宰杀，其余的部分被淋上水保鲜，以便它能活得更久。

事实上，屠宰是分期进行的，为了让货品持续保鲜，动物们所遭受的痛苦折磨也被有意地延长了。在桂林，我看见一个男人用一把厨房小刀把他捉的鳗鱼叉在树干上，然后用指甲刀纵向剪开鳗鱼的鱼皮，为什么不先把它杀死呢？小鳗鱼蜷曲着身体痛苦地挣扎，那个男人仅用一根食指，从下到上一划，就给鳗鱼开膛破肚了，取出内脏，然后才剪下鳗鱼的头。亚洲人在处理家畜、宰杀动物方面有着令人难过的尺度和标准。

至于说到宰杀鸽子和鸡鸭，我在古巴经受了一次严峻的考验。我参加过的每一次非裔古巴人的宗教仪式上，都必有鲜血淋淋的场面，被拧断脖子、舌头还不停抽搐的鸽子，还有已经没有了头但还在叫的公鸡。有时我不得不按住一只公鸡，因为被宰杀时，鸡头很少被一刀割断。我感觉到它的心脏在乱跳，感觉到它生命里最后的颤抖和挣扎，我的双手感觉到它的死亡，这种感觉非常糟糕。有时，献祭的动物不得不在我的头上方流血，热血流到我的肩膀上，只有等血干了以后，我才被允许擦去血迹。宗教仪式背景下的宰杀就是这样残酷。仪式之后，与祭司和信徒一起吃掉祭祀动物，那又是另一个挑战。

在古巴，最可怕的屠宰是宰猪。古巴人在房顶的木棚小屋里养黑

1　那是在1985年。2014年我再去广州时，那个市场已经被彻底拆除了，据说是出于卫生和健康的考虑。

猪，到了出栏的时候，猪会在黎明时分被刺死。当然，在它被生拖硬拽出木棚屋的时候，猪第一时间就明白了将发生什么，它竭尽全身之力拼命嘶号。无论怎么抵抗，它最终还是落在后院的尘土中，或者被扔在马路上。它的四肢和嘴被电线捆得紧紧的，两个男人把它压在地上，第三个人，也就是屠夫，把脚踩在猪头上，摆好姿势后让别人拍照。路过的一些行人会驻足观看，有些人还会预订猪身上某处特别美味的肉，说不清的时候，就用手指在活猪身上指指点点。然后屠夫挑选一把惊人的小刀，显然他把自己看成斗猪场上的勇士。他认真打量着他的牺牲品，蹲在地上和猪对视几秒钟，然后突然用力刺去，准确无误地把小刀刺进猪头下面的心脏，他的手也完全消失在猪肉里。就在那头猪还在挣扎、厉声号叫的时候，屠夫已经开始炫耀他历次宰猪的壮举，用的都是同一种方法：一人、一刀、一刺。

在亚洲，绵羊则死得静悄悄的，尤其是当它们被自己的牧羊人屠宰的时候，这让我至今感到惊讶。山羊也是如此，人们会在割喉前把手放在它们的眼睛上，另一个人在山羊的胸部划一刀，通过这个细长的刀口，把手伸进动物身体并直接掐住心脏动脉。屠夫各显其能！在给山羊剥皮之前，其中一个人会从羊皮下面的一个小口给山羊吹气，另一个人则小心翼翼地把山羊的括约肌挑出来。每次宰羊的时候，女人、孩子和更小的小孩，都会以自己的方式帮忙，屠宰家畜是他们日常生活的一部分。在塔吉克斯坦，我看到一个牧羊小男孩怎样熟练地捉住一只土拨鼠，然后灵巧地宰杀、剥皮。这个小男孩可能也就七八岁。

杀死动物最优雅的方式是斗牛。2002年，在我到达西班牙萨拉曼卡的那个晚上，在中心广场的一家酒吧里，电视正在转播一场斗牛比赛。最精彩的片段用慢镜头播放，场面很吸引人，我根本无法分身离开酒吧。最糟糕的一次是我在乌兹别克斯坦经历的，那是一次公牛宰杀，那头公牛竭尽洪荒之力挣扎，最后大喘着粗气倒在昏暗房间的地上，它的喉咙被割开时，浓浓的血柱直射到对面的墙上，血柱喷射得那么猛烈，我不禁吓了一跳。在场的所有人都笑我，对他们来说，我是从西方来的窝囊废，他们向我展示的是真正的男子汉怎样在短时间内放倒一头公牛。这就是我跟他们之间的区别，我为此感到羞愧，但也暗自庆幸我跟他们有不同的感受。

第二十一章　太虚幻境

独自留在了敖包

在哈萨克草原之边，

你躺在病榻上

静听绵羊的赞美曲，

不停地悲叹和抱怨，

夜幕降临，

传来阵阵鼓声，

嘶哑低沉的歌吟，

伴着听众的击掌，

舞者的欢腾，

晚会结束了，再听一会儿

收音机里的乐声。

几小时过去了

你听到烈马嘶鸣，

骆驼响铃。

黑夜笼罩了

大草原的寂静。

你倾听，一直到黎明

只有风声，驶过草原。
有时轻声呼唤，
时而尖叫，时而呻吟，
外面死一般地寂静。

倘若你熬过了这一夜，
雄鸡报晓
迈步从头越。

第二十二章　彼岸世界短途之旅

在肯尼亚首都内罗毕，我们乘坐一辆改装过的皮卡启程了。十五个狂野旅行达人分别来自英国、澳大利亚、美国，其中还有两个德国人——我和我的女友，我们打算环维多利亚湖走一圈。上路不久，我们就发现不可能完成计划的行程，因为卡车的马力不够。为了还能按计划前行，我们一直行车到深夜，在黑暗中搭帐篷露营，天还没亮又继续启程。过边境线进入乌干达不久，我们就看到路上满是难民。当时在卢旺达和布隆迪两个国家，图西族和胡图族的内战正酣。无论我们在哪里停下休息，立刻就会被一群孩子包围，他们用饥渴的目光看着我们吃饭。虽说在夜里，我们总是守着卡车，但总有食品、旅行装备和车载工具被偷，甚至油箱盖也不翼而飞了。

那是1993年，我们计划12月8日进入鲁文佐里山徒步。由于挑夫没有按时来，直到中午十一点我们才上路。时间已经很晚了，挑夫足蹬橡胶靴在前边疾走，把我们远远抛在了后面，很快，他们就从我们的视线里消失了，我们的净水片还在他们的背包里。我们走得口干舌燥，蹚过河溪时又不能给随身携带的水瓶灌水，因为没有经过净水片的消毒。我们在山林里爬坡跋涉了五小时，一次又一次因为筋疲力尽而跌倒。好几个人到达山顶营地后都吐了。

第二天一早，我们下山，继续通过边境线前往卢旺达。内战刚好暂时停火，只要适当贿赂边防士兵就可以入境。大雨滂沱，新铺的马路伸向一个又一个山头。我们中有一个人癫痫发作了，抽搐了一会儿后，他慢慢地倒在了卸货区的地上，那天剩下的时间里，他一直躺着不动。另一个人横躺在长椅上起不来了，山路之行令他疲惫不堪，我们不得不把他从帐篷里抬到卡车上。我们不时经过一群联合国维和部队闲逛的小伙子，他们只是在这里待命，随时准备出发。12 月 13 日，我们到达卢旺达首都基加利。街道上空气紧张，隐约有什么事情要发生，这让我们有些害怕。

第二天传来击鼓声，召唤人们去教堂祷告，教堂里的歌声那么美好，听得人都想再次成为基督教徒。12 月 15 日，我们登山越过边界山区前往刚果，一个猎场看守人用砍刀为我们开辟了一条通往大猩猩出没区的小路。为了乘车回到营地，他不得不把我们的司机从一家酒吧里拉了出来，我们许诺司机之后还会送他几瓶啤酒，他这才开车上路。那天半夜，我被膝盖疼痛折腾醒了，第二天，我的右膝肿胀起来，皮肤下有液体摇晃。我留在帐篷里用湿毛巾冷敷降温。晚上我们乘车返回基加利。在这期间，我们只剩下了六个人，每个人都以不同的方式病倒了，所以我们开车到了一家医院，听说那里有一位比利时医生。

医院的大门被堵住了，我们找了很久才找到一扇没有上锁的门 —— 打开门是大厅，那里的地板上躺满了重伤员和奄奄一息的人。我们小心翼翼地迈过他们的身体，碰到一位救护车里的医生，她对我们友好地笑了笑，但面对我们的询问，她显得不知所措。她说那位比利时医生在家里，可是几分钟后，那位比利时医生很自然地出现了，就好像他一直在隔壁房间。他对我的膝盖进行了穿刺。一位护士一脸蔑视地打量着我，我没有枪伤，在她眼里，我就是个装病的胆小鬼。她故意心不在焉地给我的膝盖消毒 —— 我的膝盖早已变成了红色的网球。比利时医生用一支我们以防万一自己带来的无菌注射器刺进了我的膝盖，抽出一管稍微带血的透明液体。这是我相对较短的彼岸世界之旅的开端。

也许是我疲劳过度，医生一边给我包扎膝盖，一边说我应该静养几天。第二天清晨，12月17日，我们驱车越过边境前往布隆迪，日落时分，我们在雄伟的山脉里盘旋往下，一直开到东非大裂谷，然后继续前行到了布隆迪首都布琼布拉。按照约定，我给比利时医生打了电话，得知实验室检查了我的膝盖血清，没有发现细菌感染，我可以放心了。躁动不安的城市里到处挤满了沉默闲逛的男人，那里面没有我，也没有我的同伴。空气中弥漫着紧张的气息，积累的暴力似乎随时会被释放。在坦噶尼喀湖岸边，我们在一家戒备森严的高级酒店的空地上搭起了帐篷。

整个晚上我都被疼痛折磨，早起发现浑身是红色的脓包。12月18日，我跟女友简单商量后让卡车继续前行，我们留了下来。这很合我意，我很希望能独自待着。当时，一切对我来说都无关紧要。

后来发生的事情都是女友固执的坚持，因为我的命运掌握在她的手里。我们去了一家医院，有人向我们推荐了一位法国医生，我们只能去布琼布拉的郊区找他，他在那里监督自己那幢巨大别墅的建设。虽然他那天值班，但他很不情愿地跟我们回到了医院。在医院里，法国医生一边重新给我的膝盖穿刺，一边不停地冲我的女友挤眉弄眼，最后给我的整条右腿打上了石膏。那天剩下的时间里，我一直躺在帐篷里听着外面的雨声。我感到十分安全，发烧让我的睡袋变得很暖和，我再也不想离开这个舒适的暖巢。我没事，我说，我很好。

第二天，12月19日，我跟女友一起搬进了一家酒店，我只想睡觉，什么也不想做。要是身上的疱疹不那么痒就好了！12月20日，我突然躺在了医院里，完全不知道自己怎么会进了医院。病床上既没有床垫也没有床单，我的女友从别的病人手里买下了床垫和床单。与此相反，房间里有很多蚊子飞来飞去。灯昼夜开着，旁边的病床周围有一家人，他们日夜看护那个病人。这里每次打针之前都要预付美元，即便如此，也只有一半的注射器被使用，另一半会流到黑市上。输液的瓶子也要支付现金，每一次护士都只重复输液的价格，多一句话都不肯跟我们讲。她们留着葛蕾丝·琼斯式的发型，身穿粉色迷你短裙。如果没有很快拿到钱，她们的双腿就会不耐烦地晃来晃去，每一张钞票她们都要举起来，对着灯光查找有没有防伪水印。

有一次，旁边床位的男人想跟我说话，我这才发现自己只能发出嘶哑的声音。那个法国医生带着两个助手来到我的床边，他们想徒手掰开我腿上固定的石膏，但没成功，然后又用一把管钳敲打，我痛得忍不住大叫起来，他们厉声警告我不要太装腔作势。很快，疼痛变得忍无可忍，我失去了知觉。我的整条腿都肿得厉害，变成了暗红色，那个法国人轻描淡写地告诉我，我的病情恶化了，必须马上回家。我的女友不得不在我病床旁边的地板上过夜，因为没有夜班护士值班。那天晚上，我的小闹钟被偷了，蚊子不再叮我了，看起来不是个好征兆。

我当然没有把这当回事，但是我的女友很当真。多数时间里我都在睡觉。我四周的光线并不一定在变得暗淡，但是明亮而清晰的时光越来越少。我的女友给国际保险公司打电话，又给法国航空公司打电话，预订了欧洲航班的八个座位（六个座位用来放我的担架），她还给德国大使馆打电话寻求帮助，最终贿赂了法航办公室负责人，最后竟然找到一位医生护送我飞行——所有这些事情，我一无所知。在我清醒的短暂时间里，我只是看着她，听到旁边病床周围传来唱歌的声音。我感觉温暖舒适，我是那么幸福。

12月21日，我醒来时感觉有士兵围在我的病床边。后来我才知道，当时布琼布拉全城已经没有一辆民用救护车了，德国大使馆帮忙找到了一辆军用运输车把我送到机场。飞机经过基加利和内罗毕飞往巴黎，我的担架床被固定在最后几排座位后面紧靠机舱顶的位置，用帘子遮住。我突然感到一阵孤独，我拼命呼喊，但是飞机噪声盖过了我的呼声。后来我甚至对阿司匹林注射剂过敏，我的免疫系统全面崩溃了。一无所知的漫长黑暗与清醒时刻交替出现。飞机降落巴黎后，我的担架床从装卸舱口被推到了一辆车上，然后穿过跑道直接上了另一架飞机，这一切也都是事先付了钱的。12月22日早上十点，我们的飞机在慕尼黑降落了。两名救护人员小心翼翼地把我从担架床移到了他们的担架上，然后问我："我们弄疼你了吗？"我的眼泪瞬间流了出来。没过一会儿，我又陷入了黑暗。

与此同时，周围变得更加明亮了，仿佛一束光从远处射来。这绝不是令人兴奋的、诱人的或可怕的，我理所当然地接受了它。颜色在光束周围慢慢沉淀下来，形成新的光影，柔和的、浅淡的颜色，我缓慢地向光束飘浮过去，我还听见了歌声，悠悠长音，就好像是从隧道另一头传来的合唱声，但是没有旋律。音色像颜色一样闪烁发光，我不停地飘浮，滑进隧道，迎着隧道尽头的光束而去。

不，这一切并不神秘，它势不可当地发生了，而我参与其中。我看到的和听到的是那么美，却不能打动我。根据我的经验，康德所谓的"无关切的愉悦"[1]也适用于濒死体验。几个月后，我读了很多关于我所经历的事情的科学解释，得知这是身体的情绪调节机能造成的，类似于药物一样的神经传递物质，也许是大脑缺氧造成的。但有一点很遗憾，那绝不是天使在我前往彼岸世界路上对我的灵魂所唱的迎宾曲。

我的这次旅行因一个紧急手术而中断了。当我清醒过来后，发现病

---

1 见康德《判断力批判》。席勒在其《审美教育书简》中也有过类似的阐述。

床周围站了一圈医生，其中一个告诉我："如果晚来一个航班，恐怕你就再也回不来了。"我没听懂他的话。如果说我在前几天无动于衷，那么我现在则是完全麻木，没有任何感觉。我没有感到喜悦，我什么都感觉不到。[1]

第二天清晨，我感觉到了一些疼痛，绷带被拆开了，纱布也被揭开，医用钳子越伸越深，然后我第一次看到了膝盖上的伤口，看到了身上的注射器插管，还看到了固定皮肉的安全针。最大的伤口有手掌那么长，一直深入骨头，舀出脓液就花了好几分钟，左、右两边的护士使劲按住我，让我动弹不得。

不睡觉的时候，我总是迷迷糊糊的。一次在我清醒的时候，医生告诉我，我是血液中毒，显然是在做穿刺时，细菌从皮肤创口进入了血液，然后在那里迅速扩散，很可能是创口没有好好消毒造成的。在昨天的手术中，医生从我的膝盖里取出了满满一碗脓液。然而，不幸的是，我的膝盖仍在感染，而且感染处还在向大腿蔓延。

平安夜，我的女友回她母亲家去了，或者说实际上是去看医生，她挽救了我的生命，现在自己也急需医治。我根本就不知道实际上她也病了。她刚走开没一会儿，医生告诉我，如果不能止住血液病毒扩散，我就必须截肢。我除了低声说"请不要"，什么也说不出来了。再次醒来时，我的右腿还在，腿上一直覆盖着用来降温的酒精绷带。外面不知什么地方传来一声巨响，就像软木塞被人从酒瓶里拔出来似的，接着又是一声响。

之后的两个星期，我只能平躺在床上，靠输液和抗生素维持生命，

1　美国登山作家克拉考尔也描述自己"机器人般的麻木状态"，他在珠穆朗玛峰经历了死里逃生的悲剧（同行八人死亡），他写道，"我根本就没有力气去感觉什么"。（乔恩·克拉考尔《绝命海拔》，慕尼黑、柏林，1998年，第309、29页。）

等待着第二天早上的检查。据说常规止痛药在我身上已经不起作用了，每次主治医生都在我的上下牙之间塞一块木头让我咬紧，然后用手在我的伤口里处理十到二十分钟，舀出脓液，同时用双手挤压脓包，就像挤牙膏一样把脓液挤出来。还有五次手术等着我。刀口越来越向上，直至大腿，为了清理方便，所有的创口都开着。到了新年前夜，我的双腿还在。即使在最平常的时刻，我也会忍不住泪流满面。

到了1月初的某一天，我终于确信自己不仅可以保住性命，还可以保住我的腿了。直到现在，我才渐渐明白发生了什么，这对我来说很难。1月10日，我终于可以架着双拐出院了。几个月后，朋友们见到我，都惊讶于我的脸色那么苍白。我差不多用了整整一年的时间才恢复正常生活。我从烈火中新生，和刚踏上旅途的我判若两人。

第二十三章　寻找失落的信仰

午夜之后，我们听到了阵阵鼓声。如果你在古巴圣地亚哥生活过一段时间，就能通过声音和节奏来判断这是音乐还是别的什么。我和朋友库基一直听到深夜，它听起来不像音乐，不像往常一样从山丘那边传来——我们也不想深更半夜去山丘的另一边，成为不速之客。鼓声是从附近的某个地方传过来的。我们必须去探个究竟。

库基十分了解非洲裔古巴人的宗教信仰，无论他在哪儿出现，大门永远对他敞开。这次也不例外，守门人热情地拍打了他的肩膀。街道被清扫得干干净净，百十来个人聚在一起，多数是男人，他们在一座没有屋顶的房子里欢庆本贝节——一次众神、死者与生者的聚会。一只山羊已被宰杀祭献，仪式在不同的祭坛前举行。我们看到了盛满鲜血的碗和戴着花冠的羊头，这是典型的萨泰里阿教祭拜仪式，祭台上还有一个全身涂了鲜血的圣母玛利亚雕像。萨泰里阿教是传播最为广泛的非洲裔古巴宗教，一些人的脸上涂着白色条纹，很多人手臂上戴着彩色带子，几乎所有人的脖子上都挂着项链——人们能够很快通过这些符号辨读出其中的宗教含义。

三位祭司击鼓，几个男人已经进入恍惚状态，他们不自然地伸展四肢，踉跄跌撞，忽而匍匐爬行，忽而跳跃俯冲，动作僵硬，眼角抽动，表情痛苦地扭曲身体，就像是在竭力挣扎、抵抗。其中一人拼命抓挠全身，大口喘着粗气，然后贪婪地舔着蜂蜜，吞进一支燃烧的蜡烛。另一人在地上爬来爬去，时不时突然抓住围观的人，那些人惊叫着躲闪到一边，但是很快又挤回原地。第三个人一动不动地跪在一个盆前，把头浸在血里。他们每人背上都驮着一个死人，死人骑在他们身上，按照信徒的说法，就像骑马一样，可以随心所欲地驱使他们。他渴了，他的"马"就去喝鲜血或豪饮一整瓶朗姆酒；他想跳舞，"马"就僵硬地跳跃，做出惊人而又笨拙的动作。那匹"马"没有任何知觉，全靠死者指使，借用他的身体发泄欲望和情绪，他随意地打嗝，忽而骂人，忽而嘲笑另一个人，然后又搂住一个人的胳膊，在脖子上使劲地亲他、打他。死人疯狂够了就离开借用的身体，"马"便瘫倒在地上乱动，一会儿又踉跄着前行，好像刚从沉重的睡梦里醒来，围观的人搀扶着他坐到一把椅子上。

"马"显得怅然若失，慢慢地又恢复为一个正常的人。他羞愧地垂下目光看着地板，完全无法回忆起刚才发生了什么。这恰好证实了它——不，应该是他——并不是为了显示自己有多重要才这样做的。此外，他也没有喝醉，尽管他豪饮了数量可观的朗姆酒。那是他的死人，是那个死人渴了才喝了酒，这又是一个证明。没有证明，这里是无人相信的。周围的男人们用犀利的目光仔细观察死人们借助他们的"马"做了什么。荒谬的是，厕所里有一股刺鼻的尿臊味，好像死人们也在这里撒了尿似的。

一直到黎明，我们才回家。我看到的这一切简直不可思议，除了我以外，每个人都相信这是真实的。你能感觉到他们的信仰，能从他们的脸上看出来，从鼓声中听出来。这种古老的信仰在 21 世纪同样有吸引力，它给予人们的也正是我想要的，远远超越了我今夜的体验。或许这些不过是无稽之谈和荒唐迷信，比啃噬、折磨我心灵的虚无主义还要糟糕？

还在祭司用贝壳占卜的时候，我就不断地问自己，这是不是有些蹊跷？他们的预测一言击中，求占卜的人热泪盈眶。就连我也因他们的预测目瞪口呆。有一次，一个完全陌生的祭司给我占卜，在他第一次将贝壳抛向头顶之后，就一下说出我的右膝盖发生过一次什么。以我理性主义的世界观，我无法解释这命中靶心的占卜究竟是怎么回事。

在我被允许参加祭祀仪式之前，我必须先了解那些将用动物的血祭拜的神祇。每当我认为他们的神祇嗜血成性时，库基就会极力反驳我，说古希腊神话里的诸神也表现得一点都不文明。库基是个受过高等教育的教师，一个知识分子，绝不是注定要接受一个从中非最黑暗心脏传入加勒比海地区的宗教的人。尽管如此，他依然坚信诸神的力量，就好像启蒙与现代主义对来他从未存在过。我有点羡慕他。虽然我可以从这个宗教中学到很多东西，可以理解它们，也可以在某些时候参加宗教仪式，但让我信仰这个宗教，我做不到。"你不必信仰它，"库基笑着对我说，"只要它有用就行。"

这真的是寻找一种新信仰的方式吗？在非裔古巴人的宗教祭礼里，如果某种仪式产生了人们所期盼的效果，对他们来说，这就是神力的证明。没有效果就没有见证，没有见证就没有信仰，就这么简单！库基也会根据需要变换自己的信仰，在公开的身份中，他是天主教教徒，私下里他信仰萨泰里阿教，还秘密地信仰帕洛教。这其实很理想。那么我，作为一个曾经的基督教新教教徒，一个公开的尼采主义者，勉强也算一个不可知论者，我可以如此不顾廉耻地对待我的信仰吗？

还是小孩子的时候，我有过信仰，并且毫无疑问地藏身于这个信仰世界，尽管我的教会仅是一个福音派教会，教堂里除了光秃秃的墙壁，几乎不能给信徒提供更多。一个信仰世界里没有熏香缭绕，没有肃穆圣像，没有闪闪金箔，也没有拉丁咒语，不像天主教堂里那样，会用华丽布景呈现神秘。久而久之，你就会觉得它太抽象，无法与之产生情感共鸣。虽然没有下决心背弃它，但不知何时，我把它遗忘了。

自从失去了信仰，我就一直在陌生的世界里寻找替代者。我在漫漫长夜里寻找鼓声，寻找能寄托信仰的鼓声，寻找还有信仰的集体。在家时，我能找到的只有那种社会圈子，他们没有集体感，因为那种信仰，以及具有约束力的价值规范已经丢失。我找到的只是个人集合体，他们以各种可能的形式逃进折中主义的私人宗教。确切地说，我并不是唯一将失去信仰视为我们这个世界存在痛苦缺口的人。

"上帝是一种糟糕的风格原则，"作家戈特弗里德·贝恩后来声称，"虚无主义是一种幸福的感觉。"[1]不过，我更倾向于美国已故歌手约翰尼·卡什的说法，"上帝从未远离我们"，他进一步肯定地说，"我并不畏惧死亡"。[2]所以，我是追随幼从传闻中所知的那个奥秘去旅行的。我的每一次旅行也是一次朝圣，没有既定目标，没有预设期待，但随时准备接受每一个神明启示。我的旅行不仅是穿越各国的文化之旅，也是探寻宗教之旅。

在格鲁吉亚的教堂里，我听到了最优美的赞美歌。在胡戈沼泽岛，布道台上一位牧师大声呵斥，他把上帝描述成另一个形象，而不是无精打采的、已让约翰·斯坦贝克感到"沮丧厌烦"的"家伙"[3]。在美属萨摩亚，我看见身穿白色衣裙的胖女人礼拜期间扑倒在地痛哭，对她们来说，基督教信仰依然鲜活。在葡萄牙圣地法蒂玛，虔诚的信徒们跪在地

1　戈特弗里德·贝恩《双重生活》，四卷本全集，斯图加特，出版日期不详，第四卷，第160、54页。

2　约翰尼·卡什《恩施座》，出自《美国Ⅲ：孤独的人》。

3　约翰·斯坦贝克《横越美国》，慕尼黑，2007年，第86页。

上，一步一步挪向圣母显灵大教堂，他们围绕祭坛匍匐跪行，每个信徒都很清楚内心的初衷。在西奈半岛的摩西山上，面对旭日升起，所有信徒都泪流满面，齐声高唱赞美歌，同时不忘用手机录视频，以便将信息即时传递给全世界——这让我感到扫兴。

我的不少旅友都谈起过像摩西山这样身处壮观自然中的灵性时刻——苏珊在喜马拉雅山的夜空下，阿希尔在贫瘠的撒哈拉沙漠[1]，布莱克博士在驾车穿越美国的旅途中，都有过这种体验。这种体验，可以持续替代信仰吗？

由于我们——西方社会沉默的大多数，不知何时起不再有信仰了，而世界各地早期的异教徒已变为信仰坚定的虔诚教徒（无论何种宗教），在他们看来，我们沦为无信仰者——这是一种堕落。没有任何一个地方像阿拉伯伊斯兰世界那样令人有如此明显的感受，没有任何一个地方对我们如此蔑视，没有任何一个地方让我们难以站在鲜明的立场上捍卫自己的世界观。我对虔诚信仰的渴望，总是让我在之后一段时间里获得治愈和慰藉。作家 V. S. 奈保尔在谈话里也非常冷静地总结道："伊朗革命的胜利也意味着伊斯兰原教旨主义的胜利。"它的"情感增压"将传染给无数信徒，从今以后，他们将代表一个"纯洁净化的社会，一个有信仰的社会"。[2]

与此相反，中国寺庙里诸神、半神、圣徒和恶魔的混乱，日本神社里超脱的空灵——两者都通过繁复或极简的形式维护并传承信仰。另外，日本的神社也不像我少年时代的新教教堂那样简朴，它还使人产生

---

1 阿希尔·莫泽尔《与心灵同步向前》，汉堡，2016 年，第 216 页，他体验到的灵性是"大自然面前的谦卑"（第 225 页）。查特文说："在沙漠里迷失方向，意味着找到了通往上帝之路。"见《梦的轨迹》，第 93 页。

2 V. S. 奈保尔《信仰的国度》，慕尼黑，1993 年，第 609 页起。

感官上的审美愉悦。即使你不相信那种宗教，也喜欢参与其中。

在知识分子中，目前最受欢迎的是佛教。当然，无论是拜访日本永平寺——在那里，每次去厕所时都要向门神鞠躬，还要常遭木棍敲打（这种通行的惩罚是为了纠正坐禅姿势），还是在斯里兰卡康提圣城里瞻仰圣佛的牙齿，都没能让我获得启示。德国作家恩斯特·霍费里希特尔在一篇游记里将这颗遗骨直截了当地描述为"一根手指长的假臼齿"，这根佛牙完全不能"抓住他的心"。[1] 在印度锡金邦的塔什丁寺，我站在巨大的佛塔前，据说里面保存着佛祖的汗水，我内心疑虑重重。在印度北部的菩提迦耶，我站在那棵神圣的菩提树下，那里就是佛陀释迦牟尼悟道成佛之地。我周围都是身穿白衣的朝圣者，他们一边喃喃地念着佛经，一边在祈祷的床架上进行仪式化的膜拜。在不知所措、来回走动、神情肃穆的游客中，只有我一个人凝神沉思。

和吉塞克一样，我也被各种宗教吸引，然而终究不能领悟其中任何一种的真谛，"尽管这些富有启发性，但遗憾的是，从未有过神明启示"。印度教对我的启发最少。基督教徒和穆斯林信徒尽可能地把自己的宗教场所建得宏伟。相形之下，即使是印度教最重要的寺庙也很小，每天都有很多人挤进去，里面由善于经商的婆罗门经营打理。他们在每个祭坛外就开始向排队的人收钱，然后大声催促信徒迅速鞠躬、祈祷，匆匆奉上祭品（花环、钞票、椰子），快速用木槌敲一下大钟——在寺庙里没有片刻安宁。

在古瓦哈提郊区，我排了好几小时的队，想看看卡摩加耶寺里供奉的万圣诸神。在传说中，毗湿奴投掷金刚杵，把湿婆妻子萨蒂的身体切

1　恩斯特·霍费里希特尔《锡兰奇迹》，摘自《我的巴伐利亚生活》，慕尼黑—维也纳，1972 年，第 219 页。

割成了五十一块，其中一块就落在此地，即萨蒂的"约尼"——象征女性阴户，是其丈夫湿婆象征男性阳具的"林迦"的对应符号。由于印度教神话的多样性及各种转世传说，卡摩加耶寺里除了供奉萨蒂，还供奉她的转世诸神，包括迦梨、萨克蒂、卡摩加耶和帕尔瓦蒂等女神，除此之外还有其他众神（特别是密宗佛像）。这里很可能是东印度最重要的朝圣地。当然，信徒们想要且必须付钱之后才被允许摸一摸萨蒂的阴户。排长队的人在一条走廊里围绕着寺庙迂回，然后一步一个台阶向下深入黑暗、狭窄、闷热的空间，最下面的空间最黑暗、最狭窄、最闷热，也最拥挤。排了两小时的长队后，我终于站到了女神的阴户前，那是黑色岩石里的一股泉水。付钱之后，我把一个花环朝女神扔了过去，然后按照祭司的指引跪了下来：谁最终到达了这里，就必须摸一摸"约尼"。与非裔古巴传统宗教信徒的狂热崇拜不同，在这里，我没有感觉到不可思议的震惊和战栗，感觉到的只有岩石的冰凉和潮湿。

第二十四章 "我是黑人，但我不黑！"

"诡诈和恶意是所有这些非洲矮人族群的主要性格特征，即使你友好相待，也永远没有把握能认清他们的坏习气和险恶用心。"探险家斯文·赫定在1913年出版的畅销书《从南极到北极》里，对非洲赤道地区的不同民族进行了赤裸裸的描述，读来令人惊恐万分。他用很长的篇幅描绘他们就像"讨厌的寄生虫"，贪婪、懒惰、报复心极强。"男人们（……）不喜欢劳作。"[1]

斯文·赫定在殖民主义鼎盛时期出版的旅行三部曲，远远早于西方社会话语里政治正确的反省之前。他对外国人的性格刻画是轻蔑、笼统、刻板的，总而言之是种族主义的。当然，这也和早先几个世纪其他探险家的描述大同小异。格奥尔格·福斯特就曾抱怨南太平洋岛民懒惰、纠缠、偷盗、乞讨[2]，德国探险旅行家马克西米利安·维德-纽维德也用同样的词语抱怨北美印第安人[3]——事实上，尽管他和福斯特一样有

---

1 《从南极到北极》，莱比锡，1913年，第8—10页。赫定不仅是一位伟大的探险家，也曾是纳粹的同情者。他的介绍主要依据探险家亨利·莫顿·史丹利和乔治·施魏因富特19世纪末的非洲考察报道。

2 格奥尔格·福斯特曾于1772年至1775年随库克船长环球航行，主要在南太平洋。见格奥尔格·福斯特《世界环航观察》，法兰克福，2007年，第181、185、190、209页。

3 沃尔夫冈·比舍尔《哈特兰：穿越美国》，柏林，2011年，第54页。维德-纽维德于1804年在北部密苏里州旅行。

这些抱怨，但还是对这些"野蛮人"给予了高度的正面评价。如今有谁还敢违背原作者本意，断章取义地公开指出他的负面评价？

鲁德亚德·吉卜林在 1888 年印度之行的描述里也对种种现象——特别是印度官员令人愤怒的懒散提出了严厉的批评。他的德文译者在 2015 年写的后记里尖锐地指出："他表现出面向世界的开放和宽容，但偶尔也会陷入他那个时代的种族主义思维模式、陈词滥调和偏见。"[1] 只有去过印度旅行的人才会形成自己的评判，宅家不去旅行的人的固执偏见，对前者来说是一种鲜明对照，它与其他方面的体验可能是完全矛盾的，但这种矛盾又无法得到解决。一个人在世界上旅行的范围越大，就越难形成标签式的、以偏概全的观点和判断，殖民主义和政治正确对他来说都是片面的。

"政治正确"是为德国人量身定制的。此外，好为人师、自以为是也适用于他们的秉性。他们认为，只有唯一正确的观念才会有唯一正确的世界观。按照美国模式的语言再教育，导致了一种意识形态的再教育。因为这种方法越来越少围绕事实本身说话，社会生活中的所有事实都被罩上了半透明的不真实面纱。根据叔本华的范例，我们绝不会勇敢地撕下这层神秘的玛雅面纱，只有人们独处时，才会小心翼翼地揭开面纱。旅行者也只是在同类好友圈子里才会开诚布公地交流。如果你问他们，会不会对什么在外国获得的知识缄口不言，他们的回答就会像斯文·赫定、格奥尔格·福斯特、马克西米利安·维德－纽维德或吉卜林一样激烈——

"我对外不会说：一、……二、在不丹，没有人想要民主，那里的人宁愿有个'好君王'。西方人却认为民主棒极了。但其实，它只是愚

1　吉卜林《从大海到大海》，汉堡，2015 年，第 208 页。

蠢的更高雅的表现形式。"（瓦尔德领事）

"关于……我最好不发表意见。"（凯先生）

"旅行家不谈论敏感话题，如……这跟……无关，也不是偏见，更不是种族主义，只是纯粹的事实。"（沃勒）

"在阿拉伯地区，人们不尊重隐私，那里甚至不许关门。即便两个荒漠旅行团在沙漠中相遇，晚上又一起度过了美好的时光，偷盗事件也常会发生。"（阿希尔）

摆正人类的"政治正确"，是一个有盎格鲁－美利坚特色的西方教育项目。如果世界上有哪一个地方还能直截了当地讲话，作为一个旅行者，你几乎就想把它当作"政治正确"接受了。有时，你会因为纯粹的善意而陷入非常微妙棘手的境地。

一次，在索非亚的出租车上，司机拿出一盒磁带放进收音机，然后他骄傲地对我说，磁带里是他本人演奏的单簧管，伴奏的是他的乐队。我问他这是不是辛提人音乐？司机的好心情顿时烟消云散，他嘟囔着骂了我几句，我一点儿也没听懂。也许是罗姆人音乐？我继续追问。他突然猛踩刹车向右开去，我心想坏了，他可能要下车揍我。他拍着自己的胸脯信誓旦旦地说："我，吉卜赛人！"我羞愧不已，很快，我就同意了他的说法，他的乐队演奏的是吉卜赛人的音乐。

还有一次，在乌干达首都坎帕拉，我和一位知识分子讨论国家的问题，当然也是整个非洲大陆的问题。我想最好谨慎，问他希望自己被怎么称呼 —— 黑人？同样，他立刻变得情绪激动："我是黑人，但我不黑！"在后来的旅途中，我才理解非洲的种族主义是怎么回事。那里没有人想被当作黑人看待。真正的黑人，特别是那种肤色极黑的人，是处于社会底层的人。人们可以在理发店里理发后涂上一层白霜，或者扑一些白粉，我也用过这些。这样一来，在一段时间里，就会看起来更好看、更富有、更好。

福斯特指出，即使在塔希提岛，（较浅的）肤色也暗示（较高的）社会地位。[1] 查特文记录下的一首土著歌谣，里面说一个男人抢走了另一个男人的老婆，因为他"迷恋她的浅色皮肤"。拐走了人家的老婆后，他"把自己的老婆用黄色赭石从头到脚涂上浅色"，然后送给了那个被骗的男人。直到女人的黄赭石颜色褪去后，那个男人才发现自己上当了。他气得咬牙切齿，最后只能勉强接受了"这个丑陋的替代妻子"。[2]

同样，由肤色确定社会地位的等级制度，在加勒比海地区也很流行。我的房东是国家电视台的一个部门负责人，他很自豪自己有一个"雅宝"夫人，她有着接近白人的肤色。他挺着坚实的胸脯宣称，娶白皮肤的女人可以确保他的孩子有更浅色的皮肤，并且继续传给下一代。

古巴人绝非仅有黑白之分，根据肤色和头发（鬈发还是直发）还有很多种不同的分类。"雅宝"人有白皮肤和自然鬈发。在我到达古巴圣地亚哥后不久，我也问我的房东应该怎么称呼他 —— 有色人种？这个词在德国已经被认为是政治正确的术语了。"什么？我是有色人种？"他愤愤不平，"你看看我，我这么黑，绝对没有人比我更黑的了！我当然是 negro（黑人）。"

不仅如此，他不会放过任何一个责骂黑人的机会，说无法跟他们一起工作，就连出租车司机都不可靠。"路易斯托，"我冒险反驳，"你自己也……"他很快回答说"黑得要命"，然后很自信地说："我知道自己在说什么。"

现在怎么办呢？作为一个德国人，该如何面对这种生硬的说教呢？

1　福斯特《世界环航观察》，法兰克福，2007 年，第 225 页。

2　查特文《梦的轨迹》，慕尼黑，1990 年，第 147 页。

也许这是一种生活智慧，也许是另一种种族偏见。还是你想斥责当地人？在斯里兰卡的时候，我总是被纠正应该称这个国家为斯里兰卡——那不过是某个政党的宣传词，如果一定要认真的话，这个国家历史上确实曾经被称作兰卡，但锡兰也没问题。事实上，我在那里的日常生活中总能看到这个国家的旧称，"锡兰旅游局""锡兰酒店公司""锡兰电力公司""锡兰银行"，等等。在缅甸（英文旧称 Burma）也是一样，没有一个当地人会用新改的名字 Myanmar（缅甸），只有德国游客才这样做，他们只想做正确的事。

在国外，因政治正确的观点而被嘲笑的情况并不少见。在旅途中的某些时候，你会放弃（所谓）正确的术语和有关旅行之地的（所谓的）正确观点，然后奇怪的事情就发生了：你会发现，如果你尝试用当地人的眼光看世界，地球还是会照常运转。相反，很多以前无法理解的关于外国人的事情，突然有了其内在逻辑。

有些事情起初是很无辜的，比如像在印度这类国家里的交通问题。印度绝不像人们常说的那样混乱不堪，那里的交通只是遵循另一种与我们不同的逻辑。考虑到实际上混乱的道路状况，它其实是很有效的。印度人是出色的汽车司机、摩托车车手，他们总是寻找最大优势，见缝插针，但前面若有人比他快一秒而挡住了路，他也从不抱怨。驾车者常常这样一点一点地向前挪动，也常常按喇叭鸣笛，但这并不具有攻击性，而是作为生命迹象，作为定位信号。德国人对此非常困惑，我们只会按照交通规则行车，坚持"正确"是我们自我认识的一部分。在印度，没有人会坚持正确；相反，所有参与马路生活的人都不正确行车的话，车流才会滚滚向前移动。

这只是我们对日常现象的再次评价，有意思的是，它很难保持不变。相反，如果我们的观察视角发生了变化，就会产生一种完全不同的观念，对目的地国家及该国居民的看法也会随之改变。一旦你换个角度，尝试用对方的眼光看世界，你对这个世界就会得出完全不同的评价。

突然间，你会注意到，在西欧以外的国家，几乎听不到孩子们因为无聊而发出的尖叫声。难道那里的教育不同于强制性的过度保护？你会突然意识到，波兰或法国的女性有自己独特的女性气质，德国男人很快会对此束手无策。也许女性解放之后又来了一次女性解放？你还会突然意识到，即便在民主制度下，大众也很容易被诱惑、被煽动，他们的选票很容易被收买。你极不情愿地注意到，知识分子正在让人们知道，他们的国家"尚未准备好"，人民不想要民主，这怎么可能呢？在英国就脱欧问题进行全民公投（2016年）之前，各种针对英国选民的令人毛骨悚然的政治操作向我们展示了欧洲也有民主丑陋的一面。我们对外国的输出，是否也违背了他们的意愿，至少是不民主的？针对殖民主义征服者在阿富汗进行的不断变化的再教育尝试，作家乌尔里希·拉杜内尔总结道："英国人、苏联人、美国人和欧洲人轮流在那里搭建自己的马戏团舞台，这次上演一段社会主义节目，下次上演一段民主主义节目。"[1]

只要离开了家乡，不仅从地理概念上，也从世界观的概念上离开了家乡，旅行者就要给自己提出令人不适的问题。旅行能够超越旅行本身，让人们对某些事物的幻想破灭，比如当你企图将新获得的见解应用于自己的世界，比如当你了解到，我们的媒体所提供的新闻只是众多选项之一，或别国的新闻不全是真实的，而是受其他利益控制而有所选择之时。

"在国外，你会注意到每条消息都像掷骰子，它可以任意旋转，核

---

1 见《喀布尔的一夜》，萨尔茨堡，2010年，第184页。

心不变，但显示面完全不同。这是一种宣传游戏，人们绝不会知道什么是真实的，是一个点的那面还是六个点的那面。毕竟你还注意到，在我们国家里，所有媒体的每条新闻都被做了相同的处理。仅这一点就说明了旅行的意义。"[1]（瓦尔德领事）

"每一次我都非常震惊，我们的新闻很少反映当地实际发生的事情。尤其是涉及以色列、加沙地带和黎巴嫩时，我们获得的完全是一面之词，最好的也只是报道'无辜的巴勒斯坦人民遭到以色列人的轰炸'。"（苏珊）

把外国当作相对主义大舞台的人，首先会失去他的政治正确，然后失去政治天真，最后会失去他的政治信仰。终有一天，他只相信自己亲眼所见。那些坐在舒适沙发里的人，他们如此坚信并捍卫的世界观将被丰富、闪光的见解取代。任何一个经过长途旅行的人都会迷失于任何一种意识形态，他是一个独立思考者，因而在他自己的国家里，他也是一个局外人。

1　斯坦贝克也注意到，在美国的广播里，"精神食粮同样被标准化，就像物质食品一样"，也就是饭店里的标准口味。见《喀布尔的一夜》，萨尔茨堡，2010 年，第 152 页。

第二十五章 成为另一个人

人在异域他乡也不是每天都会得到启示。阿希尔描述自己十七岁看到撒哈拉大沙漠时有一种顿悟的体验："那是一种想放弃一切的感觉，让时间停滞不前，让自己成为另外一个人——让一切从头开始。"[1] 当然，作为一个偶然的礼物，顿悟很少从天而降，多数情况下你必须为之努力，你必须耗尽自己，以至于感觉不到痛苦和疲惫，只有巨大的空虚。

即使在这样的关键时刻，一个人通常也不会改变自己。尽管没有什么特殊的经历和体验，人们在每一次的旅行中都想变成另外一个人。甚至当我们背着背包去机场时，我们看待周围人的眼光都跟平常日子里不一样了。我们还没有真正离开家就已经感觉不再属于它了，从思想上，我们摆脱了日常生活的禁锢，摆脱了所有熟悉的常规。远方等待我们的是自由，是让我们成为另一个人的希望——它藏在我们内心深处，已经被禁锢得太久了。

20世纪70年代中期，我和沃勒常常搭便车纵横德国旅行。我们轮流坐在副驾驶座位上，一个人可以休息，另一个人跟司机聊天，回答同样的"从哪里来—到哪里去—为什么旅行"的问题。有一次，我忽然听到沃勒向司机介绍说自己是心理系的学生。司机很高兴，继续跟他就

1　阿希尔·莫泽尔《远方的幸运》，汉堡，2009年，第13页。

心理学展开了讨论，沃勒也勇敢地跟上了——事实上，他是一名银行职员。司机的问题越来越精确，不过幸运的是，我们的目的地到了，终于可以下车结束这个话题。我问沃勒为什么要这样漫无边际地扯谎，他解释说自己已经厌烦了总是做同一个人。在旅途上，你可以编故事，这不是说谎，它只会让每个人的旅程更有趣。

1988年，我和沃勒坐在奈良的一家日式旅店里。晚饭后，有一家日本人邀请我们一起唱卡拉OK，我们尽力满足他们的愿望。但随后，沃勒开始夸夸其谈，讲述自己以前在隆卡利马戏团里变戏法的生涯。日本人非常惊喜，全神贯注地听着，沃勒开始详细讲解"七球游戏的哲学"，说他的技巧就建立在这一基础之上。在一片掌声中，我们回到了自己的房间，沃勒说，他的整个表演无异于没有音乐伴奏的卡拉OK。

我自己只是偶尔在旅行中蓄起络腮胡，换一副面孔。我很好奇这样的我看起来是什么样子——仍然是"我自己"，还是像另一个人。我看到的还是我自己，只是有了胡子。在我鲁莽的岁月里，只要到了外国，我就变成了更鲁莽的浑小子，我的所作所为是在家做梦都想不到的事。白天，我们开车闯过每一个红灯，半夜就闯进建筑工地，探索砾石坑。在东欧集团国家，由于外汇黑市上的有利汇率，我们胡作非为。在荒漠和山区，我们扮演伟大的探险家，有时也假装可恶的无赖，直到陷入真正的流氓集团。在渴望的驱使下，我们尽可能不假思索地放肆旅行，一心想成为我们在家盼望已久的男子汉。尽管在国外也没能成为男子汉，但只要我们的钱还够花，我们就可以一直疯玩，玩到没钱了就赶紧往家赶，回到联邦德国有保障的日常生活里。

我们想潜入的那个陌生世界越是富有异国情调，我们就越想拥有完全不同的体验。"狂热的年轻人，"在《英吉利片断》里，海涅以第一人称热情洋溢地谈论他在伦敦期盼的自由时，一个"穿黄衣的男子"说道，"你将找不到你要寻找的东西。"这可能是一些人想迈过通往陌生世界的门槛，变成另一个人时会发生的事情。但即便是体验另一种日常生活，也将使他发生变化。熟悉另一种生活方式也即熟悉另一种思维方式。在某些时候，新的东西会变得更加熟悉，发展成一种推动你继续向前的惯力。如果你在旅途上的时间足够长，有时你会感到一半惊慌、一半有趣：刚刚在大街上的那个人真的是你吗？跟商贩吵架，有意吸引一群人看热闹，就因为这个商贩用过高的价格狠宰游客。马格里布的男人们是那么傲慢，在这种无关紧要的情况下，你通常也不会妥协，不仅仅是为了一小块奶酪的合理价格而据理力争。你为荣誉而战，但有时却在战斗中丢失了荣誉——因为你极力诋毁别人的荣誉。本来你可以用激将法傲慢地断然回绝他，但你的词汇常常不够用，也不够冷酷无情。如果你一定要打击一个阿拉伯人的嚣张气焰，就像在这种情况下必须要表现的，你不就是要跟他平等地一争高低吗？如果平等要求遭到拒绝，你该怎么办？至少你尽力抵制了，有那么几分钟，你变成了另一个自己。

通常，一切都始于方向感的恢复。抵达目的地国家后，你会认真观察机场，而在起飞之前，你都是漫不经心地走过。在很多城市里，你徒劳地寻找路牌，在另一些城市里则根本看不懂路牌。在远东，你必须记住不同字体的文字，以便能在正确的地铁站下车，或者认真倾听各个车站不同的鸟鸣声——每个车站都有特殊的宣布到站的旋律。不仅是视觉，我们的所有感官都变得敏锐。

刚从德国来到大阪时，在大阪市中心，我单一的感知方式令我不知所措。过街天桥纵横交错，穿过十字路口和整条街道，无数出入口错综复杂；十字路口和街道下面是行人通道的世界，长达数千米，有很多令人困惑的分支。就在我想放弃时，我发现了一个咨询窗口，在那里可以得到这座城市下方的城市地图。但不幸的是，地下通道与地面街道的走向完全不同。没办法，我必须从头开始建立我的多层立体思维。因为在三个层面上，即使是人行天桥也遵循它自己的逻辑。文化冲击通常表现为与看似更原始的文明阶段的对抗，但在日本则正好相反，通过很多细节，你可以看到日本的公共生活远比德国完善。

几个星期后我明白了，想在大阪辨认方向，在地面层是最简单的，但走起来也是最难的——那里不是我习惯的街道，不过另外两层高架路对行人来说是使用效率最高的。尽管如此，我还是不能找到准确的地址，因为日本大多数街道都没有名称。楼房门牌号更没有了，取而代之的是公寓楼群编号，当然不是连续数字，而是按照建筑年代编号的。就在我再次准备放弃的时候，我发现每个地铁站的平面指示图上，都标出了公寓楼群的编号。后来我才知道，对日本人来说，要找到一个准确的地址也不是一件容易的事，因此他们邀请客人参加聚会或类似活动时，都会在邀请函上附上详细的路线指示图。

这仅仅是改变的开始。在异国他乡，一切都得自力更生，自己决定正确的道路，自己克服阻力和困难，不断应对各种挑战。在很长一段时间内，人们还试图有效安排一天的计划，就像在自己国家里一样。后来不知从什么时候开始，面对一些不知道怎么才能改变的人和事，你渐渐变得冷静了，你唯一能改变的就是自己。

人们一再把注意力集中在日常必需的事物上，在任何情况下，你都需要全力以赴达到预定目标。批判性质疑、道德观比较、审美怀疑，在旅途中，你很少思考这些，也很少思考自己和世界。旅途上总是有很多琐事要考虑，谁还会陷入人生问题的苦思呢？除了必要的基本需求和逻辑思考，一种奇妙的无意识也随之而来。独特的见解会在不经意间出现，在那些平静的时刻，在旅行暂时停顿或旅行变成休假的时候。另一方面，旅行也会给你带来欢笑，远比你在家的日常生活里笑得多，尤其是旅途中有什么出了差错或产生了什么误解，或至少是你受到当地人的感染，不再暗自把沮丧视为一种高尚的克制时，你就会开心地大笑。

其至像问路这样一个简单的问题有时都可以很有创意，也有可能令人啼笑皆非。当然，你必须能听懂回答，不仅要懂得欣赏混杂语言逻辑的魅力，还要了解交谈者母语的文化背景。起初我们常常感到迷惑，土耳其人用点头表示否定（同时扬起眉毛，轻轻发出咂舌的声音），而印度人用和德国人一样的摇头表示肯定。为了更准确地理解当地人，你必须尽快适应他们的面部表情和手势。

不仅是这样的细节，原则上，你还得采取一种不同的肢体语言，以便能被对方充分理解。在古巴，如果你不是大男子主义者，想让人们尊重你，你就得比在德国时更大声、更果敢地表现自己，当然这也会受到女性的重视。在阿拉伯国家，你必须以同样自命不凡的眼光和表情发出明确的信号——极其明确的信号，以便回击侵扰。在旅途中，我们很少和像我们一样行事克制的知识分子打交道，更多的是那些简单粗暴的人，他们的行为会向我们要求更多，超越我们内在隐藏的文明修养。

有些人知道如何在本国环境中很好地争取自己的利益，在外国则表现得令人尴尬。在厚颜无耻、没有教养的人面前屈服，宁愿放弃自己的权利也不努力争取。事后他们会以各种借口掩盖自己的失败，声称没有必要那样做（一种刻板的争论、一种不顾社交礼仪的处理方式），不会那样降低自己的水准。其实根本没有人要求他们这样做。相反，尤其是在这种情况下，人们更应该坚持自己的原则和风格。你必须比在家时更大肆渲染，更坚定地表达你的观点。无论在哪里，只要还有适者生存法则存在，聪明的人就不必放弃。如何恰当应付当地人的侵扰和霸道行为是一门高超的艺术，你需要有很长的旅行生涯，才能至少在某些方面掌握这门艺术。

为了在国外保持个人尊严，人们不仅要学习旅行技巧，还要调整必要的心态。过去，人们去外国时会用武器武装自己，今天，我们也必须做好准备——尽管是精神上的准备——这样才能从根本上进行抵御。在一些第三世界国家，结果通常更简单、更清晰、更强硬。在那里，日常生活的信号清晰得可怕：在中国一个省会城市的市场中央，一个血淋淋的马头就摆在那里，表明那里是卖马肉的摊子，我一下就明白并且再次感受到了食肉意味着什么。在土耳其城镇锡利夫凯，我们要去的餐厅前坐着一个男孩，他正在啃咬一只死羊的脖子。在阿尔及利亚，一个长途汽车司机光着脚，把要上车的乘客踹下台阶、踹出车外。在古巴，人们在面包店前久久地排队，当面包终于被拿出来售卖时，人们一拥而上，互相殴打争斗。在坦桑尼亚一家酒馆的窗口前，店主正准备拿出啤酒，外面的人就为了抢购开始斗殴。在印度南部的城市科钦，动物园开门放行的瞬间，人们蜂拥而入并开始了混战，人人都想第一个冲进动物园。在长途汽车站，人们争抢座位吵得不可开交，最后我们不得不学印度有钱人的样子，给了一个小男孩一些钱，让他帮我们抢占下一辆车的座位。汽车来了后在车站里转了一圈，还没停下来就已经有不少人上了车，一些人是从车窗爬进去的，另一些人则挤在门口，不等车里的人下车，就开始为争抢空出来的座位而大打出手了。

"纯粹的宽容永远不会赢得胜利。"吉塞克套用 Tocotronic 乐队的歌词得出了这样的结论[1]。在外国，要想维护自己的利益，一定不能表现

1　汉堡摇滚乐队 Tocotronic 的歌词原文是"纯粹的理性永远不会赢得胜利"。

出谦谦君子的样子，甚至也不能躲在你所谓的优越文明背后，因为你立即就会被最黑暗的人视为可以欺负的羔羊。如果你不想像当地人那样野蛮，你就必须学会做戏，第三种可能性是不存在的，因为你不想整个假期都在逃难中度过。我们踏上旅程，不是为了让自己变成一个好人，而是要成为另一个人。

第二十六章　黑夜降临

　　一整天，我们都在博茨瓦纳奥卡万戈三角洲里划着独木舟，穿梭于纸莎草丛，最后终于兴奋地发现一个小岛上有块很不错的地方可以露营。远处还有几对苍鹭和河马。渐渐地，颜色和轮廓变得模糊起来，夜幕降临了。很快，我们就钻进了睡袋，听着帐篷外面持续不断的号叫声，还有咯咯咕咕等各种声音。

　　突然，我们被近处传来的愤怒咆哮惊醒了，那咆哮随后变成了嘶哑的嘎嘎声和呼呼的喘气声。我们忽然明白自己犯了一个错误：我们侵占了河马过夜的地盘，在它们的草地上搭建了帐篷。有几头河马在我们的帐篷间兴奋地奔跑，另外几头河马大声怒吼，震得大地抖动，至少我们每个人都在瑟瑟发抖。我们很清楚河马的能量，因为我们亲眼见过两头雄性河马搏斗，它们愤怒地用牙攻击对方的身体。现在我们把它们惹怒了，在它们的恼怒面前，只有帐篷保护我们。几分钟后，喧闹平息了下来，安静得几乎听不到动物喘气的声音。四周一片寂静，只有它们拔草的声音、吧嗒吧嗒吃草的声音，还有咕噜扑哧的嘈杂声，它们只是在我们的帐篷周围吃草。第二天早晨，它们走了，我们也很庆幸可以毫发无损地离开。

　　大多数冒险是由一连串粗心大意及错误决定导致的。惊险越是难以逃脱，回想起来，我们的成功也就越是伟大。仿佛筋疲力尽之后，因一系列有利的偶然因素而获得成功的冒险才构成旅行的价值。"如果我足够幸运，就会有可怕的事情发生在我身上。"[1]保罗·索鲁在启程前往巴塔哥尼亚时这样希望，他的希望也代表了我们所有人的希望。仿佛在一个原生态的自然界中、在一个粗暴的社会里、在身体或心理所承受的极限中，考验所赋予我们的是我们作为居民在中规中矩的日常生活中永远不会获得的，即危险的严峻性，它使我们自身也变得重要且有意义。危险越大，克服危险的人也就越伟大。

　　然而，并非每一次冒险都能让我们成为冒险家。毕竟，被别人视为一个"很酷的人"，还只是冒险生涯的开始。如果事情进展不顺利，那就更好了，我们那些逸事的娱乐价值就会得到相应的提升。大概在旅行家中，没有人会不知羞耻地夸张、掩饰、杜撰，就像你描绘在遥远的地方完成了一项伟大壮举，但你根本无法验证它一样。如果你整个晚上都在听背包客讲故事，（"伙计，那很吓人啊！"）你可能会对他的故事与事实相符之处摇头表示怀疑。我们为什么要旅行？是为了炫耀我们的冒险经历吗？最重要的是，我们假装自己所经历的冒险很普通，好像我们是硬木雕刻出来的冷血动物，正如听众所怀疑的那样。每一次旅行从根本上说就是冒险。你需要鼓足勇气，而不是像在非洲那个漆黑夜晚的关键时刻，只是毫无声息地躲在睡袋里。

　　十六岁时，我第一次获准没有父母陪伴单独出门过暑假，旅行回来后我很高兴。我寄宿在一个英国人家里，这家人很友好，但说的显然是一门我在学校里没有学过的语言。有一次，我想吃自己喜欢的食物，但端上饭桌的却是白水煮鸡，不是烤鸡，上面还淋了冷薄荷调味汁。后来我就生病了，生病的一个好处就是我不必出门体验度假生活，也不必冒

1　保罗·索鲁《老巴塔哥尼亚快车》，汉堡，2008年，第10页。

着必须提问和要听懂回答的风险。我对这次旅行最美好的回忆是一只小猫，它在我生病时从窗子外面跳进来，蜷起身子卧在了我的脚旁。

"普通人就是懦夫，"马克·吐温写道，"普通人不想有麻烦，也不想有危险。"[1]任何想成为旅行者的人，必须首先克服内心的怯懦；想经历第一次名副其实的冒险的人，必须……他需要做什么呢？冒险从何处开始？我们该如何给它一个准确的定义？

这个问题的答案取决于旅行者自己。冒险家也是从小事开始的。第一次腹部着地滑下沙丘，或者屁股下垫着垃圾袋从雪山上滑下——从那时起，你便不再是每天蹲在家里的懒蛋了。为了向所有人表明你初次获得的功绩，你在家里也穿得像个冒险家。过去，穿一件印度花格子棉布衬衫，脖子上挂一条用细麻绳串金龟子的项链，就足以显示你的冒险家身份了。如今，每个人都像在家度假的冒险家一样，穿着户外服装四处走动，即便是"瑞典北极狐"牌的破旧徒步裤，也不能百分之百证明你的冒险家身份。

在生存训练营度假并不完全合乎我的口味，但是在旅行中，偶尔参加一个冒险项目也不错——从赞比西河上的"白浪漂流"到悉尼港湾大桥上的攀爬。但是，仅仅因为一路伴随着恐慌的尖叫和不时的翻船，通过激流就是一种冒险吗？爬上一百三十四米高的大桥，就因为无法忍受透过大桥的钢筋骨架往下看而转身，含着眼泪退缩甚至吓得呕吐起来，就算是冒险吗？其实不会有什么糟糕的事情发生。另一方面，体验人为安排的危险或许比真实的危险更紧张、更刺激——真实的危险往往在不为人知的情况下出现，又往往在恍惚中已经克服。

---

1 《哈克贝利·费恩历险记》，慕尼黑，2010年，第435页起。杰克·伦敦在一封信中甚至写道："一个血液里缺少冒险精神的人，只是一块被唤醒生命的抹布。"（杰克·伦敦《乘斯纳克号快艇环游世界》，汉堡，2016年，第47页。）

在维多利亚大瀑布，能在落下的水团后面漫步已经很令人兴奋了。为了让这一天更完美地收场，我特许自己玩了一次蹦极，从一百一十米高的维多利亚瀑布大桥上往下跳。我希望肾上腺素激增，获得一种全新的快感。后来自由落体持续了那么久，以至于在下落过程中，我开始重新思考而非简单地祈求生存。这是一次冒险吗？一百美元打了水漂！

计划中的冒险也是冒险。高山、沙漠、大海，任何事物都能激发人们的进取心，使其达到狂妄自大的地步，仅仅因为在陌生的世界中，大自然显示出它未被驯化的野性。我们挣脱了理性的支配，再次对世界充满好奇，渴望生活，敢于尝试。有意识地选择冒险，是"非理性的行为，是欲望战胜理性的胜利"。[1]有时，计划外的行动一秒内就变成了下一次"真正的"冒险。

尽管如此，真正伟大的冒险总是别人的体验。探险是他们的职业和追求，作为旅行家，我们只是偶尔冒险。在南美洲或非洲，哪怕是走进一群街头男孩混迹的小巷，也有可能就有风险，这正是你想克服怯懦、跃跃欲试冒险的动机。我习惯于在他们跟我打招呼之前，主动去跟那些年轻人攀谈，至少在完成某个冒险行动的时候，你会给你的旅行生涯增添一些经验。汉斯·克里斯托弗·布赫精于世故的反应令人钦佩，即使在他虚构的游记里，他应该也是有针对性地描述了自己的亲身体验。在塞内加尔首都达喀尔的大街上，他在遭遇两个人的突然袭击时对他们说："我想知道你们的黑帮头子是谁，我只以老板身份跟老板对话。"两个小伙子就怎么回答这个问题争吵了起来。布赫给他们提了一个建议，让他们帮助自己完成一项考察工作，赚的钱比他们现在抢他的一点零钱

1　乔恩·克拉考尔《绝命海拔》，慕尼黑、柏林，1998 年，第 14 页。

多得多。后来这两个人接受了他的建议。[1]

在海湾游泳时，我总是很幸运。有一次在希腊的一个小岛游泳时，我陷入了一群巨大的水母之中，根本没有回身退出的余地。还有一次，我更是撞上了大运。那是在马来西亚的兰卡威群岛，我想游到对面一个隆起的礁石岛上，从这边的海滩就可以清晰地看到。五十分钟后，我游到了对面。岛礁现出原形，岩壁陡峭，恶浪狠狠地拍打着我，我一次又一次地撞在岛礁上，以至于这项体育挑战很有可能致命。就在危急时刻，我死死抓住一块凸起的礁石并使劲爬了上去。当时我已是遍体鳞伤，但还好四肢健全。在返回对岸之前，我用了半小时积蓄力量，然后再次下水。海浪又一次恶狠狠地把我甩回了岛礁。当我终于遍体血淋淋地游回海滩时，站在那里的是我当时爱着的女人。如果我认为她会因为这场精彩的表演而多爱我一点，那我就大错特错了。她认为我整个人"彻底疯掉了"，所以真的非常生我的气。

真正的冒险常常是计划之外的。它潜伏在一切看起来平静祥和的地方，从一个时刻到另一个时刻的瞬间，就会变成你必须经受的考验。1995年，我们在牙买加旅行时就常常陷入这样的困境，无论走到哪里，我们都遭到攻击和鄙视。特别是拉斯特法里教派公开声称西方世界就是面临毁灭的巴比伦。当时，这种把埃塞俄比亚皇帝海尔·塞拉西尊为弥赛亚转世的宗教，在我看来实在荒唐透顶，以至于我对它产生了很大的兴趣。这应该可以让我们在旅途中免于经受糟糕的冒险。

有一次，在牙买加的尼格瑞尔，我们刚上了一辆出租车，一个头顶脏辫的大个子男人也坐了进来，他没做任何解释，硬要搭乘我们的出租车。我们告诉司机酒店的地址后，他们两人连连摆手，好像知道更好的

1　汉斯·克里斯托弗·布赫《八夜环游世界》，法兰克福，2009年，第158页。

路线。我们坐在后排座位上，怎么抗议都没有用。出租车没有朝着酒店所在的海滩方向行驶，而是朝着完全相反的方向驶出了城市。显然，我们陷入了一个圈套。我拼命寻找能阻止此事态发展的办法，跟他们挑起宗教辩论。当然，他们也深信西方是注定要毁灭的，最后我变成了真正的说教者。我们已经开到了一片丛林中的空地上，在潜在的犯罪现场，没有人能从街上看到我们。然后，我经常在类似辩论中经历的情况又一次出现了。当我臭骂他们时，他们对我的敬意提升了，不知从什么时候起，他们开始尊敬我了。搭车的那个人很自然地卷起烟卷，喷吐的烟圈一层层扩大。后来他们没有进一步制造麻烦，而是直接把我们送回了酒店，也就是一小时前我们要去的地方。他们跟我们握手告别。

　　一个人经历的冒险越多，就越不愿提及当年的勇事，宁愿详细聊聊诸如在沙漠中汽车抛锚、在酒店房间里捕捉蟑螂等无关紧要的倒霉插曲。一次在帕米尔高原，我被困在了一片碎石地和冰川溪流中间，为了摆脱困境，耗尽了最后一丝力气。另一次在摩西山，我跟着一个吸了大麻的山地向导，最后被困在无路可走的悬崖峭壁。在纳米比亚的瓦特贝格高原公园，我遭到了一群狒狒的围攻。在巴哈马群岛潜水时，我在水下峡谷的尽头与一条灰礁鲨四目相对。在牙买加的洞穴潜水时，我的呼吸机坏了，恰恰是在潜入洞穴的关键时刻坏了，出现故障时自动启动的替代品在牙买加完全买不到。在所有这些冒险经历中，我都非常幸运地活了下来[1]，但我更愿意在小说、故事或诗歌里讲述这一切。读者不必对我摇头，因为在生活中被斥为疯狂的行为，在文学里根本算不上什么……希望这是一次令人兴奋的阅读冒险。

1　登山家莱因霍尔德·梅斯纳尔强调，他真正的成就并不在于攀登八千米以上的所有山峰，"登山的真正艺术在于生存"。

第二十七章　沮丧

为什么只有我
有那么多的擦伤，
刮破和划伤的伤口，
指甲和皮肤上的裂痕，
水疱和针刺？

亲爱的朋友，
问题不是这样问的。
为什么你还有
那么多的地方，
完好无损，
幸免于难？

第二十八章　小禅教

生命如此短暂，世界如此广阔，即便我们穷尽一生走在路上，也只能认识大千世界极小的一部分。在我们正在旅行的国家，也不得不时时精简行程。但至少我们想获得一个有代表性的概貌，那就得继续前行！令人惊讶的是，我们能够调动的能量让我们几乎无法停下脚步。

然而，一旦我们陷入困境停顿下来，所有的能量就会消失殆尽。我们需要在旅行中休息。最差的情况是躺在破旧的旅馆房间里，一整天看着天花板上的吊扇发呆。最好的情况是坐在阿尔加维海岸凝视大西洋，或者坐在大峡谷的岩石上，目光追随着对面岩壁上移动的阴影，再或者坐在蒙古大草原上，看着猛禽在我们头顶盘旋。我和我的初恋女友曾坐在巴黎圣母院里，默默地欣赏着美丽的玫瑰花窗。虽然后来我们重新积蓄了能量，参观了巴黎的其他景点，但玫瑰花窗是最令我难以忘怀的。

当然，人们希望尽可能多地参观一座城市、一个国家的景点，但是游览中的人并不总是幸福的。人们总是太兴奋，太热衷于不错过任何东西。幸福只有在躁动平息后才会出现，如果真的存在幸福的话。完成了一天的旅行计划后，我们可以安心地休息 —— 或者应该抓紧时间继续下一程的旅行？就在旅程的两个阶段之间，因所见所闻而获得的满足感与渴望看到更多的愿望获得平衡的那个时刻，就在我们短暂喘一口气、这天的计划悬而未决的那个时刻，我们的能量即将耗尽。通常我们会在街头的咖啡厅里休息一下，决定今天就满足于此。满足本身远非幸福，幸福是意外出现的，人们常常在事后才注意到幸福的降临，因为这是旅行中最困难的事情：让疲惫成为疲惫，而不是怀着对已完成事项的满足立刻对其产生抗拒。

一旦运动停了下来，我会更容易忍受突然的静止，不会觉得失去了时间。在中南半岛的某个地方，在一个遍地绿水稻田的山谷里，如果这天我还精力充沛、渴望行动的话，可能会感觉眼前的风景很美，但这种感觉转瞬即逝。那里有一个农夫，距离足够近，可以清楚地看到他如何劳作；距离也足够远，让他变成了眼前景象的组成部分。时间在这里凝固了。在对面斜坡一处忽隐忽现的火堆上方，几只乌鸦低空盘旋，树冠里传出鸟儿叽叽喳喳的叫声。我坐在那里一动不动，望着眼前的景象，很快，我不再去看什么了，我恍惚置身其中。不仅如此，实际上，我已化身为农夫，化为乌鸦群中的一只，化为袅袅烟霭，化为锄头的声音。

无论你说这是白日梦，还是入定或冥想，这些都不重要。我称之为小禅教。重要的是，如果这是一次很好的旅行，那么这种小禅教时刻就会不时地出现。它在游览景点和探奇冒险之外，创造出微小但明亮的图景，散发着永恒的光芒，与其他相似的图景一起，构成令旅行者永久回忆的神秘宝藏。中南半岛大多数寺庙的外观，它们的名字和特征我都记不清了，但水田里的农夫留在了我的记忆深处。我们为何旅行，我们在旅行途中有何思考？我们之所以旅行，是为了再次达到那种忘我的状态，不，应该说是为了获得恩赐，进入那种我们无须思考任何东西的空灵状态。

布莱克博士说："完全是胡说八道！"

吉塞克说："入定、宁静、心醉神迷……流动的过渡，有时我在教堂、清真寺或寺庙里会有这种体验。还有时在湖边，但不会在海边！是在湖边。"

尹德拉说："会有一点游离，但还没达到入定的状态。"

总之，你必须对它有所了解。如果你进入这种状态，会把体验到的这种永恒的空灵时刻当作一种启示。火车里靠窗的座位是一个绝佳的位置，当然前提条件是行程足够远。你没有什么需要做的，一切都在自行发生。你不再旅行，而是被旅行。[1] 此外，铁轨唱出美妙而单调的歌，这种歌声人们在德国坐火车时早已听不到了。火车经过茶园、草地、棕榈树和瓦楞铁棚户组成的村庄，所有这些，在过了一条河后，以略有不同的组成形式反复出现。如果以后有人问你在火车旅行中看到了什么，你可能会说什么也没看见。你任由所有画面像一张富有异国情调的印花壁纸一样一闪而过，你看到了壁纸后面的东西。

不仅运动中的休息，休息中的运动也会让疲惫的旅行者体验空灵。人们不仅能在农夫劳作的稻田埂上发现它，对我来说，在去理发店的途中也能找到它。在我去过的很多国家，在那里小小的发廊里，有时在街头上的理发摊上，我都可以获得我所期待的，能持续十分钟、二十分钟之久的新鲜能量。

无论是埋头工作的小男孩，还是开朗的、喋喋不休的老头，他们开着玩笑，拍着我的肩膀，只要他们打上剃须泡沫，我就会屏住呼吸。他

---

1 茨威格在《旅行或被旅行》一文里是这样写的。但他主要针对有组织的大众旅游，这个描述在他那里有负面的内涵。（见《旅途中：文艺副刊及通讯》，法兰克福，1987年，第 259 页起。）

们的刮胡刀在我的脸上游走，我能感觉到一股新鲜的能量在我的体内流动。比起通常的三四层的剃刀，传统的单层刮刀不仅能更准确地游走在皮肤上，还能让你产生另一种奇妙的感觉，当它划过脖子时，你会不禁轻轻颤抖。除了在乌兹别克斯坦的希瓦，我还从没有遇到过一个糟糕的理发师。如果我向当地人询问他们去哪个理发店，我在那里获得的体验通常和人们在健康中心获得的体验相当。更重要的是，在欧洲以外的很多国家，理发店还提供按摩服务。这种情形并不罕见，你甚至需要把头放在工作台上，颈部按摩完后是背部按摩。最后，理发师会伸展手指，把客人的头左右来回转动，发出咔咔的响声。这还没完，理发师还会在客人的颅顶敲打几拳，仿佛在敲打桌子。然后双手合十，手指放松地交叠在一起，用侧掌敲打头颅，敲击动作又快又利落，发出特有的嗒嗒声。在那之后，人们真的会感觉轻松。

　　酷爱火车之旅的旅行作家保罗·索鲁说自己"多年来发现，一个国家的文化如何准确体现在其铁路上"。[1] 而我注意到，一个国家的文化会通过理发店或美容沙龙体现出来。古巴圣地亚哥的理发师在一个旧罐子里搅拌剃须泡沫，从来就没有好心情。曼谷的理发师除了刮胡子，还会清理耳朵里的毛发及前额和眉毛，用各种棉签清理耳道。毛里求斯的理发师会先在理发前进行消毒，最后在我的脸上扑一层婴儿爽身粉，让我看上去更有型、更有钱、气色更好，当然也会狠狠敲我一笔竹杠。在亚美尼亚首都埃里温，理发师剪去了我所有的头发，我出来的时候变成了光头。在印度的甘托克，理发师给我刮完胡子后，用一根绷紧的细线绞去了我从额头到面颊的所有细汗毛，然后用喷雾器像喷洒植物一样喷了一遍。在韩国，有一次我向歌德学院院长打听哪家发廊好，他瞪大了眼

1　保罗·索鲁《老巴塔哥尼亚快车》，汉堡，2008 年，第 36 页。

睛问我是不是真的要去发廊。后来我才从他那里知道，在韩国，发廊通常是妓院。

只有美发师才能做美发师能做的事情。我在亚洲曾遇到美发行业里的工艺大师，在刮完胡子、擦过须后水后，我闻起来总有一股奇妙的老式气味，就像以前在德国理发师那里闻到的那样。在东京，我遇到了大师中的大师，那是在远离东京市中心和副中心的一个偏僻社区，我步行了好几千米，一路上没有进行任何探险。然后，我看到了在日本及大多数亚洲国家代表理发店的蓝白条纹的旋转灯柱。进入理发店后，是例行的招呼："您好！欢迎光临！谢谢！"很快，有人拍打着一个蓬松的坐垫让我坐下，为了不让我感觉无聊，还递给我一杯茶，架子上有几本成人内容的漫画书。每到整点，数字挂钟都会唱一遍儿歌"我所有的小鸭子"。我看着三位理发师的工作，他们把热气腾腾的毛巾从消毒装置里取出来，用它擦拭客人的头发。客人的发尖上被均匀地涂上白粉后才开始最后的精细修剪。轮到我了，理发师拿着剃刀，像全世界的理发师一样，先从右鬓角开始，然后……

修完眉毛、清洁过耳郭后，他以经典的"颈部剃须"结束，在此之前，他已经在我的脖子上涂抹了一些泡沫，就像刮脸时涂的那样。要按摩吗？我点了点头。他先给我洗头，擦干头发后，喷上令人愉悦的浓烈的桉树精油，然后按摩头皮长达数分钟。他的力度均匀、适中，我差点儿睡着。透过镜中的自己，在思绪中，我久久地望着有稻田和没有稻田的奇妙风景，轻盈地飘过它们，来到了一位禅师面前。理发师的手滑到了肩部开始按摩，最后他用侧掌均匀地敲打我的脖子，速度很快，我的头也跟着一起颤动。敲到耳朵附近时，他巧妙地放缓了敲打的速度，完成最后一个动作后自然地停了下来，我的思绪也随之结束。

我在他面前站了起来，他开玩笑地在一张纸上写下了一串数字：一千、两千、三千，让我猜猜全套服务一共多少钱。没等我回答，他就满脸自豪地说只收我一千日元。差不多七欧元，就让我在另一个世界里度过了半小时。

第二十九章　来自锡金的三位死者

　　我第一次旅行是20世纪50年代末去意大利，那是"二战"后，我的父母渴望一游的国家。我们的大众甲壳虫车的后排座后面有个架子，那里是我的领地。如果我突然被颠得在那里滚来滚去，我的父亲会特别开心。在乡村公路上，他会加大马力，转弯时总是内侧急转，甚至可能从不注意公路上的限速标志。

　　我母亲一路上不停抱怨，也许这也是他乐趣的一部分。然而有一次，我们在一条弯弯曲曲的路上行驶，父亲仍然一直踩着油门就像在开直道，母亲的大声斥责变成了尖叫。透过椭圆形的后车窗，我看到路边的树冠一晃而过，我开始晕车恶心了。过了一会儿，我看见一辆摩托车出现在我们后面，紧接着又出现了第二辆。我父亲低声脱口而出"白耗子"——这是当时人们对摩托巡警的称呼。他绝不想放弃，不过即便有猛虎之力，他那辆小甲壳虫汽车也不可能甩掉警察。两只"白耗子"站在父亲面前时，我大哭起来，以为父亲非得进监狱不可了。其中一个警察发现了我，把我从车里拖出来，又把我抱在了他的怀里，我继续号啕大哭，随后被交给了另一个警察。当我们得以继续前行的时候，家人掩饰不住开心地告诉我，父亲不必进监狱，因为警察看我哭得那么可怜，免去了处罚。

　　这件事让我有所思考。父亲做了一些违禁的事，但他玩得很开心，最后还有好运气。这种经历对我有影响吗？我拿到驾照后的头几年，也曾尽最大努力藐视国外的交通规则。我和沃勒在单行线逆行；在法国度假时，我们创下了在市区每小时一百二十五千米的速度纪录，用的是（另一辆）甲壳虫车，为了创下纪录，我们在下坡路上也会使劲往下冲。

当然，这是在青春期的后半段，但也表明了我们无法抑制的生活欲望。每年都有一次，我们想脱掉资产阶级的紧身衣，以得到最大的放松和满足。有那么几个星期，我们从接受到的所有美德教育中恢复过来，又开始变得狂野而危险，至少我们是这样看自己的。回到家后，我们又跟以前一样，是爸妈的乖孩子。

"最狂野的也是最有活力的，"梭罗这样教导我们，"一切美好都是狂野和自由的。"[1] 作为旅行者，通过在自己身上寻求野性，我们可以找到暂时的自由。就像我们想挑战自身极限，寻求适当的冒险一样，我们也想超越社会对我们的限定。我们在国外做这种事的优势在于，那里有和家里不一样的规则。从这个角度来看，旅行也是一种实用的相对论。也许经过几个星期的反叛后，我们真的可以强制自己，在一年剩下的时间里按照规则行事？

"尝试禁果的感觉会让我感受到更强的刺激。"[2] 布赫这样写道，在孟买，他——或者说他作品里的"另一个自我"——差点屈服于一个卖花小姑娘的性感诱惑。"禁止标志本身就是一种刺激，"瓦尔德领事补充道，"在中国的长城上，被封闭的地方才是最有意思的。"沃勒在禁止嫖妓的国家招妓，凯先生在南美国家尝试各种麻醉毒品，布莱克博

1　亨利·戴维·梭罗《散步》，苏黎世，2001年，第46、60页。

2　汉斯·克里斯托弗·布赫《八夜环游世界》，法兰克福，2009年，第17页。

士公然带走酒店里的洗发水、沐浴液和毛巾："约旦凯宾斯基酒店的健身中心里有很多蓬松、舒适的毛巾，我偷拿了一打。为此，我不得不专门买了一个旅行袋，就在同一家酒店里买的，其实最后他们也没有吃亏。"

不管怎么说，这只是一个特例，布莱克博士觉得自己偷拿东西就像侠盗罗宾汉。他把几乎所有从酒店里偷出来的东西都送给了旅行途中遇到的穷人。别人眼中的偷窃行为在布莱克博士看来，是社会财富的再分配。

我们旅行不单是为了留下美好的回忆，也是为了让表面看起来被社会规范驯化了的个性得到彰显。我个人在国外的违法行为还不够专业。在一个烈日炎炎的中午，我和一个朋友从南侧一角攀爬胡夫金字塔。金字塔北角的通道被政府封锁了，那里有等待受贿的导游翻译把守。无论如何，我们不得不违反现行法规，但我们不想花钱行贿，于是便在那里等待机会，直到其中一个导游再次骑上骆驼环绕金字塔的时候，我们抓住时机开始攀爬。这次行动比想象中困难得多，我们刚爬到一半高度就已经大汗淋漓了，这时导游在他环绕金字塔第二圈时发现了我们。他大声喊叫起来，挥舞着手中的枪支。但他本身也不是美德的守护者，他很清楚这一点，他的命令缺乏说服力。

两年后的1980年，我们从突尼斯搭车去古罗马的杜加古城遗址。在空旷的废墟上，我们是唯一的游客，没有封锁标志，也没有警卫把守。我们爬上爬下，探索我们发现的所有洞穴、地窖和浴池，有人发现了马赛克地砖，还有人发现了一座坟墓，很快我们就走散了。我和我的女友走到了古城西部边缘，在一个很大的蓄水池的尽头，我们看到了一扇花园门大小的金属栅格门。门开了一条缝，门前一地鸡毛，好像是有人给一只母鸡拔了毛，然而真正让我们吃惊的是，鸡毛旁边还有个烛台，我们不敢相信自己的眼睛，烛台里的蜡烛还在燃烧。

"恐惧塑造旅行的价值。"[1] 作家加缪如是说。在古城废墟边缘，我们身陷蓄水池的黑暗尽头。这里发生了什么，百年之后的突尼斯不会有人知道。显然这里发生了什么，我们的猜测漫无边际，从"神秘的礼拜场所"到"罪犯的藏身之处"。燃烧的蜡烛让我们确信很快就会有人从栅格门后走出来……然后呢？很快，我决定给那个人一个惊喜，我拿起烛台，强迫自己穿过敞开的门，踏上门后那条小道。我不时朝着黑暗处咆哮两声，用声音盖过我内心的恐惧："哦！除了我别无他人，现在，就让那个被困在自己藏身之处的人出来吧。"小路延伸到了一个很小的洞口，在洞里几乎无法直着腰。我看见一个地铺、一些罐头盒、一个黏土烛台以及一些零碎的东西。突然，我急着想回到女友那里，我是不是听到了她叫喊的声音？我一把抓起地上的烛台，迅速塞进了我的背包。

在此之前无拘无束的天真，现在却变成了鬼头鬼脑的偷窃。我刚出现在栅格门口，女友就慌乱地指给我看，外面有三个男人，他们一边全神贯注地谈话，一边慢慢向蓄水池走来。直到今天，我还能在恍惚中看到他们穿着传统长袍，像影子一样朝我们移动。我们尽可能像普通游客一样向他们走去，大声赞叹拱顶的美丽。在蓄水池入口，我们迎面相遇了，但没有对视，就好像我们也专注于自己的谈话。无论如何，我们是这样做的，然后拔腿就跑了。

偷来的烛台被我安置在书架上一个显眼的位置。直到我在其他国家经历了其他体验后，这个烛台又变成了它最初给我的印象：一个极其丑

1　保罗·索鲁《旅行之道》，汉堡，2015年，第320页。

陋的、最终可以被丢弃的东西。

. . .

几十年后，我在偷窃方面仍然是业余水平。在锡金最重要的佛教圣地塔什丁寺，一块空地上立着四五十座大型舍利塔。在佛塔四周的墙上，到处都摆放着刻有经文的玛尼石，其中又散落着——该怎么称呼它们呢，或许是微型舍利塔？它们意味着什么？它们的高度为五至十厘米，圆形的基座上有锈红色，边饰通常是金色的，也有绿色的或蓝色的。没有人能够回答我的问题，就连僧侣也无法回答。我坐在舍利塔之间静静观察了一会儿，谋划了很久，然后不动声色地让三个最小的舍利塔消失了。

第二天，我从佩林出发去山顶上的桑伽乔林寺，僧侣丹增很高兴地在门口欢迎我，我是这几天以来的第一位客人。墙上伸出来两根裸露的电线，是用来烧茶水的。他带我参观了寺庙，尤其是给我看了主殿里不可思议的用黄油制作而成的工艺品，这些都是僧侣为供奉不同的佛像制作的。后来我提出想去看看墓地，他非常惊讶，因为这里根本就没有墓地，只有焚尸场，是置放并焚烧尸体的地方。那里到处都是玛尼石，而且在整面墙的隔板上，摆放着很多微型舍利塔。经过一番刨根问底，我终于知道焚烧尸体的柴堆要燃烧三天三夜，然后僧人们会从灰烬中挑出小小的尸骨，把它们碾成粉，再和黏土混合在一起，然后用这个混合骨灰土塑成一个"古里查塔"，也就是丹增所说的微型舍利塔，最后烧制上色，被当作死者纪念物保存五年之久。

出于恐惧，我从丹增手里买了一个他亲手制作的护身符，外表色彩鲜艳，里面写满了祝福的经文。把那三位死者送回原处是不可能的了，下一程的出发迫在眉睫。回到家以后，我为他们找到了一处有尊严的安息之地，这是我欠他们的。我在存放胡安·马图拉·派桑先生尸骨的容器旁，安放好那三座微型舍利塔。这样一来，一共是四位死者？是的，我在古巴的那段时间，曾把派桑先生的胫骨从尸骨存放处偷了出来，因为……那是另一个故事了，等我下次再讲吧。

第三十章　边境

数十年前，在欧洲通过边境尚还受到重视。德国和奥地利之间的关卡，那时还是旅行乐章里的一个休止符，边检官员令人敬畏，他对旅行护照的批判性研究总有更深层次的意义。一个人不仅是作为（入境）旅行者要接受检验，还是作为国家公民，最后，也许是他的道德行为在接受检验。

那时如果想跨越铁幕的边境线，提交证件时的不适感会成倍增强，并很快弥漫全身。细致的边境检查向每个通关的旅客表明，你不是去度假，而是前往一个敌对国。早在 1926 年，奥地利作家约瑟夫·罗特就描述过他进入苏联时的情形："这里看起来不像国与国之间的普通边界，它是两个世界之间的边界。"[1] 即使人们并没有走私，但在进入边境封锁区前，被"抓住"的担心仍会使每个人非常紧张。谁都知道，你可以没有任何理由地被拘留、被驱除、被监禁。如果汽车被检查，可能会发现连德国汽车技术监督协会都忽略了的缺陷；如果被盘查审讯，可能会暴露出你从来没有犯过的违规过错，你必须考虑周全，做好一切准备 —— 尤其是当一切变得荒谬的时候。东方集团被认为是邪恶的王国，它的守门

1　约瑟夫·罗特《涅戈雷洛耶边境》，载于《去乌克兰和俄罗斯旅行》，慕尼黑，2015年，第 40 页。

人有一种魔力，在旅行者的想象中，这种魔力呈现出一种荒诞的多维属性。获得最后一个通关签章后，我们都松了一口气。我们成功了。什么成功了？所有的一切！我们通过了所有审查，现在可以问心无愧了。能跨越铁幕的边境，可以说是世俗世界的一种赦免。

那时，甚至仅仅看一眼边境关卡都会令人惊慌失措，其间通常还带着怜悯——我的父母直到 20 世纪 60 年代还常常怜悯边境线对面的人。每次我们去巴伐利亚州的上弗兰肯探望我母亲的亲戚时，都会登上一个瞭望塔，在那里看到的东德图林根州的风景，就像悲剧的舞台布景。如果看见对面一个农民正在地里劳作，或者两个村子间有车辆行驶，这边的人就会向对方保证，那肯定是史塔西[1]的雇员或演员，他们给西方人虚构出一幅普通的日常生活场景。人们相信，边境那边既没有日常活动，也没有正常生活，那里是黑暗势力统治的世界。去那里旅行是一次考验，堪比几个世纪前的冒险旅行者必须战胜黑骑士的考验。人们享受着悲剧带来的净化灵魂的微微颤抖，然后共饮咖啡，庆幸边境这边可以享有自由。

至少在欧盟内部，国家之间的边界已经失去了震慑力，变成了具有欺骗性的无形的存在。对此，作为一个公开意义上的欧洲人，我表示非常赞成，但作为一个旅行者，我对边卡的消失心存遗憾。如今，为了体验真正的边检，体验冷冰冰、极具威慑力且令人精神紧张的边检，人们必须要走很远的路，例如去非洲——那里的边检仍然以一种未经衰减的矛盾方式维护着自己的名声。美国的边境检查也会让人感到非常不舒服，在那里，旅行者会明显感觉到自己是不被欢迎的。

办理入境手续常常需要数小时，且包括行李检查和搜身检查。1980

1　德意志民主共和国国家安全部，通称"史塔西"。——译者注

年，在阿尔及利亚和突尼斯的边境关卡，我们提交护照后等了六小时，很多旅行者等待的时间更长。当第一批人开始支帐篷准备在边境过夜时，我们几个人开始不停地跟官员抗议，他只好带我们走进旁边的房间，让我们看角落里一堆等待被处理的护照，护照远比外边等待的旅行者多。官员笑着说，我们自己可以看到，在轮到我们之前，他还有很多事要做。当然，如果我们能把自己的护照从这一堆护照中挑出来，就可以当场获得过境签章。这位官员显然期待着我们凑齐一笔贿赂钱，让他去把我们的护照挑出来。但是他不知道，我们每个人在出发前都给自己的护照做了记号，我在护照正面贴了一张德国黄油包装纸上的老鹰图标，背面贴了一张粗糙的蓝白蝴蝶贴画。我们很快就找出了自己的护照，几分钟后，那位官员不得不让我们通过。

有些边境关口明显戒备森严，好像这些国家处于战争状态。人们走过坦克封锁的夹道，四周都是铁护栏、铁丝网和军事岗哨，士兵们端着机关枪隐藏在防御工事的沙袋后面。如果其中一位官员接受了贿赂，你可能会大笑着走到下一道关口，直到所有表格都填完，并在护照上获得所有必要的印章。但有时人们也会倒霉，吉塞克有一次在伊拉克北部边境的一个关口，突然感觉一支枪顶住了他的后脑勺，只是因为他没有闭嘴停止牢骚。并不是每个民兵都听得懂讽刺，吉塞克强调说这实际上没什么关系，但另一方面，它也关乎一切。

有些国家的边境线可能很难通过，更难的是那些由军阀和犯罪集团控制的边境关口。那些行使权力的人越年轻，就越危险。即使单看一眼边境关卡也会令人胆战心惊：1981 年的一个夜晚，塞浦路斯首都尼科西亚的土耳其管区和希腊管区之间的那条绿线，就让我体验到了幽森恐怖。2015 年，在北爱尔兰首都贝尔法斯特，天主教和新教城区之间那道城墙上的所有城门还像往常一样，每天晚上都会关闭，就好像停战协议只停留在纸上。在韩国旅行时，我曾尝试尽可能靠近韩国与朝鲜的边境线，但无论我怎么走，作为一个没有特殊通行证的外国人，总会被各个检查站送回非军事区。最后我驱车前往江华岛，在那里，至少可以隔海眺望对面的朝鲜大陆。

然而，吸引我的还有那些和平的、实际上并不可见的边境线。从土耳其库尔德斯坦的高峰上俯瞰，两河流域的美索不达米亚平原令我目不转睛、流连忘返。类似的渴望让我在亚美尼亚首都埃里温久久瞭望不远处的亚拉拉特山。1987年，我从伊尔库茨克西面爬上一座山峰，为的是在那里瞭望蒙古，几秒钟后，我就知道那片渴望之地在等待着我。在瓦卡塔尔，阿富汗和塔吉克斯坦之间的小关卡处有一座桥，站在桥上，我眺望对面，似乎河的对岸是另一个神秘的封闭世界——尽管实际站在桥上，两岸看起来完全一样。在乌兹别克斯坦米兹达坎墓葬群旁有一座古老的水塔，人们可以从外墙台阶拾级登上这座摇摇欲坠的破败建筑，在塔顶可以一眼望到土库曼斯坦，那边有和乌兹别克斯坦一样的大草原，一样没有魅力的荒芜的无人区。尽管如此，我却无法摆脱它对我的吸引力。

对边境那边的眺望表现了我们的渴望，那是从已经有点熟悉的陌生地域，继续走向完全陌生之地的渴望。只要我们能够被允许做我们想做且必须做的事！并不是每个人都像布莱克博士一样，他临时决定开着吉普车冲过危地马拉边境开往墨西哥，只是因为他的妻子没有签证。他真的有机会逃脱追捕者吗？这个问题，他只能花四天时间在牢房里思考了。

陌生地域的边界后面，是更加陌生的地域，我们不由自主地生发出一种了解它们的欲望。在那里，我们的痴迷变得执拗。旅行需要付出无限的努力，放胆而行，我们来到目的地的边界后，才痛苦地意识到自身渴望的局限性。

有时我们会突然遇到边境上的缺口，可以秘密通过这个缺口继续前行。在印度东部的梅加拉亚邦，在平静的日常生活背后隐藏着一股潜在的敌意：在这片土地上生活了数百年的卡西族中信仰基督教的部落、伽罗族和耆那教的教徒，他们的生活方式越来越强烈地受到从印度其他邦迁来的印度教徒的压制。还有印度与孟加拉国的边境。我听过很多有关它的传说，有关非法移民和猖狂犯罪行为的故事。有一位参加地方议会选举的候选人曾许诺要坚决封锁边境线，连一只鸟都飞不过去。

让我搭车的两个年轻卡西族人异口同声地对我说，孟加拉国真的什么都没有，所有东西都要从印度进口。在边境小城达沃金，数百辆卡车在关卡前排出数千米的长队，所有车上都装满了巨石。关卡前聚起一群卡车司机，清一色的男人，他们的领头人正跟官员激动地争辩着什么。在对面的孟加拉国，更多男人在等这边的卡车，然而，他们的司机犯了一个错误，他们贿赂两边的官员，但恰恰对当值的官员没有贿赂，问题并没有很快得到解决。

我问那两个同行的卡西族人，如果连石块都需要进口，孟加拉人用什么来支付货物呢？答案是毒品和武器，热带丛林中有很多条走私线路。难道印度的武器还不够吗？可是印度的卡西人也需要武器啊！因为他们遭受印度政府的专横统治，有时也要枪杀那些被证实过分贪腐之人。除此以外，他们没有什么其他的办法。

第二天，我从热带丛林小村莫里农下山，再次前往边境线。村民告诉我"一直往前走"，山脚下就是边境关卡。然而，在热带雨林地带很少有直行路，经过几个岔路口后，我完全迷失了方向。奇怪的是，那里有很多并没有人走的步道，这是出乎我意料的。我为什么不掉头返回呢？因为……一路上蚂蚱飞来窜去，蚊蝇嗡嗡不停，各种鸟儿发出它们的信号。黄白相间的大蝴蝶一路跟着我，蛇和蜥蜴在我眼前倏忽而过，有时树木簌簌作响，巨大的蕨类植物剧烈摇摆，肯定是我惊吓到了林中某种更大型的动物。

两小时后，我的面前突然出现了横栏木，这不正是我一直盼望的吗？这个简单的关口只有一根粗树干，人们把它打进地里，在树杈上横放一根长长的细木树枝，就这样拦住了小路。不，正确小路上的官方边境站不是这样的，不过横木也是关卡。我很自然地迈了过去，至少我的脚落到了孟加拉国的土地上。然后我掉头返回原路，对我来说，再走一遍返回完全没关系。我抄了另一条路下山，来到位于邦坎霍恩的官方边境站。在那里，简单一根竹竿就把两个国家分开了，两边的女人们蹲在河边洗衣服。很快，我就被边检人员轮番盘问，他们一个穿着制服，另一个穿着螺纹背心和阿迪达斯肥大的运动裤。

如果人们在边境附近徘徊，常常会遭到拘捕，这一次我很期待。官员手脚并用地告诉我对面是孟加拉国，我点头称是。这边是印度，我再次点头表示明白。你要想通过边境就得非常小心。对！非常小心，我表示赞同。你来这儿要干什么？为什么要走那么远的路来这里？这里可什么都没有。不对！这里是边境啊。我回应道。他们还是不明白我的意思。这个边境站是一间有两个出口的简陋小屋，他们是这里拥有绝对权力的主人。据说这里只有在有家庭聚会时才对当地人开放。两位官员以最崇高的尊严，守卫着一个失去了意义的边境站，这是一个很典型的边境站，正像卡夫卡所描绘的那样——可见的证据，比不可通过的边界还要糟糕。我很高兴跟两位官员坐了一会儿，这也给他们的生活带来了一点消遣。当我在上山的丛林小路快到尽头处转身时，我看见他们仍像我离开时那样站在那里，朝我招手。

第三十一章　佛塔的朋友

如果你想给别人讲你的徒步旅行故事，那你要先想好了，你经历的一切都很精彩，还是很糟糕，或者你真的有什么特殊的经历吗？高山没有沙滩舒适，每个喜欢平原的人都知道。山上的景色雄伟壮观，但不能打动我的心。那么你怎么才能真实地描述你的徒步旅行呢？例如，你的登山向导即使穿着橡胶靴也能毫不费力地上山，边走还边跟驮行李的驴子高兴地说话，而如此信任登山向导的你，却变得满腔怒火。又如，你越来越接近自己个性的核心，接近一种单纯的道德境界，接近你的"纯粹动物本能的欲望"（探险家理查德·弗朗西斯·伯顿）[1]。

我幼年时特别讨厌大山，每个星期天，我都得跟我的父母一起去登阿尔卑斯山。糟糕的是，登山的人都在高兴地互相打招呼问候；更糟糕的是，我的父母也高兴地回敬问候。几十年后，我的父亲早已去世，母亲坦诚地说，其实她也痛恨大山。母亲小的时候，也不得不跟她的父母在德国中部的菲希特尔山脉和巴伐利亚森林里徒步。

直到很久以后，我才重返山区。那是受到异国情调的诱惑，受到虚无缥缈的希望的鼓舞。真正的徒步旅行始于漫游结束之时，当时我就是这么想的，并决定穿越高山峻岭。然而，当我刚踏入山地世界时，它给

1　亨利·戴维·梭罗《散步》，苏黎世，2001 年，第 50 页。

我的最初印象并不美丽，而我自己也并没有做好精神准备。"你以为自己在平原上了解一个人，"瑞士登山家玛丽－若泽·瓦伦科特说，"在山里待十四天、二十天或一个月后，你才会意识到一切都不一样了。"[1] 意识到这点肯定很痛苦，但意识到它同样适用于自己则更痛苦。

回首往事，我必须承认，相比我在国外所有的自助游，我的徒步之旅都准备得十分充分。除了跟艾里克一起徒步，以及横穿帕米尔冰川外，我的徒步之旅都是舒适惬意的冒险。要说是享受肯定也不对，最美好的回忆出现在一切被成功征服后。

或者从生存的角度来讲，徒步旅行其实是可怕的？回到家里，我跟别人讲述同一次徒步旅行时会有不同的内容，也许是听者不同，更可能是我自己的缘故，我对徒步旅行这个问题的探讨还远远没有结束。要做出清晰、明确的判断，我还缺少一些暴风雪的经历，缺少对山谷深渊的了解。最重要的是，我缺少对山的热爱，这是真正走进大山的关键。不过至少，我不再憎恨大山了，我开始敬仰它，开始尊重大自然的规则，就像电视节目《山野小溪托尼》每集结尾处的提醒："只有尊重大自然的规则，大山才会成为你的朋友。"[2]

山是严峻的，它也总是有理的，这使人们与它的关系变得既简单又困难。我们怎么才能把自己在登山旅行中山带给我们的全部经验归纳为一处呢？难道我们不总是在进行这样或那样的评判吗？2016 年 3 月，我从锡金回来，在那里我辛苦了两个星期，没有一座山想成为我的朋友。后来突然有两座山成了我的朋友，我的故事因而有了两个不同的版本——

1　莱因霍尔德·梅斯纳尔《劫后余生》，慕尼黑，2013 年，第 123 页。

2　编剧、导演、摄像均为理查德·韦斯特迈尔（www.westermaiermedien.de）。

一切都很美妙！

在边境处有一张欢迎远道来客的海报，上面写着"锡金——大自然微笑的地方"。这并不是夸张，玉兰树上的白玉兰含苞待放，火红的杜鹃花正在盛开。我们沿着边境线徒步，第一天收留我们住宿的农民住在锡金，他的客栈在二十米开外的尼泊尔，远处可以听到牦牛低沉的铃铛声响。我们登山的海拔越高，大蒜汤就越鲜美。

我的登山向导叫桑托斯[1]，跟所有在这个大山里生活或工作的人一样，他也是尼泊尔人。一开始，他很好奇我为什么每次遇到佛塔时都会停下脚步，为了找到下一个佛塔甚至不惜绕远路。佛塔是圆形的纪念塔，里面供奉着佛教徒的遗骨或遗物。有着鲜亮白色涂饰的佛塔，就像在自然风景中留下的小小的惊叹号。有一次我打开护照，问桑托斯有没有看到我中间那个名字，它翻译成英文，意思是"佛塔的朋友"。这是我俩第一次一起大笑起来。如果有什么事情不能如愿进行，桑托斯就会耸耸肩，然后用他自己的措辞总结道——"这就是印度"，寥寥数语说明了一切。晚上，我们坐在另一个山间小屋里，围着火盆看火苗舔着冷空气，房梁上悬挂着几条风干的奶酪，桑托斯给我讲传说中珠穆朗玛峰雪人的故事，或者描绘我们坚持要攀登的干城章嘉峰。

寒冷钻进小屋，因为冷风灌进了火炉的烟道，我们不得不打开门排烟。所有人都裹着厚厚的棉外套，戴着帽子守在火炉前，后背感到阵阵发冷。我永远不会忘记桑托斯拖着一盆炽热燃烧的煤炭块，把它送进我的小屋，也永远不会忘记阳光在早上五点就洒进了小屋。从清晨六点起，屋外的阳光就暖洋洋得令人惬意，我情不自禁地大声感谢。感谢上

---

1 2006 年，桑托斯就取得了"大吉岭地区喜马拉雅山旅游登山向导及登山者"的资质（不要与印度西里古里同名的旅行社弄混）。

帝？我也不知道该感谢谁，只知道我不停地说"谢谢"。"啊！多么美好，谢谢！"从隔壁主人住的小屋里传出歌声，这位农民以低声吟诵经文开始新的一天，也许他也是在衷心感谢。

一切都那么糟糕！

很快山上就看不到小木屋了，矮小的帐篷里寒冷刺骨，至少再也看不到，准确地说是听不到印度游客的声音了。他们中的大多数都不再徒步，而是尽可能改乘吉普车上山。晚上他们大喊，早上高声吵闹，剩余的时间里也在制造各种噪声。"这就是印度。"桑托斯总结道。

后来我们来到了吉普车无法继续前行的高度。以前我听别人讲述他们在喜马拉雅山徒步的经历时，总是非常钦佩。今天我要问问，他们走到了哪个高度？走的是哪一条路线？我们走过的路是粗糙的石子路，比起远足步道来要难走得多。我们所处的高度还太低，无法获得清澈、纯粹的自然体验。大清早，路边就躺着一个喝醉了的登山向导，他的徒步队员只好抛弃了向导独自上山。中午时分，我们路过一群嗑药的大学生。晚上，那个在此期间已经清醒过来的醉酒向导刚一到，就被他的队员痛扁了一顿。山地徒步旅行并不浪漫，很快就不会再有外国人来这里徒步了，桑托斯担心地说，这段山路上现在已经满是印度人了。[1]

为了远离喧哗，我们宁可在一块孤独的高山谷地的冰冻地面上搭建帐篷，忍受刺骨的寒冷。这时我们已经接近干城章嘉峰，我们把行李和背包分别放在四匹小马的背上，徒步前往一个叫作戈恰拉的隘口。这是徒步旅行的终点和顶点，外国人到此被禁止继续前行。我们一行人，包

---

[1] 事实上，就连八千米以上的高峰，现在也都已经被有组织的大众旅游团主导了，精英登山家们要想寻求真正的冒险，只能转移到六七千米的高峰上去了。（莱因霍尔德·梅斯纳尔《劫后余生》，慕尼黑，2013 年，第 27 页。）

括厨师和他的助手、马夫和他的儿子——小伙子留着时髦的前短后长的发型，指甲上涂着蓝色的亮漆——再加上我和桑托斯，一共六个男人在风雨中、在浓雾里、在雪山上艰难前行，付出了多么大的代价啊！

最后一批印度人，在登山途中因为高反不得不返回。万籁寂静，半夜里有人运送一具来自金奈的医生的尸体下山，他们经过了我们的营地。这位医生拒绝了挑夫给他的草药，他说"我自己知道我是不是有高原病"，说完这话后不久，他就去世了。

整晚都是冰雪交加，冰雹时而从天而降，白天狂风呼啸，我们行走在雾里云间。只有一次，厚厚的云层被撕开了一道裂口，也只有一两分钟，山峰展现了我们日复一日错过的真实面貌。锡金——大自然微笑的地方。我们没有第三种选择，要么苦苦挣扎于悲惨的行进，要么无所事事坚守在帐篷里，时间一分一秒地离我们远去。我甚至无法入睡，我的心跳加速——那是由于特殊的高山空气，桑托斯断定，因为锡金的高山空气比尼泊尔同等海拔上的空气稀薄得多。就连他现在也不开玩笑了。

后来我们经历了一些事情。

尽管遇到狂风暴雪，我们还是一路向戈恰拉走去。徒步至海拔五千一百米的高度时，我们很难看到那里竖着的经幡，那是一号瞭望点的标志——只有直接站在旁边时才能看到经幡。去二号瞭望点的路面结了冰，很不好走，我们不得不返回。我们还有最后一天，最后一次机会，然后我们就得下山了。假设第二天的天气状况有所好转，我建议我们再去戈恰拉，然后从那里前往二号瞭望点。

桑托斯提出了一个更令我激动的建议，他坚定地说有一座海拔五千四百五十米的高峰，虽然它还没有名字，但相比二号瞭望点，它在眺望干城章嘉峰时有更好的视野。

迄今为止，我的登山纪录是五千一百米，我听了桑托斯的建议非常兴奋。唯一受限制的是，如果到了最后必须攀爬的话，我不能攀爬。

但你不用攀爬，桑托斯安慰我说，他熟悉那座高峰。那里禁止外国人登山，我绝不能跟营地的人提起此事。

我当然不会提起此事。不过如果事先支付费用，那么对外国人的禁令也就无效了，这就是印度。那一夜我彻夜未眠，盼望第二天天气好转，冰雹在帐篷顶上噼啪肆虐。早上六点，厚厚的云盖被掀开了，七点我们准时上路。行进了差不多三个半小时后，我们来到一座山峰脚下，那里是一块凸出耸立的岩石，三四十米高。我们必须爬上去。黑色的岩石上布满了特别大的孔洞，上面结满了冰霜，覆盖着白雪，一点都不好玩。当我们终于爬到上面时，就像小孩子一样兴奋。我们的眼前是干城章嘉峰的全貌——尼泊尔在左侧，印度在右侧。通往干城章嘉峰的山谷尽头有两座微不足道的驼峰：那里是一号瞭望点和二号瞭望点。

这时，桑托斯指着他身后的一座山峰说那是 2 号努兴峰，五千八百米高，同样禁止攀登。现在才十点半，他问我有没有兴趣。

要想到达 2 号努兴峰，我们必须下降到四千米的高度。很快，乌云又一次遮住了整个天穹，我们必须抓紧时间赶路。我们从一个废墟旁走过，那是以前牦牛牧人的小木棚，我们路过一些山洞，那里是佛教徒修行悟道之地，他们在那里待七天、七个月或七年之久。走到海拔四千五百米处时，浓雾锁山，我们差点折路返回。但我们仍然有二十米的可见距离，上山的路简单多了，我们走在杂草丛生的山脊上。突然间，我们再次遇到岩石挡道，但令我们惊讶的是，我们已经在山顶上了。此时此刻，我们感觉自己是迷雾之国的国王，岩石巅峰在四周的云雾中时隐时现，这是我们的王国。然后，我们匆忙下山返回营地。

营地里有热汤和新鲜的蔬菜烤饼等着我们，还有热姜茶。当我们描述自己这一天的经历时，厨师竟然不相信我们，他说他也曾登上第一座无名山峰的峰顶，只有依靠绳索才能上去。我们给他看了我们在无名山峰上拍的照片，但厨师仍心存疑虑，并给我们计算了一下：营地在三千六百米高处，也就是说，需要爬升一千八百五十米，然后下降一千四百五十米到四千米处，然后再爬升一千八百米，下降一千八百米，最后下降四百米回到营地，上山下山分别走了三千六百五十米，却只用了七小时，是不是路太长了一点？

要不是山路突然到头了的话，桑托斯反驳说，我们本来还可以登得再高一些的。实际上，我们确实一点都没有感觉到有多费体力，我们只是被愿望鼓舞，希望这次徒步之旅有一个圆满的结束。一个星期后，我回到德国，发现体重减了十千克。在营地的时候，我感觉非常棒，由衷惋惜自己的旅行第二天就要结束了。但后来桑托斯坦诚地说，他从来没有登上过周围的任何一座山峰，包括这两座山峰，他也从没登上去过，毕竟，他只是负责带客人到戈恰拉隘口。他的一个朋友曾参与山峰测绘的工作，所以他知道那些山的名字和高度。现在他终于登上了其中两座高峰，这是一个特殊的日子！他想把我们登上的第一座无名山峰命名为"佛塔之友"，以此庆祝，毕竟因为我，他才有机会上去。他要把这个名字告诉所有登山向导和茅屋主人，只是，他要把故事作为秘密留在心里，否则他会有麻烦。

在山上的感触实际上跟壮丽的景观没什么关系，而是关乎其他——我在那一天，才明白了这个道理。在我们第二天快速拍摄的照片中，"佛塔之友"在两座六千五百米高的山峰前面，这两座雄伟的山峰（天兴航1号和2号山峰）围成了一个高山山谷，"佛塔之友"看起来就像被夹在两座高山之间的可怜的小土包。每次看到这张照片时，我都会摇摇头，低声说着：这就是桑托斯。

第三十二章　在庆州的羞耻

　　人们从旅行中带回来的最重要的东西之一，就是挫败感。即使人们在国外的各种困境中有所成长，最终也总会带回家一些难以言说的苦涩时刻的记忆。这些经历对他们来说很难变成逸事，是不屑一提的。因为它们并不关乎那些幸运的转折点，也不关乎那些无人能够应付的真正的坏事，它们会侵蚀我们的自信。例如，我们又一次没有找到想看的景点，不得不搭乘出租车；我们又一次上当受骗，这个骗子最初看起来是要帮助我们；我们又一次把一个好心人误判为乞丐，好言好语却又极为不公地把他打发走了。

　　我们经历的失败谈不上大，但这是最糟糕的，没有任何借口，没有缓和的余地，也没有可以推卸责任的挡箭牌。我们的错误让我们痛苦地意识到，正如我们时常告诫自己的那样，我们在所旅行的国家，远远没有足够的把握。一个旅行者，特别是当他完全依靠自己的时候，每天都要经历成功或失败。如果我们在关键时刻反应敏捷，那么一整天都会容光焕发，如果落入虚假微笑的圈套而上当受骗，直到第二天，我们都会耿耿于怀、满腔怒火。

　　在真正漫长的旅程中，人们会被陌生环境摧毁，每一天多一点，被当地人、被恶劣的环境、被炎热及所有一切折磨，至少人们总会有这样的感觉。就对一个人的性格影响而言，这些都是非常重要的旅程。但是其他的旅行会让人带着无数羞愧而归，让人重新变得谦逊。

我的旅友们在讲述各自最大的失败时，都可以很好地运用调色板上的各种颜色加以粉饰。凯先生以一百荷兰盾的价格在阿姆斯特丹的一个小商贩那里买了一颗"红星"，后来发现那只是彩色笔芯的效果。瓦尔德领事在哥斯达黎加的丛林徒步时筋疲力尽，不得不让他的挚友替他背着行李。对于苏珊来说，在开罗，每次她经过在街头闲逛的男人时，那些男人总会对她评头论足或尾随骚扰，这种经历对她来说就像受刑一样难受。她找不到甩掉他们的办法，只好躲进最近的旅游酒店，这让她非常气愤。艾里克在埃塞俄比亚西南部旅行时，觉得当地的摩尔西族人把自己"当作人渣对待"，尽管他为了在部落旁边搭帐篷过夜，每晚要付一百美元。他甚至不能不经询问就去村子里。由于一连串的不幸事件，吉塞克终于被允许在比赛结束后进入纽约洋基职业棒球队的更衣室，但只是看一眼球员们健壮的身体，都会不断地刺伤他的自尊心。在肯尼亚城市蒙巴萨，沃勒半夜从迪斯科舞厅出来，想带一位女士一起回酒店，不料他们刚上一辆出租车，那个女人就开始跟司机耳语。大块头的司机二话没说，径直把车子开进了一条偏僻的胡同，最后把他抢劫一光，让沃勒最感耻辱的是，那个家伙对他进行了从头到脚的搜身，摸索值钱的东西。

类似的清单可以一直列下去，我本人的失败清单也很长。在南美国家，我站在加油站束手无策，加油柱上有个可疑的小柄，却没有任何图示文字说明如何使用。尽管如此，为了加油，我还是不得不扳动了小柄。换了三个加油站后，我终于决定放弃自己加油，不得不请求加油站的工作人员帮忙。他带我走到加油柱前，像对待白痴一样教我怎么加油。在东京晴空塔踏上玻璃通道之前，我不得不用好几分钟的时间缓冲，才敢走过玻璃地板进入底层观景台。在广州的菜市场上，我不忍看人们把一只甲鱼活生生地解剖，在他们把甲鱼盖掀开之前，我就被吓跑了，人们哄堂大笑。还有一次，我在旧金山的金门公园狼狈败北。还没走出旱冰鞋出租店，我就失去了平衡。本想抓住一棵小棕榈树，却把盆栽的小树连根拔起。出门后我甚至无法过马路，连连摔跤，幸亏两个路人很快架起了我的胳膊，把我抬到了马路对面。

随着时间的推移，这类事情本身会被相对化，变得不那么重要，但彼时彼刻，那是深深刺痛我自我意识的一根刺。没有借口，只有对策。如果是独自旅行，人们会尝试通过一次特别的成功来弥补这些过失。如果是结伴旅行，人们会强迫自己发现一些有趣的事情，从而疏导情绪。

到了某些时候，你会有预感，下次旅行时，会栽在哪些人或哪些事情上。就我而言，是当地的特产，尤其是在主人的严密监督下品尝当地的特产。我甚至有可能成功吞下古怪的食物，但这个过程是很惨烈的。一次在蒙古包里，我强迫自己喝下了发酵马奶，但我必须咬紧牙关，至少不要把马奶上漂浮的马毛也喝进肚子里。还有一次，我对着一个大鱼头来了一番过于客套的称赞，于是我的吉尔吉斯斯坦主人用手从鱼头上撕下一块最好的鱼肉，非要塞进我的嘴里。像鸡爪和猪耳朵之类的东西，我把它们当作冲绳岛的粗野特产，在人们热情劝我大口吃之前，我先悄悄地很快品尝了一遍。在日本一家高级餐厅里，服务员端上来的小碗里，食材像玻璃球一样大，上面有凸起的纹路，就像老式暖气片，据说这是鳕鱼的子宫，在我对它产生联想之前，我很快就把它吞下去了。

在大阪，我拒绝了品尝活章鱼的触须，尽管人们热情地劝我，说吃进嘴里的章鱼触须会很快吸住食道，使人产生一种特殊的刺激感。在泰国，我拒绝了品尝烤蝗虫，尽管那个大蝗虫看起来像精致的吹出来的穆拉诺彩色玻璃工艺品。在新加坡，我拒绝了吃蔬菜里蠕动的一群蛆虫，那是我们在街边食摊当作好运食品点的小吃，当然，当地居民看着我们的蠢样大笑不止。你想成为那个吃活蛆的人吗？我问自己，但是我很快就知道答案：即使我想，我也做不到。

我的想象力大于好奇心。在德国，如果我的面前有一盘牡蛎或龙虾，我早已吓得丢魂失魄了。我很羡慕那些勇敢喝下带血的骆驼奶的人，就像阿希尔在肯尼亚那样，当然还有布莱克博士，他总是想在旅行中突破美食极限。他什么都吃，什么都喝，甚至蚂蚱和蛆蛹也不在话下。他很喜欢吃狗肉（"真的很好吃，比猪肉还美味"），吃过炒锅里煸炒的蝎子（"整只带皮的其实什么味道也没有，只有调味汁的味道"），还吃过蚂蚁面包（"看起来像面包片上涂了鱼子酱"）。在台北的夜市，他点了一份甲鱼汤，然后必须亲自在柜台旁边的一个塑料箱里，挑选一只爬来爬去的甲鱼。商贩在他眼前把那只甲鱼放在木板上，用一把锥子刺穿甲鱼的脖子固定，然后一刀剁下甲鱼的头，接着麻利地把甲鱼大卸八块，所有东西被一股脑扔进汤里，一点不剩。布莱克博士信誓旦旦地说，他把甲鱼汤里的所有东西都吃得精光。出来时，他经过那个剁甲鱼的砧板，看见甲鱼的头还钉在上面，不可思议的是，甲鱼的嘴巴还在一张一合，然后他就走了出去。

我最失败的一次经历，是在一次由组织者策划的完美旅行中，后来有时我们想体验什么更刺激的事情时，不得不从主人安排的活动上悄悄溜掉。我们——包括来自柏林的约阿希姆·萨托留斯、来自瑞士巴塞尔的鲁道夫·布斯曼和我，受邀参加韩国的一个联合阅读之旅项目，项目中包括了参观游览。在我们抵达韩国的那天晚上，第一次亮相后，组织者带我们认识了海胆酱和巨型螃蟹，人们大声啃食、吮吸螃蟹腿的噪声烘托着宴会的气氛。第二天，2001 年 10 月 27 日，我们开启了在庆州的羞耻模式。

直至 10 世纪，庆州都是新罗王朝的首府，那里的皇家墓葬群错落有致地集合了先王的古冢，划分出一个宽阔的历史区域，区内风景美丽如画，吸引了无数游客。当然，路边的小吃摊位也很多。因为晚上安排了和韩国作家共进晚宴的活动，我们三人在路边找了一家带遮阳伞的小吃摊，期待能吃到韩国咖喱香肠或泡菜煎饼。可是那个摊位上只有蝉蛹，我们也没能找到机会假装不饿，只好硬着头皮留了下来。

接下来看到的场景，多年后我还在回味：鲁道夫·布斯曼取出女摊主放进蝉蛹汤里的小木签戳着汤里的蝉蛹，约阿希姆·萨托留斯则巧妙地转过身，旁人看不出他在做什么，是吃还是没吃。我站在摊位前，盯着眼前的汤碗发呆，实在不忍心吞食哪怕其中一只蝉蛹。就在那天，我写下了一首诗，至少是以抒情的方式摆脱了这次经历给我留下的阴影。

看来这绝不是巧合，约阿希姆·萨托留斯刚好在前一天晚上朗诵了一首诗，题为"牡蛎的食用方法"，诗的开头是这样的：

> 然而这已足够了
> 一把简单的小刀
> 坚韧而锋利的刀刃
> 用以打开（……）

这首诗只是形式上的指南，它让读者以巧妙的方式得知，这里说的是吃牡蛎，与正确摄入食物完全不同：

> 和水一起，你喝进
> 螃蟹的哭喊
> 波浪的影子
> 和海底的旋涡（……）

作为藏而不露的致敬，我将自己的诗命名为《蝉的食用方法》。按照鲁道夫·布斯曼的说法，他在我们面前把一碗蝉蛹汤一饮而尽，取得了在庆州的胜利，所以应该增加一个副标题[1]：

蝉的食用方法
釜山街头从一位瑞士"美食诗人"处获得

切勿长时间盯着锅内，
上百只 —— 沸腾的深褐色汤汁 ——
正在锅中焖煮
切勿长时间盯着杯里，
售货员为你添满：其实
并无所谓，究竟有二十，
或者三十只，在
等候你。

别害怕，你煮了如此的久，
它们真的都已熟睡。
取一根牙签，就像你平时
拿它戳小块奶酪一样，再 —— 戳它。
最好，瞄准这虫子的背，
这样你就不必细看，它如何

1　此处我把场景设置在了百万人口的大城市釜山，釜山距离庆州有半小时火车的路程。

在最后一瞬的痛苦中舒展、
醒来。

你听，首先避开那些
浅色的，它们还未熟透，
只需轻轻在齿间一咬，
便溅出汁液。
取一只熟透的躺倒的
你立即就感受到，
它非常轻，躺在了
你的舌头上。

两个星期以后，我把写好的诗寄给了布斯曼，他马上就公布了一个"正版"。果然，不久后，我收到了最新一期的杂志《技术时代的语言》[1]。里面刊登了我们每人好几首关于韩国之旅的诗，有萨托留斯的《牡蛎的食用方法》，还有我和布斯曼的《蝉的食用方法》：

蝉的食用方法
正版

你一只手举着报纸做成的包装袋
另一只手里擎一根小木签
鼻腔慢慢地吸入一股香气

---

1 《技术时代的语言》，2002 年第 161 号。

然后挑选你的公主
最纤细的小足
她应该是温暖的
金黄色的
轻盈、娇嫩。

你感觉唇齿之间碰撞的身躯
在舌尖上，腰肢舒展，绵绵情话
来自苦涩冰冷的感官，几乎听不见的
破裂声暴露了，你的不休纠缠
使她激动。

闭上眼睛，
怀着内敛的贪婪
一直走向终点。

第三十三章　似懂非懂

我们曾经长达四个星期在非洲南部驾车旅行，一路上几乎看遍了各种野生动物，从非洲五霸[1]到地松鼠和犬羚，凡是奇异的非洲野生动物，我们都看了个够。当我们最终在博茨瓦纳乔贝国家公园游览时，即便是一群正在撕咬水牛的非洲狮也不会让我们更兴奋了。我们这个旅行团里，多数人期待着看到大型野生动物交配，甚至发出呼声鼓励大象。我们观察巨兽的非洲之旅，在旅行的最后一天之前结束了。

野生动物保护员给我们指出他发现的什么东西时，我几乎不再有兴致看了，而是更加注意地去听他跟我们的司机说什么，最后我干脆闭上眼睛，集中精神享受丰富的元音和音节里的韵律。我一个单词也听不懂，但陶醉于语言的音乐，陶醉于两个声音的对歌。如果我们和其他车辆会车，就会有更多的声音和旋律加入，好像形成了一张音乐地毯，在那里，我被带入一个情调完全不同的异邦，而不是我们四个星期前瞪大眼睛看到的、现在已经有点厌倦了的国度。不知从什么时候起，我开始记录自己听到的声音，那是纯粹的元音和辅音的有序排列，是猜不透的魔幻词语，它们的频率与诗歌韵律自动契合，听起来就像这样："中

1　非洲五霸指非洲狮、非洲象、黑犀牛、非洲豹和非洲水牛这五种非洲大型野生动物。——译者注

唧唧—尼卡莫朴扣？""纳哈勒马皮寇？""卡拉毕西马狮卡""哼哼哼……哈哈哈"。

如果听不懂当地人的语言，很多旅行者就会感到被边缘化了。有些人只去他们至少能够用部分当地语言表达的地方旅游。然而，如果我不需要了解异国情况时，会很享受这种听不懂的感觉，将其视为所有外部语言刺激的释放，否则公共空间会变得很乏味。坐在火车上，你不必听懂任何手机通话，因为它们——彼此独立的同时又交织在一起——无异于异国风情的配乐。这难道不是很神奇吗？

光荣孤立[1]。它迫使我在任何地方都更加仔细地观察和倾听，以便尽可能地适应环境。如果我不认识某种语言的文字，我就把旅行当作速成扫盲课来完成——这对于像我一样把生活跟文字和语言紧密联系在一起的人来说，总是很有效。自然而然地，我学会了记录标志性信号，这在以前对我辨别方向不是必需的，因此也从不会被感知；自然而然地，我以另一种方式提升了我对外国的理解，就好像我同时获得了语言的解释。失语症能够极大地激发想象力。

尹德拉也有同样的感觉，她说："我更喜欢听西班牙语，可惜，我能听懂得太多了。"在旅行地会说当地语言，对旅行者来说是无价之宝。但对于那些只想把语言作为音乐来享受的人来说，暂时放弃把它作为一种交流手段，也是一种收获。"语言里有什么？它掩饰了什么，又拿走了什么？"作家埃利亚斯·卡内蒂在摩洛哥逗留期间这样问道，他有意识地不去学习当地的语言，"我不想失去任何陌生呼声的力量。我希望受到音节的影响，就像它们原本呈现的那样，不会因为欠缺的知识和人

1　光荣孤立（splendid isolation）是19世纪晚期英国追求的自愿不结盟的外交政策。作者借此表达其内心感受。——译者注

为的理解削弱了它们的魅力。"[1]

不必理解语言，但能够（以不同的方式）理解很多东西，是外国人的优势之一。如果你真的走进了死胡同，你总能找到洋泾浜语[2]帮助自己。洋泾浜！只要我张口说它，我就会变成另外一个人。说洋泾浜语时，缺失的语法和词汇必须通过活跃的性情来弥补——这造就了一种南欧的英语变体，也造就了说这种变体的人。很快，我们就会像当地人一样手舞足蹈地说话，像他们一样辅以丰富的表情。我们的语气变得比平时更强烈，还添加了一些声调和感叹词。我们为交际行为创造了所有辅助条件，否则交际行为本身就不会发生。如果还是不能沟通，我们就干脆跟交谈对象以演戏的方式表达我们的意思。洋泾浜语有极大的创造性，也会给人们营造良好的心情。

然而，并非所有的洋泾浜语都是一样的。在不同国家说的是不同的洋泾浜语，适应洋泾浜地区变体的能力决定了能否理解及被理解。正确使用当地人的洋泾浜词汇并不是那么重要，重要的是找到正确的语调。因为，本地人的洋泾浜语在很大程度上受到母语旋律的影响。印度人的洋泾浜语几乎是在唱歌，而在非洲，语调则生硬、铿锵有力。另外，手势和面部表情也要适应，即便是动物的叫声，在不同的语言里也有不同的模仿。在拉美世界，夹杂一些粗话可使高度复杂的问题化为简单的基本事实。在日本这样的国家，为了不让对方感到不安，你必须发出三倍于德国的确定信号。例如，用快速连续的顿音"soso-soso"表示不言而喻的赞同，用拉长了的富有情绪化的声调"A-sooooo!"表示理解，或者从喉咙里发出呻吟声"Haaaaaah"，用以表示重要的事情得到了认

1　埃利亚斯·卡内蒂《谛听马拉喀什》，法兰克福，1980 年，第 23 页。

2　Pidgin，指不同语言的混杂。——译者注

可或理解。

然而这只是表层的理解。根据人类学家爱德华·T.霍尔的理论[1]，日本属于"高语境"交流的文化圈。[2] 尽管有密切沟通和交流，但仍然有很多信息，甚至是决定性的信息，不是通过语言就能表达出来的，听者必须根据语境猜测。特别是对德国人来说，这是一个很大的挑战！我们（和美国人及斯堪的纳维亚人一样）属于低语境的文化圈。别人在向我们解释某些事情时，虽然我们没有那么多的插话，但仍然希望直接切入主题获得主要信息，以便能以明确的理解或确认对其做出直接的反应。对话的边际参数所提供的信息与实际所说的话一样重要，这与我们的交流理念完全不同。当然，他们给谈话配以不同的声调和口音，在个别情况下，一个句子的重音甚至可以改变它的意思。但是，重要的事情根本不是用语言来表达的，这也只有在像日本那样高语境的文化里才可以想象。如果我们仍然认为自己必须为了双方共同的利益而澄清事实，我们就会被视为笨拙的、失礼的。如果我们在日本旅行期间适应了当地人的沟通方式，回到家乡后我们就会发现，我们过去习惯的行为方式无疑是刻板、富于进攻性的。或者，根据秉性不同，你会长松一口气，因为终于不必长时间思考斟酌，可以像过去一样直来直去，把一切搞清楚。

在远东，即使你用洋泾浜语沟通，你面对的也是高度发达的文明。然而，世界上并非所有地方都像远东，要特别注意画外音，仔细辨别藏头露尾没有完全说出口的话。说洋泾浜语意味着用它跟每个新的交谈者

1　爱德华·T.霍尔《超越文化》，选自爱德华·T.霍尔与米尔德莱德·里德·霍尔合著的《隐藏的差异》，纽约，1987年，第7页起。

2　霍尔也列举了其他民族，如阿拉伯人和地中海人。由于个人信息网络的持续维护，他们在处理许多日常交流活动时没有太多的背景信息，对一个人的一般认识就足以形成信任。见上书，第8页。

一起重新创造，这是一种庆典式的对话，跟用勉强学会的外语结结巴巴地沟通没有什么可比性。

旅行者面临的最大挑战是，在有些地方，即使洋泾浜语也没有太多帮助。在帕米尔高原徒步旅行时，我们经常在塔吉克牧羊人那里过夜，他们会说的英语单词不超过三个。尽管如此，他们能通过表情、语调和句子的旋律弄明白我的问题——只有地名和人名是例外。多数情况下，我也能通过他们的语气弄明白他们想说的话。我们的对话绝不仅限于简单的礼节性谈话，还包括微妙、敏感的话题，如在苏联加盟国塔吉克斯坦恢复俄罗斯的影响力。在谈话过程中，我了解到的信息比在中亚任何一个地方用德语或英语聊天所获得的信息还要多。通过语言差异来软化语气是不可能的，这种不可能导致我们的交谈过于简单，并且言简意赅、陈述明确，对我来说，这也是新发现。

无论是否辅以洋泾浜语，纯粹的声音表达都是一种到处能被理解的、非语言的世界语言。2012 年夏天，话剧《哗哗》（*Murmel Murmel*）在柏林人民剧院首演，它改编自行为艺术家迪特尔·罗特 1974 年出版的一本 176 页的小书《哗》，整本书的文字只是一个不断重复的拟声词"哗哗"[1]。首演评论家乌尔里希·赛德勒热情洋溢地写道："在德国的话剧舞台上，我们究竟为何还要用其他的词而不用这个词呢？或者在生活中不也如此吗？"[2]

同样令人耳目一新的是，在国外，你用母语就可以自然而然地交流，甚至连玩笑话都通用：在我刚到达纳米比亚首都温得和克时，我想

---

1 "Murmel"本意为彩色玻璃球。——译者注

2 2012 年 3 月 29 日，http://www.berliner-zeitung.de /kultur/volksbuehne-berlin-grandios-herbert-fritsch-inszeniert-murmel-murmel-3773702。

测试一下这个旧德国殖民地的人是不是真的还能说一些德语，就像各种旅行指南上写的那样。我来到中央咖啡馆，因为我不清楚这里提供的是简单的速溶咖啡还是现煮的咖啡，我便用德语问女服务员："你们这里有什么咖啡？"那位身材高大、皮肤黝黑的女服务员，用不带口音的德语对我说："当然是黑咖啡，还会有什么呢？"

第三十四章　荒诞斯坦国

　　无论从哪个方向出发，去咸海的路都很长。我们的司机阿塔贝克极力劝阻我们不要去木伊那克——一座废弃了的港口城市，他说那里不过是一个已经变成了沙漠的咸水湖，有几条因咸海干涸而被遗弃在港口的渔船，除此之外真的没有什么可看的了。

　　然而，到了木伊那克，我们才发现那里比我们想象中的更荒诞，也许那是我去过的最荒诞的地方了。这座城市一度因鱼罐头产业十分繁荣，现在却变成了一座鬼城，只有一些勇敢的人还坚持留守在那里。剩下的最后一家旅馆，事实上也已经停业关张了。阿塔贝克费了好大的力气才找来一个人，帮助我们进入这家废墟旅馆。走廊的墙壁上随处可见手掌宽的裂缝，房间很多年没有通风了，有些房间的门用硬纸板钉死了，有些房间的地板上有几十只死鸽子。剩下尚可入住的房间里没有水，旅馆既没有早餐也没有晚餐供应。此时已是黄昏时分，我们结束了和废墟看守人讨价还价的谈判，前往曾经的海岸观景点。皓月指路，我们看到了下面的船只，视线一直延伸到咸海沙漠，一切都被迷人的寂静笼罩。夜幕降临，被遗弃的渔船在黑紫色天鹅绒般天空的映衬下，像工艺品一样闪闪发光，整个场景就是一幅完美的超现实主义画作。

　　第二天早上的风景也很奇特，尽管不如它在月光下那样充满令人难以置信的魅力。这次我们又是完全孤独的游览。少数来到此地的游客很快就会离开，人们要参观的生态灾难已经污染了这里的土壤、饮用水和食物，人们无法长久停留。我们花了几小时的时间攀爬生锈了的渔船，在沙滩上捡了一些贝壳——作为这里曾是内海的见证。我们感到孤独，就好像我们在世界的背面——从某种意义上说，也确实如此。

计划周全的旅行突然变得荒诞，这种情形很少让我们陷入肃穆的惊奇。更多的时候，我们把它看成一出滑稽戏，日后回想起来会让人兴奋得摇头晃脑。但是任何稀奇古怪的事情出现，都有其深重的内涵。荒诞的两个变种——超现实主义的大型舞台和小型的矛盾插曲，都有一个共同点，它们展现了被异国风情隐藏起来了的陌生一面。一旦其被揭露，我们对旅行之地的理解就不一样了。我们看到该国居民的罪恶和谬误，看到他们徒劳的希望和可笑的胜利。我们体验了他们日常生活中的小小逃避，又感受到一份对生活的执着。如果我们特别幸运，我们会和他们一起笑对生活。我们参观世界文化遗产时，会惊叹于人类创造的成就。我们经历一些奇异场景时，会对其中太过人性化的东西摇头。只有这样，我们才能在旅行中体验到塑造我们及我们生活的全部：

我最荒唐也最昂贵的一次潜水，是在大巴哈马岛体验的"海豚潜水"，一次四百五十马克。整个岛上的活动都是根据美国旅游团游客的需求量身定制的，水下探险家协会的安全措施也相当怪异。在我期待着潜水，期待着与一群自由的海豚相遇时，海面上却有一场表演。训练师把两只训练有素的海豚从水池里带到开放海域，海豚依次游到每个人身边，让我们抚摸它们，还用它们坚硬的吻部"亲吻"我们。表演完一些技巧后，它们用鳍跟我们挥手告别。

在埃及，日出之前我们登上了胡夫金字塔，这次是正式地从北角登上去的。我们坐在金字塔上，隔着东边的墓群眺望吉萨，那时它刚刚在地平线上隐现。晨曦破晓，只见笔直的大道上，一辆汽车越过沙漠向我们驶来，就在金字塔的正前方，这辆汽车拐弯驶上了通往墓群的道路。车开得很慢，但没有刹车，径直朝着入口两侧的一个石柱撞去。石柱上方顶着一个直径约一米的球形装饰物，这个大球就像慢动作一样落在汽车引擎盖上摔碎了，证明它是一个黏土制成的空心球。整个过程看起来简直是一出闹剧，我们刚好来得及拍下一张照片。至少这张照片可以证明此场景就在我们眼前发生，否则回到家里，没有人会相信我们的故事。不一会儿，汽车就被骑在骆驼上的导游们包围了，几秒后，两侧的车门打开，然后是一阵骚动。

在土耳其首都安卡拉，我们住的酒店房间里有很多臭虫，但是水龙头里没有水。我们换了一个房间冲澡，但是那个房间里没有灯。我们再次出现在前台，服务员却不会说英语，他只好跟我们去了房间，通过演示告诉我们解决问题的方法：他把我们房间屋顶上的灯泡拧下来，举着它给我们看，反复说着"兰巴！"然后，他举着灯泡来到淋浴间。走进房间之前，他又一次给我们看那个灯泡，"兰巴"。他摸索着走进黑暗的房间，把灯泡拧在了天花板的灯上。

1990年夏天，我们乘坐西伯利亚干线前往蒙古。由于时差，德国对阿根廷的世界杯决赛在凌晨三点进行。我们聚集在第一节车厢的列车员包厢里，那里有一台扑克牌大小的微型电视。列车穿过山脉，实况转播常常中断，就在德国队获得点球机会时，画面彻底中断了。直到第二天晚上，列车行驶了一百零五小时，抵达蒙古首都乌兰巴托后，还没有人能告诉我们比赛结果。几天后，我们坐在戈壁沙漠上一个养骆驼的牧民的蒙古包里，鼓起勇气向主人提出了我们的问题。也许他经常被问到如何在如此远离文明的地方生活，他先是惊了片刻，然后欢快地用专业的口气回答说："第八十五分钟，犯规，布雷默罚点球，1:0。"他的蒙古包后面有一个很大的卫星天线接收器，盖布下有一台很大的电视机，说话间，他为我们揭开了电视机的盖布。

在牙买加高原的中部地区，我们参观了阿普尔顿朗姆酒酿造厂。参观结束回到租来的车上后，我们才意识到自己过于认真地参加了后来的品酒会。在停车场里，我们应急吃了点沙丁鱼罐头。回程的山路非常糟糕，我们一路小心翼翼地行车。开到一个路口时，我们看到一辆大众甲壳虫汽车在马路的下坡朝我们冲了过来。在本来应该看见后轮的地方，我们看到的只是车轴，金属杆在柏油路面上有力地擦出了火花。我们瞬间清醒了。甲壳虫车就在我们眼前冲过了路口，冲到马路另一边的上坡路上才停了下来。脱落的后轮跟在车后一路弹跳，最后滚进了路边的灌木丛。这时甲壳虫的司机已经下了车，他仔细地在马路上搜集着从车轴上散落下来的零件。他甚至都没有看我们一眼。

在印度喀拉拉邦和泰米尔纳德邦交界处的库米利小城，我们透过敞开的学校大门看到一群衣着鲜艳的学生在跳舞，显然是学校正在举办什么庆祝活动。我们刚想停下脚步看看里面的活动，就被看门的校舍管理员邀请进去了。他把我们引向嘉宾席，然后往我们每人手里塞了一个柠檬。校长很高兴地向我们表示欢迎，同时发表了简短的讲话。我们以为学生会继续表演舞蹈，但看来我们错误地估计了形势。过一会儿再跳舞！管理员在我耳边轻声说，过一会儿。校长朝我微微鞠躬，递给我一个麦克风，现场随即响起一片掌声，我怎么推辞都无济于事。校长冲我微笑，他不会说英语，管理员在旁边保证他可以充当翻译。请发言！有请！几百名学生期待地看着我，整个校园一片安静。我完全不知道他们在庆祝什么以及为什么庆祝。我只好站了起来，右手拿着麦克风，左手拿着柠檬，开始了我的即兴发言。

在从撒马尔罕开往希瓦的长途汽车上，我们是唯一的外国人，被安排坐在了司机身后的座位上。副驾驶员每天都走这段路，熟悉路上所有的安全检查站，每次快到下一个检查站时，他都提醒其他乘客拉上窗帘，藏在前排座椅的靠背下面。然后他以一个导游的激情和架势，手里举着麦克风跟他的旅行团介绍着什么。果然每个检查站都对我们摆手放行，因为旅游大巴是免检的。通过检查站后，车里爆发出一片响亮的笑声，副驾驶员被誉为天才导演，我们则是他的明星剧组。显然，我们的外表确保了长途车一路畅通无阻。不过，还是有个警察对着我们的车挥手，让我们全部下车，每个人都必须接受严格检查，直到我们失去了前面免检所赢得的全部时间。

荒诞的突然出现，让我们看到了日常结构下隐藏着的其他东西。让我们大开眼界的并不是荒诞本身，而是它在一个对我们来说陌生的参照系里出现的方式。荒诞甚至会在那个原本要让我们有家的舒适感的地方出现：我经历过的最荒诞的旅行，是 2006 年至 2007 年的"欧罗巴号"游轮之旅。那是在一艘德国游轮上，除了悬挂的外国船旗，全船都是德国人。基本上来说，构成此行环游世界的十三个阶段中的每一个阶段都充满了荒诞。从一开始在机器间的晚餐体验，到后来游客抱怨多米尼加共和国太吵闹、太贫穷、太肮脏，不适合上岸游览，荒诞自始至终存在，它们汇集在一起，就像旅程中的另一段旅程。

为了给游客提供特别游览项目，有时会组织乘客上岸游览，同时游轮继续驶往下一个目的地。2007年4月1日，我们上岸后，改乘飞机从科钦经孟买飞往德里，在那里入住了所谓的"印度第二好的酒店"——仅仅是为了在第二天早上四点半被叫醒。我们乘坐早班列车以蜗牛的速度穿过一个个村庄，那里的村民蹲在铁轨两侧上厕所。没有人惊慌失措地跳开，也没有人尴尬地移开视线，大家和睦相处。最后终于到达了阿格拉，车站里已经有很多人力车在等待我们了。九点，我们通过了泰姬陵入口的安全检查。小时候，我曾经十分着迷于一个泰姬陵的拼图，从那以后，我就一直梦想着亲眼看到它。现在我只有两小时的时间可以参观，我急匆匆地穿过每个房间，不错过任何一面墙上的花卉装饰，也不错过任何一处光线反射下闪烁的大理石花饰。印度青少年为了测试主殿穹顶的回声效果，像群猴子一样大喊大叫。然后，我穿过花园，从各个角度观赏这座陵墓。两头水牛拉着一台割草机，我不时地被印度情侣要求跟他们合影。接下来，我们又匆忙去了阿格拉红堡，参观了一家大理石打磨厂，那里甚至出售按照泰姬陵风格打磨的马桶圈——彩色的装饰宝石镶嵌成花朵的图案。最后，我们乘坐五个半小时的汽车回到德里。4月3日，我们去老德里观光，下午一点乘飞机去孟买，下了飞机马不停蹄地游览城市。下午六点，我们刚回到船上，游轮就拔锚启程驶向下一个目的地。这不是游览印度的方式，这是游轮的节奏。"欧罗巴号"游轮上环游世界的旅行者约翰·戈特利布·费希特，这样总结了那次游览——

"你能想象那是一次多么疯狂的旅程吗？就好像乘船从罗马去巴塞罗那，中途要在圣彼得堡登陆，至少要顺便去看一眼冬宫，'因为它也在欧洲'。就像以前美国人会做的那样，现在我们也在做同样的事情！仅仅为了两小时的泰姬陵游览，我们换乘飞机、火车、汽车，走了差不多四千千米，花了五十八小时，一千五百九十欧元 ——天啊！最疯狂的是：这一切都是值得的！"[1]

如果一段旅程如此荒谬，你想到其中每一段时都会摇摇头，声称永远不会再参加那样疯狂的旅行，那么这就是最纯粹的疯狂，至少也是最出色的。

1　见马蒂亚斯·波利蒂基《180 天周游世界》，第 315 页。

第三十五章　日本和服与德国束腰裙

异国情调的魅力也会使人产生审美疲劳。如果你欣赏够了日本和服的美，就会渐渐对它视而不见了。或者你来到了京都，眼中就只有和服了。导游对我保证，在京都仍然可以体验到日本的传统文化，果真是这样吗？事实绝非如此！你在日本体验到的是新的中国 —— 中国游客在服装店租下整套和服，包括假发和所有配饰，服装店还提供化妆服务。

也许这只是个别情况？绝对不是！我的每一次旅行，只要时间足够长，都会有某个时刻使我突然睁开双眼，好好看看我旅行的国家。有些地方让我觉得异乎寻常、不可思议。例如，在摩西山脚下的圣凯瑟琳修道院里，僧侣们在荆棘丛旁边悬挂了一个灭火器，似乎是要讽刺信徒对《圣经》的虔诚信仰。或者说，如果上帝在此地再一次以火柱形式显现，他们要用灭火器扑灭火焰？还是说，荆棘丛只是对《圣经》中原型的模仿？参观结束后，我们被告知，原本的摩西山位于西边五十千米远的地方，在瓦迪费兰，直到公元 5 世纪才被移到圣凯瑟琳修道院附近。[1]

我强忍干渴搭车前往瓦迪费兰，那里以西奈半岛上最大的一片棕榈

1　正如我们今天所知，在那之前，如果信徒想朝拜摩西山，都是去塞尔巴勒山。当地修道院的主教在教派之争时站在了君士坦丁堡牧首聂斯脱里一边，后者在 431 年被判定为异端。主教随之被罢免，主教堂被迁移至圣凯瑟琳修道院内，那里的僧侣一直忠于东正教。（参见阿尔伯特·斯里奥蒂《摩西山探险指南》，韦尔切利，1994 年，第 39 页。）

林而闻名，无论如何都是我向往已久的地方。到达以后，我又大吃了一惊，几乎所有的棕榈树都枯萎了，水渠被改道，用来浇灌隐藏在旁边一道山脊后面的大麻及鸦片种植园。当地人告诉我，自从埃及与以色列签订和平协议以来，这里就成为一片相对自由的地带，埃及军队在这里几乎无能为力。与此同时，费兰河道全然成为埃及的毒品种植之地。如果有监管部队的直升机飞到这里，通常会遭遇射击。

幻想的破灭总是不经意的。终有那么一天，人们对山顶上的十字架和棕榈园不再有兴趣，对和服或纱丽视而不见，看不到教堂，也看不到清真寺。"埃及的庙宇让我烦透了。"福楼拜到达阿布辛贝神庙时曾叹道。[1] 从某种意义上说，这代表了所有人的叹息。在下次某个最佳时机，我们的旅行纸牌屋就会彻底倒塌。那些在旅行初期令我们惊讶、在旅行途中融进我们新日常生活的所有异国情调，从新的视角来看似乎都是假象，是可笑的或者单调的，就像我们在家里难以忍受的那种无聊。我们可能站在德里动物医院里一只腿上打了石膏的鸽子面前；或者站在阿曼沙漠里被吹嘘为"沙漠中的亚特兰蒂斯"的废墟坑前；我们可能正乘小船穿越古巴猪湾以北的沼泽，忽然船夫从口袋里摸出一条很小的鳄鱼，并把它拴在一根绳子上浮在船边；我们可能正要踏进一座耆那教寺庙，一个一丝不挂的僧侣挡住了我们的路，他正用驱蝇掸子为他的生殖器扇风，这场景令我们惊慌失措、避之不及，但还不能惊叫着逃跑。

似乎最为丰富多彩的魅力也只能在有限的程度上刺激我们的大脑，每次旅行迟早会落到最低点。我们忽然发现到处千篇一律，确信自己已经意识到了奇异风景背后的平庸：日本和服不就是德国束腰裙吗？锡克

1　福楼拜《埃及旅游见闻》，柏林，2011年，第144页。福楼拜在旅行中经常射杀斑鸠、鹰、秃鹫、野狗和鳄鱼，以此得到休息和恢复："我们整日都在鸟类中进行可怕的屠杀。"（第91、98、82、149页。）

教徒的头巾不就是传统帽饰吗？俾格米人的缠腰布不就是奥地利人短皮裤的另一种形式吗？桑布鲁人不就是像马赛人那样在原地跳拍鞋舞吗，还是仅仅给游客表演？还有景点，它们不也被搬到了其他地方吗？比如海明威在基韦斯特常去的酒吧"邋遢乔"（Sloppy Joe's），这家店只是把店名卖给了杜瓦尔大街上的另一家经营者，轻信的游客们误以为那里就是文学史上的著名酒吧。而原来那家店在格林大街上，1958 年改名为"托尼船长酒吧"，事实上，海明威是在这里喝酒的（还顺便拿走了小便池），但我在酒吧里没有看见一个游客。又如塔什干的希瓦市，它不是被苏联简单修复成了一座想象中的中世纪绿洲城市吗？我们狡猾的主人为我们提供了看似历史悠久的景点、当地特色饮食、传统习俗，以及快乐多彩、缺乏离奇冒险的度假场景，我们不总是被这一切蒙蔽而上当受骗吗？

正如那些足不出户的人对陌生之地持有偏见一样，我们也以同样的心情坚持着同样极端的判断。唯一聊以自慰的是，其他人的感觉并不比我们好多少。如果符合旅行社的利益，也许外国游客也会在德国被牵着鼻子走。正如瑞士旅行作家尼古拉斯·布韦尔所言，每个人都会在旅行中经历一次"热情低迷"的时刻。

他描绘了自己在斯里兰卡停留数月之久的旅行，那次旅行使他的幻想破灭并陷入了"令人恐惧的孤独"，最终导致了真正的生活危机。他写道："你不会为了把自己打扮得像充满异国情调的圣诞树而去旅行，而是要让道路把你撕裂、冲洗、拧干，就像那些在妓院里被洗得开了线的破烂毛巾，配着一块香皂碎片端上来供你享用……你也不会在没有认清你所坚持的东西已悄然消失（就像在噩梦中那样）时去旅行……"[1]

---

1 尼古拉斯·布韦尔《蚰蜒》，苏黎世，1989 年，第 64、47、124 页。

更糟糕的是法国诗人、画家亨利·米修的经历。他在厄瓜多尔旅行期间写道："人们（在国外）要看老虎、看美洲狮，但看到的只是日常生活……这次旅行是一个错误，没有带来更多的收获……其实即便你在四十八小时里一直盯着任何一面壁纸，也能发现完全相同的真相。"[1]尽管如此，米修仍然继续他的旅行。诗人贝恩傲慢而又听天由命的诗句写道："您以为，如苏黎世／是一个更深沉的城市／人们把奇迹和神圣／当作城市的内容？"这是一个从未出发之人的自白。他的诗歌《旅行》以这样的诗行结尾："啊！徒劳的驾驶！／以后您才会知道／保持安静／限制自我。"[2]毫不夸张地说，贝恩不太懂旅行。一个充满激情的旅行者即使在危急时刻也不会主动放弃，因为他确信放弃徒劳无益，重要的是尽快摆脱热情低迷的状态。

有时候你只需要好好睡一觉，第二天就会因一次幸运的巧合恢复好心情。当然，你不会总是遇到临时受邀参加的乡村婚礼，也不会总是去一家嘈杂的红灯酒吧，因为晚宴主人执意要带你去那里看看，更不会总能在你入住的旅馆里看到当地的萨满在后院里举行巫术仪式。你必须依靠自己的力量摆脱不幸。通常一次短暂的休息会有助于继续旅行。"我已超越了自己接受能力的极限，"约翰·斯坦贝克在《横越美国》里写道，"现在必须在小溪旁找到一个休息和放松的避风港。"[3]

我和我的女友曾沿着海岸线走了很多英里，再也不想看到什么国家

1　亨利·米修《厄瓜多尔旅游日记》，选自《一个野蛮人在旅途》，法兰克福，1998年，第137、102页。

2　戈特弗里德·贝恩《双重生活》，四卷本全集，斯图加特，出版日期不详，第三卷，第327页。

3　约翰·斯坦贝克《横越美国》，慕尼黑，2007年，第234页。

公园了。作为休息和放松的避风港，我们选择了拉斯维加斯。我们在那里尽情享受，把之前几天在加油站获得的所有代金券都兑换成了赌场的赌币。一张面值十美元的优惠券可以兑换十二美元的赌币。我们还有其他形式的代金券，如免费打一次长途电话，免费玩一次老虎机，然后从机器里赚出更多的美元。我们还有很多免费饮料券，免费香槟酒、免费鸡尾酒、免费啤酒。此外还有免费早餐，另一顿早餐可以当晚餐。我们在这里领取一件 T 恤，在那里获得大虾鸡尾酒、玉米片、爆米花、热狗，要不就是在一张百万美元大钞前拍照，或者看一场马戏。第二天早上，我们被直升机的轰鸣声吵醒了，它就停在我们头顶上方几米高的空中。前一天晚上我们喝了太多的免费酒水，没有注意到停车场上的标志，现在我们必须迅速把自己的汽车挪开。我们领取了最后一个免费的巨型烤牛肉三明治，同时兑换了我们的硬币，获得了十二美元的净利润。我们精神焕发地驾车上路，再次充满了好奇。

没有旅行计划是无法合理旅行的。但是从长远来看，没有偶尔的不合理，旅行也不会有乐趣。如果你独自旅行，是无法活力盎然地从危机中解脱的。我曾经在东京待了一个星期，突然厌倦了这座城市，厌倦了这座城市里的居民，甚至厌倦了日本。我乘车去了东京塔，想登上瞭望台……并不是要和其他人去挤全景玻璃窗，尽管太阳刚好从富士山身后落下，就像明信片上的景色一样完美。我点了一杯啤酒，坐在一个正在直播日落的屏幕前，其他屏幕上显示的是城市的其他景色。有些令人激动，我思索着，你只需要安静下来，然后一切就会自动来到你面前。随后，我认真听了一会儿日本流行音乐，那是一个女子组合，在一个小小的舞台上表演，很糟糕但也很好。我要走的时候，看见东京塔上黄色和橙色的灯光华丽辉煌，它就像有着快乐心情的埃菲尔铁塔。我又精神抖擞了。

你可能会问，可以直接在全景玻璃窗前观看的富士山日落的实景直播，是不是就像一个穿和服的中国女人那样不真实？这个问题的答案，我在东京塔上就已经想明白了。实景直播不亚于玻璃窗后面的真实日落，京都大街上穿和服的游客以她们的方式表现真实，圣凯瑟琳修道院里荆棘旁的灭火器、被鸦片种植园取代了的古老棕榈园……这些都是真实，只不过与旅行者预期的方式不同。

那么究竟什么是真实呢？"真实意味着塑造了那个地方的、在那里生活的人，而非出售纪念品的商贩。"（尹德拉语）"凡是提前有组织并收取门票的都不是真实的。"（艾里克语）"我认为肮脏的地方和真正好吃的东西才是真实的。"（瓦尔德领事语）"印第安人保留区的帕瓦狂欢节！那里的一切都是真实的。"（阿希尔语）果真如此吗？旅友们的每个观点我都立即表示赞同。但我越琢磨，就越怀疑他们的观点，直到我找出了反对他们观点的确凿论据。"真实"这个概念太不确切了，它也说明了人们的旅行可以多么不同。只要人们把不同条件下的见闻当作真实来享受，那么这个世界对旅行者来说就是好的。只有当人们感觉其经历或所得的印象不真实、不可信、是被伪造的时候，情况才会变得复杂起来——尽管它们实际上只是不同的、更新的真实版本。在乌兰巴托的那达慕节上，跳鹰舞的获胜摔跤手并不比只喝进口啤酒、责骂邻国渗透蒙古的大学讲师更真实。鼻饰挂件垂到上唇的锡金老石匠，并不比穿着流行的"北面"户外冲锋衣的年轻出租车司机更真实，后者用英国或西班牙足球俱乐部的图标装饰自己的汽车。大吉岭是生产廉价仿制"北面"服装的工厂所在地之一，在当地，这个山寨牌子叫"北赝"（North-Fake），当然，这个赝品比真品更真实。

当我们寻找（臆想中的）真实和原始的时候，我们究竟在寻找什么？如果我们将自己视为旧式的游学者，那么我们或多或少会寻找"伟大"的历史遗迹，并且期望在一定程度上找到它们唯一适合的装饰框架，找到相应的人群、相应的社会秩序、相应的日常生活——无论如何要在西方世界以外。

这样的旅行也是时间的旅行，我们所体验的国家和景点最好还像19世纪手工着色的彩色照片上的景物。我们想在废墟中寻找昨日的神圣世界，那个世界对当地人来说并不神圣，也绝非美丽、纯粹或真实。我们违心地寻找着。我们在寻找哈瓦那的老爷车、巴甫洛夫斯克的雪橇、没有手机的牧羊人、没有德甲知识的赶驴人。我在日本时，最初认为只有那些小饭馆是真实的，饭馆主人会亲手给为数不多的客人准备饭菜，但是，自助服务台延伸好几层楼的巨大美食广场至少也是一样的。在尼泊尔，只有坐在火炉旁，嚼着风干的牦牛肉，才会觉得山间的小木屋是真实的，但是一旦我发现了木屋顶上的太阳能光伏板，或者看见餐桌上的节能灯，我就会很快失望。看到很多人挤在电视机前，争看某个美国频道正在转播的女子摔跤比赛，我会失望地摇摇头。几十年后，我再次去北京长城时，发现那里有两部缆车正在运行，我大吃一惊。对我来说，拉巴特市早在1980年就已经是欧洲式的而非摩洛哥式的了。新奥尔良的波旁街就像一个为酒徒准备的迪士尼世界、一个完全过时的地方，就和密西西比河畔令人郁闷的纳奇兹一样，但在我看来，后者是美国南部的真实体现。博茨瓦纳到处都能看到小超市，里面满是购物车，我不想再看到它们了。没错，我向自己许诺了什么？显然是牛栏和农贸集市。

然而，这不过是旅行者的傲慢，他们期待着一个特定的画面，这个画面对他和他的同类来说，应尽可能一致地保存下来。直到我坐在东京塔上，欣赏着所谓的不真实的日落时，我才明白，所有的东西都是真实的。如果"真实的"不如"不真实的"真实，那么最好在美丽的地方禁止"不真实"。"不真实"早已在与"真实"的进化竞赛中胜出，它代表了我们旅行之地的实际存在。"'真实'是媚俗的，'真实'已经过时，说得好听些是浪漫。但是这种认识值得认真思考，然后我们继续寻找真实。"吉塞克如是说。如果你去慕尼黑啤酒节，就会看到啤酒大帐篷里所有的日本人（也许是中国人？）都穿着巴伐利亚民族服装。显而易见，巴伐利亚束腰裙也只是一件和服。

第三十六章 何时才算真正进入一个国家

几个月前，我搬进了古巴圣地亚哥的一个小公寓。我知道在哪些房门后面藏着很重要的店铺，哪几个窗口会在晚上出售古巴比萨，还知道哪些面包店从来不卖面包，但有很棒的音乐磁带。我熟悉所有东西的比索币售价，会和所有黑市商贩握手问候。尽管如此，我每天都如战争般艰难，不得不跟邮局职员争吵，他们坚持要以卖给游客的价格卖给我邮票。或者在半挂式的公共汽车里和一个黑人争吵，雨下得很大，他就是不肯往车里挪一挪，以致我的整个身体都挂在车身外挨雨淋，汽车每次靠站时，我都会呵斥他，但全然无用。一次又一次，我惊讶于当地人的行为和反应，每一天都以事与愿违结束。出了居住地，走到没人认识我的地方，人们总是把我当成游客："你想要什么？雪茄、甜酒、女孩儿？吃饭还是住宿？"尽管我的朋友库基坚持向我保证，我几乎就是一个地道的古巴人，我就是他家的一名成员，但是我太清楚了，我还没有真正进入这个城市和这个国家。不久后，我的机会来了。

那天晚上，我们在常去的酒吧"传统小房子"里愉快地消磨时间，我们玩得很开心，于是又拿了一瓶朗姆酒到外面继续喝，当时有库基、路易斯托、托马斯和酒吧的门卫，还有一个叫格雷戈尔的人，他是几天前搬到附近来住的，那天晚上，他同时被两个 Jineteras 迷住了。"Jineteras"——还有对应的男性身份"jineteros"——这个词绝不是妓女的意思，尽管如此，她们还是依靠游客对爱或性的寻觅来讨生活。当晚，那两个女子缠上了格雷戈尔，她们详细描绘会在这样一个美好的夜晚做些什么。我们很庆幸她们最后终于跟格雷戈尔一起离开了。

第二天早上九点，格雷戈尔出现在我的门口。他已经跟路易斯托谈过了，路易斯托是这一带的权威人物，现在要和他一起去警察局。昨天晚上，格雷戈尔只带了其中一个女人回到住处，是相对难看的那个。据他说，那个女人在他的最后一杯朗姆酒里放了药，第二天早上醒来时，他发现二百三十美元不翼而飞了。格雷戈尔问我知不知道那个女人的名字，我说不知道。但是我答应他，等我睡醒后一定帮他。格雷戈尔自己也知道，去警察局报案不会有太大的帮助。

下午我又去了"传统小房子"酒吧，我坐在楼梯上，决心做一回"真正的古巴人"。我在酒吧里等了一会儿，托马斯来了。起先，他并不想说那个女人的名字，毕竟她们靠游客维持生活，而且很有可能要养活全家。对此我表示理解，但是二百三十美元也太多了。最后我们达成一致，就说她偷了二十美元，最多说五十美元也行。托马斯很高兴我们能达成共识，然后他向我泄露了那个女人的名字：阿丽特斯。

我没有马上离开，过了一会儿我又得知，阿丽特斯有时会参加专给游客看的舞蹈表演，就在附近。我找到那个地方时，她们正为一群游客表演。我走到化妆室跟门口的保镖说，我的一个朋友昨天爱上了阿丽特斯，我答应帮他找到阿丽特斯的住址。他明白了我的意思，说阿丽特斯今天没有来，但她的一个女友在。休息时，保镖对阿丽特斯的女友传达了格雷戈尔的爱慕，同时添油加醋地描述了爱情故事，很快，我就得到了阿丽特斯的住址和电话号码。接下来我犯了一个致命错误：我把这件事告诉了路易斯托，因为我要跟他们一起去那里。路易斯托在警察局没有什么收获，他决定亲自处理这事。于是他立刻给阿丽斯特打了电话！

在我看来，他的行为简直就像一个天真的德国人，完全不懂得在这里处理问题的方式。当然，我们三个人站到阿丽特斯家门口时，她坚决否认有这回事。不过她的母亲答应我们，明天中午以前一定筹到钱还给格雷戈尔。

第二天，我们按照约定时间再次出现时，她的母亲换了一副面孔，完全不是昨天晚上那副承认错误的表情了。我责怪路易斯托把事情搞砸了，要知道，在古巴用直接的手段是解决不了问题的。然而，我还是低估了路易斯托的能力。第二天，阿丽特斯就进了监狱，不过只是被监禁了一个晚上，因为第二天，她的家人偿还了被偷窃的美元，但是以另一种方式——用一台音响设备抵偿，她的家人说这是用格雷戈尔的美元买的。但是格雷戈尔的房东同意收下音响，用它抵消格雷戈尔应付的二百美元房租。路易斯托从一开始就无意真的让阿丽斯特认罪并受到惩罚——跟我的想法一样，典型的德国人！最初他只有一个念头，尽可能帮格雷戈尔多讨回一些被偷的美元，所以他走了一条曲线，无论我怎么请求，他都不肯泄露自己怎样成功讨回了美元。显然，他把大家都绕进了他的曲线，成为他的帮手，最后甚至把警察也绕了进去。我很想成为一个地道的古巴人，我的朋友库基安慰我说，我几乎就是一个古巴人了。但也只是"几乎"，我明白自己永远不会像古巴人那样思考、行事。

这是我生平唯一融进一个陌生国家的机会。深度融入一个国家，是每个旅行者梦寐以求的事情。像当地人一样找到自己的生活方式，平静而娴熟地在那里过着新的生活，把自己当作其中一员。实际上，一个人离开家乡是因为渴望结交陌生的人、探访不熟悉的地方。一旦你接受了国外的生活，就想全身心融进这个陌生的社会，很快，你就会发现那里的生活跟你家乡的日常生活没有什么两样，同样平淡无聊，也经常遇到令人烦恼的事。到达后不久，原本对当地人的傲慢就转变成了融入他们的愿望。

　　这正是我们想要区别于游客的地方。接受当地人的某些特点，学习他们的某些思维方式和行为模式很有趣，这在精神上对我们有非同一般的吸引力。另外，了解当地人的饮食习惯也是一种乐趣——无论你是在爱尔兰的贝尔法斯特往麦片里倒入布什米尔威士忌，还是在西班牙大加纳利岛上品尝添加了甜炼乳的可塔朵咖啡，或者在丹麦品尝接骨木啤酒。在某些时候，你会放纵自己，点上一袋水烟，来一包不加香料的烟草，像当地男人那样，吸上第一口就感到兴奋。或者给自己买一包槟榔、甘草和嚼烟的混合物，就像排队站在你前边的那个男人买的那种，之后你不得不在阳台上紧紧抓着栏杆，好几个小时不停打嗝。与此同时，附近寺庙里好像总有同一首歌传来。

　　融入一个社会——至少在某种程度上——是非常不引人注目的，通常只有在你融入之后很久，你才会意识到这一点。对我来说，明显的标志是当我开始下意识地低头走路，因为我已经熟悉了这条路上所有的东西；当我形成了购物和乘车的习惯，例如我知道乘坐地铁时，什么时候该从最后一节车厢上车、什么时候该从第一节车厢上车；当我知道在自动扶梯上应该站在左边还是右边；或者实际上，我根本就不知道该怎么做而不假思索地去做的时候。

　　人们以不同的方式进入每个国家，在同一个国家，又以不同的方式进入不同的社会阶层、种姓和等级。人们最容易首先获得社会底层的联系，这是由于他们经常出现在汽车站、街头小吃摊和日常生活中的其他汇集点，这些地方也是旅行者经常光顾之地。当然，上层社会也代表了一个国家的性格特点，如果你有机会混入这个阶层——当他们在墨西哥酒店后花园的白孔雀中间喝咖啡，或者在加勒比海圣巴特的名流海滩上沉溺于百加得的酒精之梦——那么你对这个国家和它的人民的看法就会完全不同。

最固执的是中产阶级的代表，他们极力躲避旅行者。里斯本、哥本哈根、爱丁堡等旅行目的地，对旅行者来说似乎很近但又很远。即使我在维也纳生活了一年，有意使用各种奥地利词汇，但我在维也纳人眼里仍然是一个德国佬。某些听起来或者看起来几乎跟在德国一样的东西，实际上很可能完全南辕北辙。任何细微差别都意味着很多不同内容，一个错误的声调就会暴露你的身份，使你手足无措像个愚蠢的德国人 —— 这正是所有德国人在国外最原始的恐惧！这是不是融入异国文化对我们来说至关重要的原因呢？

某些情形能够让人最为迅速地融入。比如想成为东京人，就必须了解涩谷那些俱乐部，必须戴上蓝色的隐形眼镜（以便看起来愉悦、目光有神）。男人的穿着、妆容和行为要尽可能地女性化，女人则要尽可能地男性化，用阴暗的配饰一改普遍流行的卡哇伊外观[1]，一个流血的娃娃、一个眼罩、一件印着"死亡"字样的 T 恤。[2] 但是，有谁想以这种方式融入东京，融入一个与自己想象中完全不同的世界呢？

人的一生中总要不断尝试新的东西，如果你相信女权主义者洁莎·克里斯宾的理论的话，男人和女人的方法是不同的。[3] 在她看来，从伯顿到查特文的男性旅行作家，当他们以极限方式"征服"了旅行之国，通常都会采取后殖民主义的态度，一旦进入该国，他们很快就会自视为专家。与此形成对比的是像伊丽莎白·吉尔伯特这样的女性旅行作家，她们首先审视自己，感受自身的心理状态，观察陌生人怎么对待她

1　参见本书第十三章。

2　参见生活在东京的米莎·杰妮塔的博客"周日的世界"，2016 年 8 月 28 日。

3　《怎样不成为伊丽莎白》，见《波士顿评论》，2015 年 7 月 20 日。

们。她们寻求一种超越婚姻和父母身份的真实生活，旅行之地只是她们自我发现的催化剂。

上述两种方式都是加引号的融入，是一种极其巧妙的自欺欺人。不仅如此，旅行作家（无论性别）能否被视为普通旅行者的代表，似乎也值得怀疑。有些人，如尼古拉斯·布韦尔，在国外之所以彻底崩溃，就是因为他长时间沉迷于幻想，以为自己完全可以融入那里的社会生活。他在斯里兰卡的日子里忍受炎热酷暑，忍受当地人以及蚊虫的不断侵扰。他了解得越多，理解得就越少，最后终于匆忙逃离了这个国家。[1]另外一些人，如加拿大作家迈克尔·翁达杰，在返回他的出生地斯里兰卡后，曾公开感叹，当地人不仅历来将游客排除在外，也将在那里世代居住的欧洲人排除在外。"在那里，巨大的社会鸿沟横亘在本土居民和欧洲侨民及英国侨民之间，他们从来不是斯里兰卡社会的一员。"翁达杰道出的个中缘由，也适用于世界各地："要么这块土地属于我们，因为我们在此生息成长，要么我们是陌生人、入侵者。"[2]翁达杰使用"属于"这个词，指的并不是物质的占有，而是原住民和侨民之间的典型对比，他甚至把在斯里兰卡定居的英国人称为"过客"。换句话说，一个人只能进入自己所属的社会。

就在我离开古巴圣地亚哥之前，这座城市又给我上了第二堂课。好几天以来，人们都在谈论的事情终于发生了：又有一艘游轮停靠在码头。整个城市似乎都出动了，人们奔走相告，我也赶到了码头。我发现有些奇怪，那里的人我竟然都不认识，通常情况下，你总会遇到一些人。到了市中心，我跟在从游轮上下来的游客后面散步时才忽然明白：

1　尼古拉斯·布韦尔《蜻蜓》，苏黎世，1989 年，第 276 页。

2　翁达杰回忆录《追忆家史》，慕尼黑，1994 年，第 33、75 页。

圣地亚哥周围地区的所有轻浮的人，都装扮成了圣地亚哥人，有的怀抱吉他，有的没有，他们都涌进了这座城市，装扮成快乐的乞丐、歌手、城市导游、杂耍艺人，当然还有 jineteros 和 jineteras，他们专门盯着独身的旅行者。大街小巷到处充溢着轻快和欢乐：关塔纳梅拉！[1]

"这正是我想象中的古巴，"一位女士兴奋地说，"如此贫穷，却又如此充满生活乐趣！"另一个人说："古巴可以成为我们的榜样。"先生们心甘情愿地掏出美元，扔进了今天才出现在城里的很多帽子里。人们磕磕巴巴地说着什么，又跳又唱，互相开着玩笑，每个人都感到满足。

当游轮在傍晚起航离开时，所有喧嚣瞬间消散，城市的街道又恢复了我熟悉、喜爱的忧郁和沉闷。我想象着游轮上的客人倚在栏杆旁，喝着"自由古巴"鸡尾酒，庆祝他们愉快的短暂登陆。他们今天虽然没有进入古巴社会，但完全自我陶醉了。我思忖，在旅途中不能抱有太高的期望，我真有点羡慕他们了。

---

1 《关塔纳梅拉》（*Guantanamera*）是一首流传很广的古巴民歌，歌唱爱情、友谊和自由。——译者注

第三十七章　赢得友谊

我年幼时，有几年并不喜欢旅行。在无忧无虑的意大利自驾游和北海海边度假后，我上了小学，几乎每个暑假都会去地中海沿岸的"蓝色海岸"露营。在那里，我不得不结结巴巴地说一种我既不会也不喜欢的语言，还必须跟在我看来很笨的法国小孩一起玩耍，也玩法式地掷球。

过了十年我才明白，为什么那时候的度假地除了法国没有其他选择。终于有一天，我让父亲讲起第二次世界大战。他一时兴奋，花了两个晚上的时间才讲完。在长达六年的时间里，他几乎去过每一处战事前线。然而，1941 年夏天，德国袭击苏联后，仍然没有任何胜利的希望。父亲说他那时才意识到，德国被它的"元首"带进了怎样的灾难。人们由此获得关于战争与和平的痛苦认识，即人类共同生活的命运，绝不能再交由政客独裁。每个人都要做出自己的努力，阻止此类灾难在未来重演。他认为，唯一可行的和解方式就是去德国的邻国旅行，认识在那里生活的人，和他们缔结友谊。事实上，他在 20 世纪 60 年代初就加入了德法友好协会，为的就是和曾经的宿敌和解。由于这个原因，他几乎每年夏天都带全家去普罗旺斯，和当地法国人建立联结。他希望这种联结能够带来一种超越国家政治的效果，并最终带来永久的和平。

父亲讲完自己的故事后，要求我们也这样去做。如今，世界各地的民粹主义者都在争取政府权力，国家、经济领域和权力集团之间的孤立愈演愈烈，进行新的权力划分。在这样的背景下，父亲的要求仍然有深刻的现实意义。但是，在国外结交朋友、赢得友谊，说起来容易做起来难。不管怎么说，跟父亲谈话后，在奥地利的那段时间，我已经在按照他的要求去做了。我和苏珊以及另外两个苏格兰人同住在维也纳的合租屋里，后来我甚至因此拒绝了服兵役。作为德国联邦国防军猎兵营的预备役人员，我曾被征召参加军事演习，在营地练习实弹打靶，我们瞄准一个纸板人头的靶标射击，如果击中，纸板就会倒下 —— 在我服兵役时，我只在射击场上打过。实弹射击是如此真实，令人震惊，我不可避免地产生了联想。我服义务兵役时才十九岁，那时显然还很天真。现在我二十二岁了，不禁想象靶标是我的苏格兰朋友，在战争中，我不得不向他们开枪。军事演习结束后，我提交了一份申请拒绝服兵役的书面报告，在口头申述理由的面谈时，我说如果仅仅因为政治或军事形势突变而让我对朋友开枪，我做不到。后来我的这个理由得到了认可。

另一方面，在欧洲之外的旅行，我首先收获的是其他感受而非友谊。即使在马格里布，我也有可能因父亲的度假理念而彻底失败。我从未如此失望地返回故乡，因为我出发时曾满怀希望。当然，世界各地都有虚假的朋友等待着我们，即使他们表现得比在阿拉伯国家更幽默、更谨慎。我们在租车穿越古巴途中，傍晚时分总会有骑自行车的人在公路出口等着我们，要带我们去他们的私人住宿处过夜。一次在古巴的巴拉科阿，一个身穿红色短裤的穆拉托人拦下我们，他在我们前面一边骑车一边向我们反复大喊："我想成为你们的朋友！"我们趁拐弯的机会甩掉他，但他每次都能再追上我们。后来发展为追逐 —— 一场有规则的赛车。再后来，我们实在无法摆脱他的纠缠，临时决定不在那里过夜了，我们继续行驶，前往下一个目的地关塔那摩。直到几年后，我才了解巴拉科阿。

不过偶尔，我也会在度假中结识一些朋友，和他们保持友好关系——哪怕只是一个晚上。假如一个人长达数周独自走在旅途上，他就会开始大声自言自语。如果突然遇到几个背包客围桌而坐，他就会感激不尽，大家一起兴奋地谈论旅途中的经历，"真了不起""真棒""不可思议"。

也许因为我们知道，萍水相逢，今后也无缘相见，所以会敞开心扉、坦诚相待，就像在家里只对最亲近的朋友才会做的那样。德国社会学家格奥尔格·齐美尔曾说："旅行中缔结的友谊……常常会发展成一种没有内在缘由的亲密、坦率的关系。"[1] 在这种情况下，我们也常常会把自己变成听对方倾诉的听众。在"欧罗巴号"游轮上，我常在桑给巴尔地区的晚上倾听其他旅伴的烦心事，而这些人在我熟悉的环境中会显得十分荒谬。"你说我该怎么办呢？"当我们一同望着加勒比海的夜空时，其中一人向我征求建议："我每天都赚一百万美元。"那天晚上，我和他一起在这个问题的重压下叹息。

有时我们也会赢得当地人的友谊，这种意外收获会极大地活跃我们的旅行气氛，在关键时刻，也会给我们走出困境的勇气。无论是一起打台球还是斗舞，是相约踢球还是一起咻咻傻笑，友谊都会奇迹般地把我们从旅行生活中引导出来，将我们带进普通人的生活——而这些普通人，我们在国外很少有机会接触。有时友谊只维持瞬间，却令人难以忘怀。

2015 年 10 月的一个周日，我乘地铁去大阪马拉松比赛的起点。早上刚过六点，路上还没有什么人。整个车厢里除了我只有一个乘客，他

1　格奥尔格·齐美尔《社会学：关于社会交往形式的探讨》，选自《齐美尔全集》，法兰克福，1992 年，第二卷，第 752 页。

也是马拉松的参赛者，背着装衣服的袋子。在其他地方的马拉松比赛日清晨，不相识者相互问候是很常见的，我也习惯性地跟他打了一个招呼。他显然大吃一惊，几乎没有回应我的问候。看来我打破了禁忌，侵犯了他的隐私。日本人在公共场合一般是目不斜视、擦肩而过的，我也清楚这一点，但以为特殊情况可以破例，看来这是个错误。然而，当这位跑者要下车的时候，轮到我被吓了一跳，他突然站到我面前和我告别。这期间，车厢里已挤满了参加马拉松的跑者，他从另一头挤过整个车厢来到我的座位前。在西方人眼里，一声短暂的问候不过是人与人之间的一桩小事，但对他来说，则是真正相识的第一步。这位日本跑者的行为告诉我，在"哈喽文化"之外，还有一种完全不同的、更有凝聚力的共同生活方式。

如果在某个地方，外国人尚未由于旅游业而变成当地人有利可图的对象，旅行者常会遭到怀疑，他们被认为是入侵者，有着不可告人的目的。如果你想继续旅行，只用钱肯定是行不通的，你必须赢得对方的信任，说服对方——用几个发音正确的词汇，用手势和眼神。然后你就会受到热情的招待，他们无论开车去哪儿，都会带上你。

如果我在一个地方停留的时间足够久，偶尔也会和一些人成为朋友，即使将来我再也不会见到他们，我们之间的友谊也会持续，我会非常想念他们。所以我至少会把他们作为同名的人物写进我的书里。意大利人斯特鲁菲，我们在阿尔皮诺广场的集市上相遇，他不断高呼"干杯"，最后还在桌布上签名（而不是付钱），我写了一首关于他的诗。阿吉拉，他在他常去的酒吧里用"秋鹿"或"诱惑大师"等古怪的清酒品种来考我，为此我创作了一组完整的组诗。还有小侯赛因，我们一起在西奈半岛徒步后，他送给我一个他妻子亲手缝制的水瓶袋子，像他这样的人也经常出现在我的小说或散文里。还有奥迪纳和纳扎尔多德，他们带领我和艾里克穿越帕米尔高原，后来他们成为我的长篇小说《撒马尔罕！撒马尔罕！》里的主要人物形象。同样，库奇、路易斯托和奥斯卡也是我的小说《角之王》里的主角。

当然，我会事先告诉他们我的写作计划，并获得他们的同意。在落笔之前，我会跟他们中的一些人讨论故事情节和场景。他们不仅在我的调研过程中陪伴我左右，还积极地向我提供创作素材。多年以后，我带着印刷完的《角之王》回到故事发生地，他们特意为我杀猪庆祝了一番。另一方面，《撒马尔罕！撒马尔罕！》出版后，我寄给了德国大使馆几本，然后由一个中间人取出来，经过不同渠道，几经周转才转送到小说主人公的手里。把见闻和经历加工成文学作品并拥有它对他们来说是颠覆性的行为，而对我来说，这至少是一种在虚构语境中把瞬间的友谊记录下来的尝试。

我闭上眼睛时，所有朋友都会在我眼前栩栩如生地浮现。他们发表评论，用熟悉的手势和姿态。我设想他们此时此刻在做什么的时候，我也就同时出现在了世界上的很多地方。我浮想联翩，进行着精神邀游，但也充满了悲伤和感激。一旦收到某个朋友的电子邮件，抽象的世界就会再次转变为具体的参与和关切。并不是所有人都会像库奇那样，给我写邮件时总是酸溜溜的，抱怨我把他忘了。"马蒂，从1月的最后一天起，我们就再也没有你的音信了，只有在互联网上能够获得你的一些消息。请写信给我们，你要知道，我们非常爱你。你的库奇。"

2015年10月的那个周日，我的日本朋友高隆来地铁站接我，和我一起参加大阪马拉松比赛（并让我刷新了个人最佳成绩）。后来他发给我的邮件，显然是用谷歌翻译写的："亲爱的马蒂亚斯！印度的旅程将要求国家纳入崇高的东西。我将尊重马蒂亚斯甚至清除这样的困难。那段时间跑步仪在大阪马拉松比赛的个人最佳纪录是不是该忘记了。2017

年不能在京都马拉松赛跑在一起是可惜的。但是也没有帮助，但有一个可以一起跑的约定。朋友高隆。"

虽然不能一字一句地读通，但所有含义我都能理解。如果没有在国外赢得友谊，无论父亲的建议如何，我都不可能实现我一直梦想的旅行，也不可能写出我的大部分作品。在生活中，只有通过朋友才能获得成就。不论在旅行途中还是在写作时，没有朋友，都是一个令人惋惜的错误。

第三十八章　你们没看到的

　　你们看到的，是我们指甲缝里的污垢，但你们不知道这些污垢是在哪座山上获得的。你们看到的，是我们裤子上的血迹，但你们不知道献祭的是什么动物。你们看到的，是我们衬衫上的盐碱汗渍，但你们不知道，这是我们的最后一件衬衫。我们和你们坐在同一架飞机里，但是直到昨天，我们还在另一个世界。今天，我们回到了你们的世界 —— 回家的日子，也是做决定的日子。

　　"妈的，我又回家了！"1983年，我们在瑞士恩加丁山谷旅行了一周后回到慕尼黑，沃勒嘀咕着抱怨。在瑞士的时间只有七天，我们一直徒步，还去了一趟西尔斯－玛丽亚村庄，拜访尼采的故居。因为时间太短，远远不能让我们疲惫而又满意地回家。然而，即便是七个星期，时间也会不够，每一次旅行对我们来说似乎都太短暂。如果我们必须在返回的那一天完成旅行，我们总是会带着还没有看到大部分的遗憾回家。

　　目的地就是目标？即使我们在旅行途中不断到达中途目的地，但最终目标仍是返回家乡，它不同于我们在旅途中的所有目的地。通往目的地的道路即目标，目标即在途中，跟中途目的地的顺序无关。游轮"欧罗巴号"的船长阿克尔曼在航行中调侃道：如果所有目的地都不在航线上，那么他会非常喜欢航行。每年在游轮上的固定套房里越冬的很多环球旅行者，似乎也都有同感。无论我们去的是大特克岛还是波多黎各岛，是圣基茨岛还是英属维尔京群岛，他们都不在乎，因为他们都已去过多次了，宁愿待在游轮上的游泳池里。只有到了大开曼岛，他们才会上岸，因为他们和自己的银行顾问在此地有会面预约。

　　纯粹为了旅行而旅行却无落脚之地，这种感觉我十分熟悉。即便是搭顺风车，我也主要是为了行在途中。至于车子把我带到何方，这些都是次要的。有一次，我和沃勒在慕尼黑通往纽伦堡的高速路口搭上便车的时候，我们只是漫无目的地想，或许晚上可以在汉堡著名的红灯区绳索街逛一逛。事实上，我们最终到达了阿姆斯特丹，在红灯区的橱窗前挤来挤去，女人们在那里展示自己的身体。真正让我们感到有趣的是我们跟搭车司机同行的经历，特别是我们所花费的时间：二十四小时往返，一共行驶了两千千米，我们没有走直线，二十四小时还包括等车的时间。这对于两个蓄长发的小伙子来说，是个挺不错的纪录。

　　当然，也不可忽视某些路段的重要作用，如通过民主德国（其间还要购物）或南斯拉夫的路段时，我们已经一贫如洗，因此只能以最快的速度往家赶。现在回想起来，那些被迫停留、被大雨淋成落汤鸡、被警察追捕或被罚款的地方，也很重要。但仅仅因为这个，我不会一次又一次地踏上旅途。有那么几年，对我来说最惬意的是穿着破牛仔裤坐在路边，吹着弹拨式口琴，直到一对老夫妇把我带走，给了我一些有益的忠告；或者一个老纳粹，他一定要给我展示他腋下的 SS 党卫队标记；一个参加过德国六八运动的人，给我讲述印第安神话；还有一个吹牛大王，他一定要给我显摆自己的汽车。

　　对我来说，与其说搭便车旅行是一种行走的方式，不如说是一种世界观的表达。后来，我再也没有过这样轻松、纯粹的旅行了。那时我有些狂妄自大、满心欢喜，享受着这种旅行方式的一切乐趣。我的旅行不是考察城市或田园风光，而是考察人类。冒险的意义就在于接触每一个人，哪怕每天会有数件事超出自己的理解能力。我在资产阶级庇护下接受教育期间已经内化的某些东西，又被我从内心驱除了出去。截至1979年，我搭便车旅行已经累计超过两万千米。旅途上听闻数不清的人生阅历和人生观，我将它们存储起来，为我日后的写作积累了宝贵的素材。回溯往事，我想我之所以能把自己的旅行自豪地记录下来，都是因为有它们作为证据，也证实了我是多么不适合"左"派，即庸俗的对立面。毫无疑问，这多少也是有点庸俗的。

即使在今天，我仍然享受旅行途中单纯的乐趣。在克里特岛或普吉岛，我从早到晚都骑着一辆改装提速过的韦士柏摩托车四处游荡，只在油箱必须重新加油时才会停下来。在欧洲任何一个地方的长途自驾中，我常常恍惚，特别是在晚上，当世界被公路中间的隔离带汇集在一起的时候，迎面而来的车灯暗示着一个你永远不会听到的故事。你可以说我的车是一个报废了的彩绘壳子，但我有四个音箱和一个均衡器；当孤独的赞美歌响起时，我感觉自己像在一张音乐飞毯上飞行：《克什米尔》《我弥留之际》《因为我一直爱你》《孤品兆赫》……无论如何，这类伟大的启示会在行驶途中变得更伟大。而我们，飞向另一个星球的旅行者，一路和它相伴。我们总是以最快的速度行驶，不休息，漫无目的，但是时间十分紧迫，只争朝夕。最重要的是，高速公路成为我们获得知识的途径，司机和乘客默默地并排坐着，同时陷入冥思。诗人赫尔穆特·奥皮茨曾就此情景写了一首精彩的诗："一个夜晚，／像钻进衣袖一样轻轻地滑过，黑色的丝绒，（……）吞噬千米，啜饮距离（……）湮没在中间隔离带，如无尽的／一线萦绕的可卡因。"[1]

1　赫尔穆特·奥皮茨《距离，刺激》，选自《黑暗如冰糖一样沙沙作响》，比勒菲尔德，2011年，第100页。

然而，很长一段时间以来，我已经不再会因为单纯的乐趣而即兴上路了。尽管如此，我的每一次旅行，无论去哪里或出于什么目的，仍然不可避免地在路上。哦，是的，还有一些很壮观的路线，如巴拿马地峡、帕米尔高速公路、布赖斯峡谷的捉迷藏环线，但这些都是例外。一般来说，我总是走在城里拥挤的街道上，走在荒凉的出城主干道上，走在无聊的乡村土路上。1980年，在马格里布，我们在五十天的时间里，乘坐公共汽车、火车和毛驴行驶了一万零三百八十千米，一共花了二百三十七个小时，占总行程时间的五分之一。在美国，我们开着租来的汽车在三十八天内行驶了一万三千六百千米，平均每天三百五十八千米。

所有这些迂腐的计算，使我无法用那些赞美词将旅行美化，哪怕是美化其中一小部分。重要的是以不引人注目的方式在不引人注目的地方旅行，把其他当作不可避免的苦恼和烦人的琐事搁置。人们在旅途中偶然捕获的印象构成了整个旅行的背景，而它又与之前从旅行之地返回家乡的旅程印象完全不同，因为你每天都面对新的事物。这一背景凸显了旅行的亮点，正像它们现在想要构成整体印象一样，形成了一幅完整的画面。什么是亮点呢？不一定是人们要看的那些景点，而是画面中心引人注目的东西，那些更强烈的记忆：

"刚果热带雨林中的一只黑猩猩宝宝，它抓住我的手指不停地吮吸，我们对视长达好几分钟。"（吉塞克）

"和我的朋友拉克斯·塞克瓦一起参观开普敦附近的罗本岛监狱，南非实行种族隔离期间，他被关押在那里。这次是他第一次作为自由人，带我一起回去。"（尹德拉）

"我和父亲一起参观埃及阿莱曼的国殇墓园，面对英国将士公

墓，父亲感慨而又动情，墓地很快将被风沙淹没，一切都将随之消失，包括对阵亡将士的记忆。"（苏珊）

"在智利圣地亚哥的海地咖啡连锁店，女服务员都穿着迷你裙，在桌子之间、高出地面的走道上穿梭，这样客人可以看到她们的腿，有时还可以看到裙底风光。当她们弯腰给客人送咖啡时，甚至可以看到她们的乳沟。"（克劳斯·福尔克）

"一碗黄香李，放在咖啡馆的吧台上，我偶然经过那里，忽然看见逆光令人难以置信地穿透瓷碗荧荧闪烁，瓷碗里的水果光芒四射，我当场就想把它们画下来。"（约翰内斯·纳夫拉特）

事实上，人们经历了无数的成功与失败，它们现在同时被推到了记忆图像的中心位置。图像最前面的是我们在惊奇中获得的认识。在家里的日常生活中，人们也会体验精彩和失望。完全不同的事情带来的惊奇使人们目瞪口呆，无言以对，人们甚至不知道对陌生人异样奇特的记录（直到你不再对这个国家的任何事情好奇之前，都会有这种记录），到底是好是坏。这是每次旅行的转折点和关键。多年以后，我仍然惊叹于旅途中的一些见闻：

泰国一个乡村集市上被乔装打扮的猴子。其他很多事情我早已忘了，唯有对这些猴子印象深刻。

日本诹访市博物馆里杀人用的石头、食人肉的叉子、传教士的肉钵、用杀死的敌人的胫骨做成的缝衣针。

葡萄牙埃武拉"人骨礼拜堂"天花板上悬挂着的骷髅，大门上方刻着一句令人战栗的名言："我们的尸骨在此地等待你们的尸骨。"

在古巴特立尼达镇附近的糖厂谷，一个小男孩冲我们喊道：
"你说英语吗？"就为了这句蹩脚的问话，他也想跟我们要钱。

在印度许多州开展的宣传活动……

"神奇的印度！"印度人对自己的国家不满意的时候，常常会引用印度旅游局的这句宣传口号。每当我想到这个难以理解的国家，这个每次旅行都让我更感到神秘的国家，我就会想起2016年在印度许多州开展的宣传活动。在"禁止随地排便，实现100％卫生"的口号下，这个声势浩大的宣传活动展现了整个次大陆的荒谬，它的希望、它的矛盾和它的失败。占据海报右边三分之一的是一幅漫画：一个小男孩在河里排便，下面是一个女孩正在用水桶汲水，粪便刚好从水桶旁边漂过。再下面是一个正在洗衣服的母亲，一件白色的衣服已经沾上了漂浮物。最下面是一个小男孩，他在河里高兴地戏水，还不知道有什么正朝他过来。海报左边三分之二的地方，是一个自称为"随地排便自由村"的村庄。山坡上有一个超大号的厕所，两扇门像寺庙的大门，屋顶高悬在四角。厕所门前聚集着村里的长老，他们正举手祈祷。画面前景中蹲着一个小男孩和一个小女孩，他们已经脱了裤子，正准备排便。但荒谬的是，那个男孩对女孩说，"要对随地大小便说'不'"。

带着这张海报的记忆，我飞回了德国。我想到印度卡车后部和共享出租车前面，都用英语写着各种滑稽可笑的文字："真理没有答案""爱情是危险的事情""一次错误游戏就结束""生来摇滚""愤怒是短暂的疯狂""耶稣不求回报""如果有一天速度杀死了我，不要哭泣，因为我在微笑"。或者在卡车后轮的挡板上写着"你能活多久？"再加上一支表示寿命的温度计，刻度标到八十，红柱刚刚超过五十……

我还想到那些有意无意搞笑的商店名称："基佬冰激凌""欢迎鞋

区""外交官家具""月光干洗店"，还有"拈花惹草"（花店）、"快乐布料"（裁缝店）、"品尝幸福！"（糕点店）……

我想到了店家和出租车司机的敏捷机智，他们在全球范围内都是无与伦比的……

我还想到……

实际上，我什么也没有想到，但是我看到了，而且一次又一次地看到了它们中间的海报。我会在我眼前，把旅途中所有这些小小的马赛克石块重新拼装 —— 每个石块本身或许无关紧要，但拼在一起就突然变得很有说服力 —— 它们替我表达了印度日常生活的悲喜剧。我一次又一次地重新拼装，有时陷入绝望。但是回首过去，我感到宽慰、愉悦。

在我们回家途中，我们的旅行远未结束。因为我们如此无动于衷地即将结束旅行，所以在旅程的最后一段，我们才转向内心世界：我们不再考虑自己的印象如何，那里的一切自动分类、排序，并形成我们将带回家的决定性图案。你观察我们的时间越长，你问不出的问题就越多样化。只有一点是肯定的：坐在你旁边的每个人，当他在满满的期待中朝着相反的方向飞去时，他不会在脑海里看到几个星期之前所希望看到的东西。

第三十九章　首先

无论是在白色苍穹下的沙漠里
（我总是在那里寻找什么），
还是在月光下，雪花冰凌
闪烁的群山中，我诅咒
时间。无论我做与不做，
我都渴望鹅卵石铺路，
熟悉的小巷身影
在栗色的树荫下，暮色夕阳……
首先并且永远
和你在一起（面包，橄榄，奶酪，葡萄酒）。

第四十章 今日家乡何在

　　然后我们回到了家。这里的一切都运转顺利，这不是很神奇吗——如果我们从神奇的印度回来，难免会这样问自己。行李之间没有老鼠窜来窜去，也不必跟出租车司机讨价还价，这里没有人不断纠缠我们："你要去哪儿？你从哪里来？"或者也有可能，我们下意识地注意到自动扶梯的运行速度有多慢，这里的一切都混乱不堪——至少当我们从韩国回来的时候是这样的感觉。多么糟糕的一切，到处是涂鸦，到处是衰败的景象，就像在印度。

　　德国作家冯塔纳曾写道："只有陌生人才会让我们知道自己家里有什么。"[1] 有时我们会深呼一口气，有时也会呼出一口气，只是比较克制。这里是我们的故乡，现在如此，未来也如此，我们刚刚毫发无损地回到这里，心情也变得轻松多了，尽管直到通过边检关卡之前，我们还自我感觉是四海为家的世界旅行者。现在我们再次成为德国人，再次回到了德国的家。这不是很好吗？有些人此刻发现这里的一切都很"德国"，他们到处看到的都是心情阴郁的人，惊讶于为什么还没有下雨。

---

　　1 《勃兰登堡漫游记》，见《冯塔纳选集》上卷第 415 页，萨尔茨堡、斯图加特，出版日期不详。

艾里克非常明确地认定比利时根特市是自己的家乡，当他从国外回来时，发现那里非常"弗拉芒"（比利时／荷兰式）："当我回到家乡时，大街上就像死一般安静，所有店铺的门都是关闭的。"瓦尔德领事过去很讨厌德国，但现在他至少学会了去欣赏——即使他想永远走在路上。尹德拉一点也不期待回家，除非家里有她的朋友。几乎所有人都对返回家乡感到悲伤，他们一回到家，就立刻开始制订新的旅行计划。

而我，我总是很高兴回家。在另一个国家经历并体验日常生活的艰辛，时间久了，我就会庆幸自己能够回到秩序井然的社会。当然，回归与回程不可同日而语，我是带着不同的眼光、不同的立场回来的，并且享受一段时间内在家乡作为陌生人经历的单调日常。旅行不一定会让你更快乐，但一定会让你更满意。

如果一个人不断复述自己的旅行经历，他的结论就会变得越来越清晰。旅行并不总是美好的，但体验旅行过程很美好。你可能没有做到自己想做的一切，也并不能总是按照自己的意愿去做，但至少你做到了很多。你是否有过那种收获明显很负面的旅行，或者旅行虽然不是太糟糕，但可以被视为又一次的特殊体验？最糟糕的情况也可以由坏事变成好事，从中获得一些深刻的见解。旅行不一定会让你更快乐，但它肯定会让你更充实。

阿希尔从国外回来后总有那么几天不适应，他在自家花园里搭了一顶帐篷，先在帐篷里过了几晚。直到过去几个星期积蓄的能量消耗完了，一切才算结束，并永远结束了。我们不得不忍受那个已经完成了其使命的忧郁的折磨，在我们还悲伤时，我们重新思考自己的生活理念，清算陌生感对家乡安全感的诱惑，确认我们还有一种对熟悉东西的渴望，即小小的仪式、下意识的手势和动作、偶然相遇，等等。旅行不一定会让你更快乐，但它肯定会让你更谦虚。

尽管如此，人们经过一次又一次的旅行后，在他自己的世界里会觉得有点陌生。这不仅因为他的性格多年来获得了不同的深层结构——不同于必须在相同环境里形成的性格——还因为环境本身。家乡作为一种静态的概念是不存在的，只有当我们始终伴随它的发展而共同成长时，这个概念才会明晰。如果我们没有始终参与或只是部分参与——因为我们在其他国家度过了一些时光，那么我们对家乡的变化就会更加敏感。有时虽然我们身在家乡，但感觉自己不再百分之百地属于它。再过几年后，我们会问自己它还是不是那个被我们视为故土的家乡？或许是一个新的家乡，其他人，其他更年轻的人在其中成长。

　　我一直把德国视为欧盟的一部分，如果说我愿意承认自己是德国人，那是因为与一种愿景密切相关——在我有生之年，希望欧罗巴合众国的愿景能够实现。我深感自己作为一个欧洲人，我的德国根是自然而然的，无须刻意说明或思考，这种感觉在近几年发生了变化。如果说数十年来，我只在德国各地做巡回演讲旅行，那么从现在起，我会利用一切机会，在德国境内进行真正的旅行，单纯地为了旅行而旅行。

　　我们很容易在鲜明的对比中看到某个国家的魅力和特色。在第三世界国家旅行时，你可以轻松感知，但在德国旅行，你则有可能困惑，对自己、对同胞产生错觉。如果你的烦恼或失望不能很快地在沙滩、丛林或沙漠里得到慰藉，你就很难保持公正的评价。我在奥尔登堡地区旅行，或在前东、西德边界的绿色地带游走时，我常常问自己，我究竟应该期待什么。毕竟一切对我来说都很熟悉，至少看起来是这样。布莱克博士是从加利福尼亚州的视角来看世界的，他从美国到世界各地旅行，德国对他来说已经变得很陌生了。我觉得很正常的东西，在他乍看之下则是异国情调："在一些巴伐利亚村庄，你会以为自己身处迪士尼乐园，村民看起来就像穿着演出服，逗游客开心的演员。他们怎么会在日常生活中这样打扮、活动呢？"

在我的生命历程中，我常常听到有人说，要想真正理解德国，不能看它的城市，而要看它的乡村。现在我看到了，看到乡村在此期间变得如此多姿多彩，不仅餐厅变得多样化了，街道和整个市容都变了。因为之前的印象没有被后来的印象立即覆盖，所以比起汉堡和慕尼黑，观察乡村的变化更准确。尽管在大城市里，我每天都在观察，但我只观察自己感兴趣的东西，其余的对我来说，不过是大城市的壁纸。事实上，我并没有把德国乡村的印象跟城市的印象进行对比，而是将我走过的各个乡村进行了比较。我非常熟悉来自世界各地不同文化的融合，但我感觉，在德国绝不是多元文化的融合，而是多元文化的并存。我在其他地方经历过，这种并存很容易反转成对立、仇恨和暴力，尽管如此，我还是相信，在德国这样一个自我批判的国家，几乎不会发生这种情况。迄今为止，我还是非常了解我的新家乡的，我把看到的来自外部的一切都视为收获，视为通往一个新欧洲道路上的里程碑。

然后，在慕尼黑一个美好的仲夏之夜，在豪斯湖啤酒花园，就在我要第二杯啤酒时，我看到了一位完全蒙着面纱的女人，她端着一个装满食物和饮料的沉重托盘，前面几步远处是一个故作一副不管不问姿态的年轻人，显然是她的丈夫。在阿拉伯半岛，我见过很多蒙黑面纱的女人，对此我已经习以为常。在夏天的慕尼黑，也能到处见到这些女人。但彼时彼地，我好像被刺了一针。我本想跳过去帮她端托盘，但是这会被她的丈夫视为陌生人间不礼貌的接触。我突然意识到，让两种文化和睦共处的渺茫希望，就像此刻在巴伐利亚啤酒园里一样。和我坐在一起的朋友也有同样的感觉，我们互相保证，原则上我们绝对没有歧视蒙面女人的意思，但是……

那天晚上，我意识到自己所有的旅行并没有让我成为一个世界公民。我喜欢并享受世界各地社会生活的多样性，只是因为我可以返回自己的世界。我过去是、现在是、将来也仍然是一个欧洲人。让我最后一次意识到这点的，是这次和阿拉伯游客根本无关紧要的遭遇。如果是在慕尼黑的商业街上，我可能会不假思索地擦肩而过。但在啤酒园，在巴伐利亚一个隐私开放的场所不会。一个不仅受到当地人的喜爱，也受到全世界欢迎的啤酒园，我不愿意与那些显然抵触这个休闲之地欢快气氛的人共享！

与此同时，情况也发生了很大的变化。如今人们所说的陌生人，指的并不是那些偶尔去啤酒花园的人。"家乡"的概念也经历了可疑的复兴，近来这个词常常被挑衅性地滥用，被用来刺激人们的情绪，以至于在德国近代史上，它第二次受到了失去清白的威胁。就在前几年，"家乡"还是不言而喻的，不会有人对它产生怀疑。与此相反，传统的家乡联结，就像在上巴伐利亚那样，通常被认为是土里土气的。家乡就在那里，而且一直在那里，它也有一些扩展的形式，比如欧洲的家乡也一直在那里，这是一件好事，但已不再是理所当然的事了。有些人担心他们的家园会被逐渐剥夺，自己会无家可归。还有些人主张开放家园，向所有真正失去家园或离开家园的人开放。一些人竭力缩小家乡的概念，并极力限制为地区性的乡土概念；另一些人则竭力扩展它的范围，从而使其受到极端的负载考验。不仅是在德国，也是在……哦，在几乎所有欧洲国家。我们正在拿我们几十年来共同经营的新家园——欧洲，孤注一掷。

当然，这需要心和理智，欧洲不仅需要继续加强开放的内部建设，还需要超越其边界。任何向所有人敞开大门的人，不管他出于何种理念和动机，尽管受到了全世界的欢迎，都出卖了自己的欧洲邻居和欧洲人的共同理想。英国脱欧的全民公投只是一个开端，如果德国的欧洲邻居不愿再分担我们自以为是扛下的重担，德国还将继续承担主要罪责。那些想被全世界喜爱的人将失去他们最亲密的朋友。那些相信可以一概而论，让其弱小的邻居承受耻辱恐惧的人，都会沉湎于强者的自大。也许正是德国人的傲慢自大，将撕裂欧洲 —— 我们所有人的家园。

第四十一章　我的第一张地毯

　　每次旅行都是以启程开始、中途绕行，最后回归自我。现在旅行结束了，我们回忆起自己经历的冒险，难以置信地摇头自问：那个在阿富汗与塔吉克斯坦边境闲晃（尽管有人警告要小心海洛因走私贩和塔利班分子），然后在野地上捡了驴子下颌骨，现在不得不考虑把它安置在哪个书架上的人真的是我吗？那个在加那利群岛某处潜入五十三米深的海底，就为了看看海底黑珊瑚的人真的是我吗？在海底折断一块珊瑚，把它塞进我手里的人，真的是我的伙伴吗？这不可能！黑珊瑚是濒临灭绝的物种，受到保护，没有哪个潜水员会这样做（只有一名俄罗斯潜水员除外）。但是，它就在我的眼前，一块小小的、不起眼的黑珊瑚。也许我根本就不该接受这个礼物？

　　无论好坏，旅行纪念品都是一个物证，当然不是全部。有时我们仅仅出于高兴而买了一些东西，为它在家里找一个合适的地方摆放，或者为它找个可以相赠的合适人选。然而，一块下颌骨或一块黑珊瑚则是另一回事，它们是我们旅行中的里程碑，讲述着同一个故事，或者旅程中某一段的故事。通常这样的礼物是没有任何物质价值的，随时发现，随时收集。带回家后，它变成了奖杯。每当我看到驴子的下颌骨时，我就会看到自己要去的盐湖和它四周的群山，一片无限的悲伤，形成一道风景。每当我的目光落在黑珊瑚上时，有那么一瞬间，我会感到内疚。与此同时，我看到我们怎样逆流勇进，看到氧气瓶里的压力随着时间流逝迅速下降，看到海水越来越混浊，错过珊瑚群的可能性越来越大。

我的第一块地毯最终花费了我一百零八马克，这几乎是我1980年旅行预算的十分之一。为了这个我心血来潮渴望得到的东西，我花了好几个小时讨价还价，最后才砍到这个价位。在突尼斯的梅德宁，我们和当地年轻人在旧仓库废墟附近发生了一场交战，每次我们接近景点时，他们就用如冰雹般的石头击打我们。这样的交战我们已经经历过好几次了，我们五个人在一起，知道应该怎么保护自己。战斗结束后，我们也需要奖励自己。正好在市中心的一面墙上挂着一块有白条纹的暗红色地毯，另外一些地毯被摆成一垛，堆在一群正在喝茶的男人两侧。其中一个男人是地毯经销商，他只从贝都因织毯人那里收购地毯。他关于贝都因人谈论得越多，我拥有一张特制地毯的欲望就越强烈。开始我只是为了一张地毯跟他讨价还价，价越变低后，我们中的其他人也突然想拥有这样一张地毯，最后是为了四张地毯砍价。我们一次又一次毫无结果地退让，一次又一次返回重新砍价。最后我做了一次总结性的激情陈述，表达了我们对地毯的热情，商人可以为此感到骄傲，因为每张地毯只要能挂在我们慕尼黑的公寓里，就都是突尼斯的精彩广告。然后我最后一次出价，地毯商跟其他几个喝茶的人简单商量后，向我伸出了一只手，我们以握手达成了这笔交易。

第二年，我又为了另一张地毯讨价还价。这次是在土耳其的开塞利，我们看上了两块小的长条形地毯。在这次谈判中，沃勒的撒手锏起到了决定性的作用。原本我们的预算已经见底，也没有准备好更多的激情修辞。后来沃勒解下了自己裤子上的皮带，把它拍在了我们能拿出手的钞票上，企图通过当下伸手可及的金钱诱惑商人——我们开始砍价时，就看出了地毯商对沃勒皮带的喜爱 —— 他丝毫没有犹豫，上来就抓住了那条皮带。

到目前为止，我已经收获了五张地毯。最扣人心弦的经历发生在伊朗伊斯法罕，我暗下决心，什么都可以买，就是不能买波斯地毯。但当你目空一切踏进地毯店，你就会防不胜防，处处暗藏着危险。最危险的是在伊斯法罕伊玛目广场四周的拱廊下面，那里摆着的很多宝贝，哪怕只瞥一眼，你就会立马失去理智。从伊玛目广场出来后，我一直处于震惊之中，我从来没有在旅途中一次性花过这么多钱，之后的几个星期里，我一直责备自己。然而，当我从汉堡海关取回我的地毯时，它的花纹仍然如此完美和谐，我不得不闭上眼睛。

精美的纪念品是对一次完美旅行的奖励。然而，这些年来，要找到一件合适的纪念品并不容易，毕竟不能每次都带回一张地毯。在土耳其安塔利亚的集市上，一位带着德国斯瓦比亚口音的商贩招呼我："进来看看吧，不买也没关系。"在波兰的弗罗茨瓦夫，有个人向我保证有"漂亮的破烂货，真正的漂亮破烂"。与此同时，漂亮的破烂货已经充斥各个"理想世界商店"——相对于"第三世界商店"而言，它们遍布德国各地，成为整个城区都被高档化了的国际大杂烩：斯堪的纳维亚的灯具、托斯卡纳的陶器、精心修复的波希米亚古董小家具，等等。而欧洲的纪念品商店，却像远东和近东地区的集市，充斥着大批量生产的单一商品。

据传闻，非洲纪念品商店里出售的所有木质大象、狮子、长颈鹿等，都是在肯尼亚的一家工厂里集中制作的。不管怎么说，它们看起来就像是这样生产的。旅游消费的另一端是从迪拜到中国香港的购物中心，那里有全球化奢侈品牌的知名商品。在日本，我不得不四处打听了很长时间，才有人告诉我一家位于京都的和服制作厂。他们也在衬衫和夹克上印着经典的传统图案，这些服装只在京都的专卖店里出售。[1] 当然，搜寻纪念品的诱惑在于寻找只在旅行地才有的独特物件。在千禧年之前，如果你买到了一个西藏酥油灯或者带盖子的茶杯，就会满心欢喜、富有成就感。那时候，一幅卷轴画或一个南太平洋的蒂基木雕，是来自遥远异域的信使，远没有成为风靡全世界的漂亮家居装饰品。

我们的发现物越真实，我们的旅行就越真实。当然，在更高的意义上，廉价旅游纪念品也是真实的，毕竟它们符合我们对异域的肤浅理解。人们喜欢把一个内置埃菲尔铁塔雪景的玻璃球放在架上展示，但也不是没有讽刺意味的挤眉弄眼。不管怎么说，只要一个国家的日常用品是当地制作的，就是真实的 —— 须后水、沐浴露、领带，等等。我在亚洲和非洲的很多地方都买过手帕，简单格子图案的手帕，不到一欧元，质量粗糙，这种手帕在我们这里几乎不再有了。在西澳大利亚州的约克小镇，我买了一块用桉木制成的厚案板，几乎无法把它装进行李箱。在印度尼西亚，我囤积了大量香烟，浓烈、刺鼻的香草气味几乎吓跑了所有人。我从一位新西兰养蜂人那里带回来一瓶蜂蜜，好几个月里，我的早餐面包都带着中洲[2]的香甜味道。

这些纪念品的优势在于，它们很容易融进我在家乡的日常生活，它们使人们注意到，这个世界上还有完全不同的生活方式。在一段时间里，它会使家乡的日常生活富有生气、更加开放。还有那些从荒漠里带回来的沙土、蛇的油脂、狼牙、形形色色的石块，还有那些不可或缺的盒子、碗碟、骨雕或木雕，对我来说几乎和我的旅行记事本一样重要，

---

1 www.pagong.jp/en。据 Pagong 官网上的介绍，2016 年 6 月 8 日，其服装已在新加坡一家商店分销。2016 年 10 月 1 日，消费者甚至可以在 Ebay 网站上订购商品。

2 英国作家托尔金笔下的虚构世界。——译者注

都凝聚了我的旅行记忆。

如果我怀念远方了，只需要从中挑选出一件拿在手里欣赏。它们就像我的书和 CD 一样，完全属于我自己。我还有很多从伦敦酒吧偷来的啤酒杯，它们是我的叙事诗《伦敦英雄》坚实的创作素材，在那首诗里，我描述了自己"酒吧爬行"的故事。在坦桑尼亚莫希的一家酒店里，餐厅桌子上有一块用来标记桌号的手绘小木牌，我软磨硬泡试图从服务员手里买下来，他却怎么也不肯。直到他把经理叫来，经理不假思索就把小木牌送给了我。这块小小的金字塔形的木牌上，画着一只可爱的小犀牛。它承载着我参加乞力马扎罗马拉松的运气，也蕴藏着我攀登乞力马扎罗山的渴望。在摩洛哥的图卜卡勒峰，我把失事螺旋桨飞机的一小块残片插在了北坡上——整个山坡上散落着碎片，失事人员的简单墓地分散在山石之间——这块小小的残片包含着我对死亡及存在短暂性的绝望，这种绝望把我从书桌推向世界，又把我从世界拉回书桌旁。

每个旅行者都有一些独特的物件，这些东西不仅引领他通往另一个国家，还引领他进入另一个世界。对我来说，那是来自古巴，深深隐藏在萨尔萨舞、朗姆酒和布埃纳维斯塔社交俱乐部[1]背后的东西。如果你知道它是什么，那么你在一些商贩的摊位上看到的就不仅是生锈的铁钉、马蹄铁、风干的牛眼和其他稀奇古怪的东西，而是古巴诸神的标志，它们会被用在一些隐秘的宗教仪式上。2000 年到 2005 年，我经常参加一些封闭性的隐秘宗教仪式。我得到过两个给我独享的祭祀碗，连同一些奇奇怪怪的祭品，包括一条生锈的铁链。好几次，我带着它们穿梭于古巴和德国之间，我的行李箱也会相应地超重，每次入境都得开箱检查。无论我怎么解释，德国的海关官员看到的只是废旧金属，他们认为我隐

---

1 Buena Vista Social Club，古巴哈瓦那名噪一时的歌舞俱乐部。——译者注

藏着别的东西，只是用这些古怪的物件转移视线——而每次都找不到其他证据。我警告他们不要随便动这些东西——"如果我是你，就不会冒险碰这些东西，上面有血"——相反，在同样的情况下，古巴的海关官员则立刻向我表示敬意，还在验关区，我就从一名外国游客变成了他们的一员。

我从古巴带回来的两个萨泰里阿教的祭祀碗，显然超出了旅行纪念品的范围。根据它们的用途，我把它们摆在了公寓门边的两侧，它们常常会让我的访客受到惊吓。在宗教仪式过程中，它们吸收的神力会在新的环境中释放出来。本来还有第三个祭祀碗，也是神力最强的一个。它应该在我的书房里占有一席之地，甚至我那强壮的波兰清洁女工也不得不远离它清扫房间。有一天，另一扇封闭的大门向我敞开了，古巴有很多这样的门，例如通往帕洛教的大门——那是古巴一个古老的秘密兄弟会，与伏都教有关，据说帕洛教的诸神比萨泰里阿教的诸神还要厉害。我禁不住好奇心的诱惑，想一探究竟。

后来我亲身经历了这种古老的宗教仪式。在帕洛教的仪式中，自然也是要流血的，死者微不足道。与萨泰里阿教祭祀时使用两个祭祀碗不同，帕洛教的信徒只用一个水壶，周围用秃鹫羽毛花环装饰，里面装满了沙土，"秘密"深藏在沙土之下。他们也为我准备了这样一个水壶，但我必须自己找来仪式上需要的各种东西，尤其是要找到一块死者的骨头，在即将进行的仪式中绑在水壶上，并对其"施法"。在古巴圣地亚哥，我常去看当地人掘墓晒尸。[1] 如果为了制作护身符，掘墓人往往会帮助索求者，让尸体的手指骨神不知鬼不觉地消失一块。但我这次需要

---

1 掘墓晒尸为古巴的民间旧俗。死者土葬两三年后，要再次出土清理换棺，重新举行一次入葬仪式。——译者注

的是一根大腿或小腿骨，唯一的办法就是从尸骨存放处偷出来。

这一次我离开古巴的时候，没有人检查我的行李。我把帕洛祭祀用的水壶单独放在一个手提行李箱里随身携带，它让我在各个安检口畅通无阻。我再次返回古巴时，沃勒跟我同行，不出所料，海关把我们拦了下来。海关官员有针对性地检查了沃勒的行李箱，搜出了一堆藏在衣物下面的香肠和奶酪，那些都是带给我的古巴朋友的，全部被没收了。这一次，我把帕洛水壶放在了行李箱里，并且有意把其他零碎东西放在了最上面。当我为女海关官员打开箱子时，她吓得缩了回去，她第一眼看到的是那些羽毛、枯树枝、公牛角、小小的耶稣受难像和胫骨。我带了很多意大利萨拉米香肠，把它们巧妙地藏在了箱子底层。女海关官员永远也不敢用自己的手挪开这些与死人相连的物件。

第四十二章　成功与失败

　　旅行归来后，我们经常要回答的一个问题是有哪些成功与失败。在我们的所有经历中，最能激起朋友们兴奋的就是我们的失败。在我们的所有经验里，他们最感兴趣的是明确的观点，最好与对相关国家的明确、概括性的评论相结合。不言而喻，任何一位旅行者，但凡他在陌生地方注意观察，都可以准确描绘出他的所见所闻，不会使安静期待的听众趣味索然。虽然在整理旅行印象时，我们尚未得出一个明确的结论，但我们不想在别人面前显得笨拙、词不达意。

　　通常我们会言过其实。说到旅行高潮时激动不已，以至于最后连自己都相信经历了一些非常特别的体验。"夸张应该留给那些待在家里的人，"瓦尔德领事告诫说，"但旅行时并不需要夸张。"与此同时，对旅途上每一段的夸张描述又会提升整个旅行的意义 —— 不仅在别人眼里如此。每当旅行者讲述自己的旅行亮点时，他就会对自己和自己的经历更加满意，而且下次表达自己的判断时，也会更加果敢、自信。

　　一种特别巧妙的吹牛方式，是把一些不太重要的景点描述为旅程的亮点，以此向别人表明，他没有让自己被旅行指南（和"小贴士"）牵着鼻子走，而是探索了自己的旅程，捕获了自己的印象。听者会将他提到的这些精彩之处视为真正的小贴士，并认为他是一个经验丰富的旅行达人。

从这个角度来看，旅行者们关于成功与失败的话题，不过是虚张声势的喧闹纸牌游戏，而且没有完全亮出底牌。这并非事关真实，而是事关可信。那些在令人眼花缭乱的开场白中就亮出王牌的人，往往有着最高强度的旅行体验，并且会以最敏锐的视角仔细观察。至少听众愿意相信这些。即使是在互联网时代，那些用实地拍摄的照片传达出来的鲜明态度，也仍然十分重要（甚至比其他描述更重要）。如果他对自己看到的景点或走过的国家赞不绝口，他会向其他人力荐自己的旅行攻略。如果他没有这样做，那么他所向往的旅行目的地可能已经转移了。

旅行中收获的见解是真正的见解，它们来自具体的经验，有一定的情感基础，但它们不能脱离实际条件。为了评估判断的重要意义，我们必须了解它们形成的原因和条件，了解信息的提供者是如何旅行的（是高效率的，还是随意的、没有计划的），他对旅行目的地国家有怎样的期望（过高的、片面性的，还是故意降低了期待），以及他在何种程度上、用和我们类似的方法认识这个国家。并非每个国家都适合每位旅行者，如果旅行者总在抱怨失败，那么问题不一定出在这个国家身上。

奇怪的是，我们总是心甘情愿地相信所有海外奇闻！就这本书而言，我的听众也迫不及待地表现出他们对我的海外旅行的好奇，他们想从中了解我所有旅行中的成功与失败，最好没有任何"如果"和"可是"，而是以列表的形式呈现我的全部经历。他们甚至迫不及待地说出自己的想法，清楚指出自己在哪里经历过怎样的失败，如吉塞克在新西兰、凯先生在巴哈马和牙买加、艾里克在芬兰、尹德拉在肯尼亚野生动物园……布莱克博士愤怒地说："我最失败的经历是在斐济、科索沃、加勒比海地区，特别是在开曼群岛。一再让我失望的是印第安人，他们根本就没有传说中的印第安英雄温尼托。"[1]

但后来他还是很快承认，自己还是青少年时，就爱上了温尼托的妹妹，他的愤怒其实是失恋之苦。所有关于成功与失败的辩论都大同小异，很快就从即兴的建议转到了相关的奇闻逸事，因为没有"如果"和"可是"，所以每个建议都得到了详细的论证，然后再进行详细的比较，在下一个建议的光环下黯然失色。

那好吧，我暗自寻思，如果最终一定要如此，那我也不会回避列出清单。在我的棕色旅行记事本里，我可以找出每一次旅行的记录，哪里的景点引人注目，哪个地方让我失望。但是把它们以表格的形式排列出来，又如何取舍呢？玛雅文明遗址奇琴伊察的金字塔怎么能跟埃及萨卡拉的金字塔相比呢？雷蒂亚铁路沿线的景色，和斯里兰卡从希克杜沃到科伦坡的壮观景色，孰优孰劣？美国锡安峡谷和坦桑尼亚恩戈罗恩戈罗火山口的自然景观相比，哪个更震撼？同样是古城，英国牛津和法国圣马洛，哪个更温馨怡人？莫斯科的喀山火车站跟纽约的中央火车站相比，哪个更有情调？

我几乎不可能列出清单，但又不得不做。我列了两张长长的清单，在写这本书的过程中，我把书里提到的地方 —— 无论在那里的经历是成功的还是失败的，还是两者都有 —— 都从这两个清单里排除出去了。这样一来，两张清单出乎意料地大幅缩减了。这时我注意到，而且是现在才注意到，保留下来的成功与失败都跟我的旅行经历密不可分，它们或者使我兴味索然，或者增添了点缀（如果没有这些经历，那些景点或许根本就不会那么重要）。我再三斟酌后，剩下的是 ——

1　温尼托是德国著名探险作家卡尔·麦笔下的虚构印第安英雄，他为正义和自由而战，勇敢忠诚。——译者注

成功之地：大阪阿倍野海阔天空大厦／丹麦艾尔岛／雨中的布拉格老城／危地马拉古城安地瓜／乌兹别克斯坦的阿亚兹·卡拉遗址／法国阿泽－勒－里多城堡／波拉波拉岛／瑞典斯文堡市布莱希特故居／比利时布鲁日／布宜诺斯艾利斯托尔托尼咖啡馆／基辅市赫雷夏蒂克街上的星期天／爱尔兰的莫赫悬崖／纽约帝国大厦／摩洛哥菲斯／德国基姆湖上的淑女岛／布宜诺斯艾利斯的雷科莱塔国家公墓／日本京都的伏见稻荷大社／利比亚的加达梅斯古镇／纽约世贸中心遗址"归零地"／冰岛黄金瀑布／德国黑尔戈兰岛／摩洛哥阿特拉斯山脉／法属新喀里多尼亚的松林岛／苏格兰天空之岛／巴黎地下墓穴／哥本哈根的路易斯安那现代艺术博物馆／突尼斯马特马他／美国梅萨维德国家公园／新西兰米尔福德峡湾／葡萄牙里斯本的圣佩德罗·阿尔坎塔拉观景台／美国纪念碑谷／日本神社日光东照宫／缅甸蒲甘／葡萄牙布萨科皇宫酒店／曼谷帕蓬夜市／伊朗古城波斯波利斯／西班牙萨拉曼卡的马约尔广场／印度乌提摄政别墅／牙买加安东尼奥港屋顶俱乐部／日本京都龙安寺／意大利小城圣吉米格内诺／也门首都萨那／乌兹别克斯坦撒马尔罕古墓群／缅甸仰光大金塔／纳米比亚的索苏维来沙漠／牙买加短枝树酒吧／中国泰山／都柏林"无耻之头"酒吧／伦敦碎片大厦／苏格兰厄克特城堡／马耳他首都瓦莱塔／西班牙巴列格兰雷／冰岛观鲸小镇胡萨维克／维也纳（第1、7、8区）／冬季圣彼得堡。

　　失败之地：阿尔及尔／马耳他戈佐蓝洞／冰岛雷克雅未克的蓝湖温泉／埃及西奈半岛蓝色沙漠／乌兹别克斯坦的布哈拉古城／达沃斯／佛罗伦萨／苏州沧浪亭／纽约的万圣节游行／印度锡金邦，从甘托克到巴格多格拉的直升机飞行／乌克兰基辅彼切尔洞窟修道院／韩国首尔景福宫／加勒比海／古巴圣地亚哥的狂欢节／希腊克诺索斯王宫遗址／古巴柯西玛尔的"小阳台"餐厅／日本松岛／卢浮宫的《蒙娜丽莎》／巴哈马首都拿骚／牙买加奥乔里奥斯／美国黄石国家公园里的忠实泉／古巴猪湾／葡萄牙拉古什奴隶博物馆／冰岛史托克间歇泉／新加坡虎豹别墅／华盛顿特区。

然而，这并不是我想要的清单，这里还缺少一些近乎成功的经历。例如，印度代什诺盖村的老鼠神庙，前去朝圣的信徒给那里成千上万的老鼠敬献牛奶和食物；长达数小时乘坐长途汽车穿越蒙古大草原，其间没有一条可辨认的公路，而且司机大醉，他在下坡时放声高歌，最后汽车陷入河泥里动弹不得；在阿尔及利亚从特莱姆森到阿尔及尔的长途火车之旅，最后一节车厢是半开放式的，七平方米的车厢里塞进了二十四个人，大多数人一直昏昏欲睡，只有一个人反复哼唱着同一首歌。

清单里也缺少了一些近乎失败的经历。例如，斯里兰卡宾纳瓦那的大象养老院；珠宝盒里珍藏着的圣凯瑟琳头颅，还有她的一只佩戴着戒指的手，供圣凯瑟琳修道院的修士们亲吻；纽约地铁里喧闹的黑人，他很准确地把痰吐在我的双脚之间，车上每个乘客都熟视无睹，只有我自己……

还有一些没有被收入清单，例如上面写着"DyDo是你的饮料乐园门票"的自动售货机，这种机器在1988年的日本随处可见，还有一种自动售货机，人们可以买到两升罐装的朝日啤酒；牙买加瑰宝海滩上的日落度假别墅，夜晚的浪潮会直接拍到酒店的床上；尼泊尔的僧侣穿着印有"我就像巧克力，融化在你手中"字样的T恤，他声称自己只在寺院里穿它；在印度西隆，我们乘坐马鲁蒂铃木公司产的出租车，那是一辆比福特Ka迷你车型还小的车，车里硬是塞进了八位乘客。大家挤在一起，坐在司机旁边的乘客把变速杆夹在两腿之间，每次司机行驶上坡要换挡时，乘客就不得不抬起左腿，另一方面，司机要换四挡时也总得特别小心翼翼。

这样排列下去，我会发现清单没有尽头。现在它们已是白纸黑字了，无论是成功还是失败，它们都是我旅行途中的一个个小片段，而每一个片段，都可能是一个故事的开始。

第四十三章 激情已逝

《激情已逝》(*The Thrill Is Gone*)是我年轻时喜欢的伟大歌曲之一，一首因 B.B. 金演唱而闻名的布鲁斯经典。然而对我来说，它的现实意义体现在英国布鲁斯摇滚乐队 Chicken Shack 七分钟的演唱中。我看过这个乐队的现场演出，也看过英国布鲁斯摇滚其他乐队的演出，很多年里，我都认为这是音乐中最美妙的体验。然而，不知从什么时候起，这支乐队和他们所有的歌曲，包括《激情已逝》，从我的唱片柜里消失了。后来我也买过一些他们的 CD，但只是摆在书架上。我不必再播放它们了，它们已经留在了我的大脑里。我对布鲁斯和布鲁斯摇滚的热情消失了，随之一起消失的还有对这类新乐队的兴趣。

一段时间以来，我开始怀疑，这种心境跟我对去过的国家的感受相似，对那些没有去过的地方亦如此。好像我知道世界上有它们存在就够了。把它们作为精准的记忆，和书籍、音乐、艺术作品等一起作为个人记忆，存放在大脑里的某个地方。虽然可以随时调取，但正因为如此，它们不再被调取了。其他的只是模糊的版本，我猜想，它们终究只是我看过的不同东西的变体，不值得花费时间实际考察。

如果今天有人问"我的"音乐是什么，我会毫不犹豫地说，布鲁斯（包括布鲁斯摇滚）。相比之下，其他音乐对我而言顶多是有趣的、潇洒的、强烈的、令人兴奋的、完美的、好听的。而布鲁斯不仅是音乐，它还有更多的内涵。我很久没有听布鲁斯了，但这绝不意味着我不再把它收进耳朵、融入身体、流于指尖。这个回答同样适用于我现在是否会停止旅行这个问题。坦诚地说，即使我想停止旅行，我也做不到。旅行不是我生活中的一部分，它就是我的生活。即使今后待在家里，我也仍然是并且永远是一名旅行者。

"去旅行，但是去哪里呢？"德国文学理论家吕迪格·戈纳也提出了同样的问题，"在你眼中，这些东西你已经在某处以某种方式看过了。"[1] 瓦尔德领事也有类似的看法："旅行最让人沮丧的是，你梦想的目的地越来越少了，你在旅途中变得越来越精明，每个向往的新目标都越来越难以让前一个目标黯然失色。"难道这真的是由于人们带进新的旅行之地的大量比较，使得好奇心在旅行生活中消失了吗？还是说世界也发生了变化，旅行不再像以前那样了？

自从恐怖组织袭击纽约世界贸易中心以来，世界变得更加难以预测。冷战期间，核威胁的幽灵只是在某种程度上抽象地在我们上空徘徊，如今则变成了具象的星星之火。德国外交部的网站上对多国旅行发出了安全指示和警告 —— 去这些国家和地区旅行，人们不曾有任何顾虑。其他国家则适用于不特别强调的一般警示，毕竟，恐怖袭击往往以基础设施和交通枢纽为目标，那里是游客的必经之地。[2] 有谁还敢像以前那样完全出于好奇踏上旅途呢？

如今，我们必须更加谨慎地规划旅行，这让我们的兴奋在出发前就减弱了许多。陌生之地不一定是和平的，原则上，我们不再受到欢迎。

---

1 吕迪格·戈纳《火车里的眼泪》，见《国际通信》，2009 年夏。

2 这类事件已经在我们的航空港出现，有 2016 年 3 月 22 日在布鲁塞尔发生的恐怖袭击为证。

或者应该说，我们不能再臆想它们在原则上是欢迎我们的。异域的居民不再把我们当作来自遥远世界的代表而对我们感到好奇。恰恰相反，他们认为自己已经认识了我们的世界，并宣称它是整个文化圈的敌人。不仅如此，我们的家乡也发生了巨变，陌生人来到我们的家园，我们甚至不必长途跋涉探寻异域。如果我们仍然前往国外——无论是拉着行李箱去上海参加商务宴会，去开普敦参加博览会，还是去圣保罗参加会谈——这种旅行对我们来说，似乎不再像以前那样陌生了。

21世纪初，我们旅行是为了窥见家乡以外时代精神的本质。今天，我们在世界各地都能发现同样的时代精神——对移民的恐惧，对民粹主义的恐惧，对战争的恐惧，对其他任何东西的恐惧。这些恐惧降低了我们对旅行的兴奋。21世纪初，我们旅行是因为我们有兴趣了解外国，与之接触并达到某程度上的相互适应。今天我们必须这样做，因为异域的陌生人已经站在了我们的家门口，成为我们日常生活的一部分。他者不再是我们渴望的目标；相反，现在有很多人感到有必要探索自己。

世界已经发生了根本性的变化，所有人都面临一个世界新秩序，这个新秩序绝不保证会比旧秩序好。随着战后时期结束，"永久"和平时代也结束了，正在形成的各种力量不断考验着欧洲大陆。不少人还想沉浸在昨日的完美世界中，无论是在波罗的海秩序井然的海滨浴场，还是在上巴伐利亚某个舒适惬意的村庄——自2016年以来，德国境内的旅游业一直在蓬勃发展。当世界出现裂缝，似乎要分崩离析时，人们很庆幸能避免任何一次冒险。

尽管如此，即使乌托邦式的旅行魅力已经褪色，我仍将继续旅行。我们对远方的渴望、对文化差异及人类不平等的探索兴趣，总是变得越来越弱，逐渐在地平线之后平息。世界变得越来越小，全球化的进程也削弱了很多诱人的陌生感。如果有谁从一家希尔顿酒店转移到另一家希尔顿酒店，一路上只在麦当劳里填饱肚子，那么他在世界各地，都会有一种宾至如归的感觉。然而，20世纪末的世界主义——渴望异域文化填补自己的文化，享受文化的多样性并以此作为一种多元世界观的表达——已然是21世纪最大的输家。这关系到我们的整个生活，不仅是那些我们暂时闯入的陌生社会的生活。我们在旅途中积累的经验，有时会更清楚地向我们展示世界的意义。

早在1928年，亨利·米修就曾抱怨，"每一种异国情调都被赶出了这个地球"。[1] 近一百年后，越来越雷同的标志和品牌名称使这个世界失去了独特的魅力。即使在约旦河西岸，也有星巴克，或模仿星巴克字体和标志的咖啡店，至少以这种方式，显示它们也属于这个美丽的新世界。对全球化的背信弃义在于：在相同的品牌下，适应当地口味偏好的产品通常以相同的名称进行营销。瓦尔德领事说："我发现'能多益'榛子酱在每个国家都有不同的口味。我们体验的全球化仅仅是一种虚假的形式，背后隐藏着多样性。"艾里克说："肯德基和必胜客的菜单，在中国和美国是不一样的，尽管这些连锁店声称在世界各地提供一样的商品。达能集团的Eukos酸奶，自称采用希腊传统配方，但它在比利时的味道更酸，并且比在葡萄牙的更浓稠，葡萄牙的Eukos酸奶就像奶油一样细腻、香甜。"

无论在哪里，我们都能听到同样的流行音乐、嘻哈音乐和电子音乐，看到同样的美剧，同样的拳击比赛、足球比赛，同样的明星厨师和选秀节目，听到同样的手机铃声和消息提示音。在印度北部一个小城镇的路边书摊上，我看到了《五十度灰》；在另一个印度小镇，我看到了

1　亨利·米修《厄瓜多尔旅游日记》，选自《一个野蛮人在旅途》，法兰克福，1998年，第29页。

"快乐情人节特价"的广告标语。用户界面相同的智能手机，使得不同文化的行为方式迅速接近。世界各地的年轻人看起来都大同小异，同样的耳钉、同样的牛仔裤、同样的文身、同样的帽子、同样的发型，而且他们的行为方式也表现得一样 —— 印度城市里的年轻人和非洲或加勒比海的年轻人一样到处闲逛，懒散轻浮，整日无所事事等待微风送来好消息，点赞，一切都很简单！

当然，"更原始"的文化也应该让他们的生活水平跟西方靠近。作为一个普通人，我欢迎不同文化的融合，然而作为一个旅行者，我会本能地拒绝，并且很难适应这种状况。"不同国家的人变得越来越像同一个国家的人了，"美国作家保罗·鲍尔斯早在 1949 年就曾抱怨，"他们没有个性，没有独特的审美，没有理想，不再有文化 —— 没了，什么都没了。"[1] 由于大众旅游的影响（同样以大规模的个体旅游的形式），今天的冒险旅行在很大程度上被贬值了。

"请在猫途鹰上给我们写个好评。"在印度古瓦哈提，酒店经理这样恳求我。虚拟世界有更大的诱惑力，也许更令人兴奋的旅行已经在那里出现了。即使在真实世界的远游途中，人们也常常在网络里获得决定性的推动力。旅行跟其他东西一样，已经成为一项休闲活动，而非生活理念的根本改变。阿希尔说："近十年来的全球化进程没有给旅行带来什么好处。每个地方都能在二十四小时之内到达，这未必是可取的。很多人需要长途跋涉以真正到达目的地。"起程不再是重大事件，抵达也不过是寻找下一个热点的开始。

"分离、距离、远方、回家，这些词表面上还是原来的意思，但不再意味同样的内涵，"圣－埃克苏佩里写道，"为了解读今天的世界，我

---

1 保罗·鲍尔斯《遮蔽的天空》，慕尼黑，1994 年，第 14 页。

们使用了一种为昨日世界创造的语言。"[1] 旅行不再是圣－埃克苏佩里所理解的那样了，甚至也失去了它在 20 世纪末的内涵。对于今天的旅行者来说，文化冲击到处都存在，甚至在你意想不到的地方，你面对的是全世界通俗文化的碎片。陌生的异域不再神秘，取而代之的是平庸，而逃避平庸恰恰是我们离开家乡的原因。

被当作全球化推广并且被视为世界范围内通向未来的唯一可行道路的跨境互联网，由于网络的片面关注而持续服务于推进美国化。20 世纪中叶以来，美国一直致力于用消费品和流行文化征服世界，并在 20 世纪末，用信息技术征服世界。在意大利博洛尼亚的一次历史学会议上，约翰·L.哈珀论述了美国五角大楼在和平时期以"文化优势"进行征服的策略[2]——最巧妙的形式就是通过文化上的渗透征服。被征服者在潜移默化中被异国文化浸透，直到有一天，他最终将其视为自己的文化，并将他国世界观当作自己的世界观。

世界上大部分地区，特别是德国，已经被美国化了。我们喜欢用新的英语词汇，但并不理解它们的深层结构。我们用圣诞老人取代圣婴，我们的孩子在万圣节吓唬我们。美国标准的政治正确学说导致了令人毛骨悚然的扭曲。自 2016 年 8 月以来，德语中的"难民"一词改为英文 refugees。实际上，它们是被蒙上了一层语言的保护纱罩。[3] 德语中的词汇一个接一个地被另一种语言吞噬了，这对政治正确的代表们来说无关紧要。

1　安托万·德·圣－埃克苏佩里，《风沙星辰》，杜塞尔多夫，1939/2010 年，第 59 页。

2　2012 年 12 月 7 日至 8 日，博洛尼亚会议的主题为"美国：仍然是欧洲势力？"政治学家约瑟夫·奈（曾在美国外交部及国防部担任要职）在其《软实力》一书中也论述了基于文化吸引力而行使权力的类似理念。

3　见 www.spiegel.de/politik/deutschland；www.welt.de/kultur。

除了达尔文的基因竞争，现代行为生物学也认识到了那些模因——文化基因传递的最小单位。[1] 若是根据他们"文化遗传""文化变异"和"文化演化"的观点，在这个层面上，得以传递的并不是最强的或者最好的文化模因，而是适应性最强的。就文化而言，是那些最能促进（或假装促进）大多数人最大幸福的文化模因。它的传播是通过文字、音乐和艺术得以实现的。"如果一个模因想吸引人类大脑的注意力，它就必须以牺牲'竞争对手'的模因为代价。"[2] 基因的传播是不择手段的，模因同样如此。从达尔文的观点来看，在这个竞争游戏中寄希望于靠（高）质量取胜的人，就已经不战而败了。美国大众文化在没有使用武力的情况下，通过复制者令人信服的说服力——通过唯一的文化模因，就已经把大部分西方（高度发达的）文化强行推进了壁龛。

然而，由于外国模因的胜利而时时重新评估传统结构与价值观，会破坏社会的稳定。几年之后，共同生活的传统框架被一种新的世界文化所取代，与区域文化的联结就会消失，随之一起消失的还有代代相承的文化责任感，这种责任感远远超出了家的范畴（包括所有地方色彩）——它是我们对这个世界其中一小部分的文化责任感。

在受到美国势力影响的地区，原生文化被连根铲除的现象几乎随处可见。即使在世界其他地区，在"全球化"这一词语的掩护下，也仍然存在无情的排他性竞争，强者同化并改变弱者，强迫弱者接受自己的语言和文化。这种情况历来如此，过去被称为殖民主义，如今通常被称为"自由世界贸易"。实际上，它也一直被称为达尔文主义。扩张主义不择

1　如"旋律、想法、口号、服装时尚、制陶艺术或拱门建筑艺术"等。见理查德·道金斯《自私的基因》，柏林／海德堡／纽约，1978年，第227页。

2　同上书，第232页。

手段，同样的情况在泰国或缅甸等亚洲国家也能看到，少数民族流离失所。在很多地方，他们在绝望的游击战中捍卫自己的文化，最终徒劳无果。特别是在印度，在"一个印度"的口号下，甚至基本的民主思想也被滥用，以便增加那加兰邦、梅加拉亚邦或大吉岭的印度教人口比例。人人享有平等的自由选择居住地和职业的权利 —— 从少数民族的立场来看，他们祖先的领土就是被吞并的，这一点对他们来说毫无公平可言。

2016 年 4 月初，我在锡金和一位成功的商人桑杰耶夫一起度过了几天，他带我游览了锡金首府甘托克。在我离开甘托克的前一天，我们站在皇宫前，瞭望城市、周围的山谷和山脉。在那里，桑杰耶夫指着对面山坡上的一片房子说，那里的很多家庭不久前都还住在甘托克，随着越来越多的印度人迁入，越来越多的尼泊尔人迁出——他们无法忍受印度人的生活方式，无法忍受噪声、垃圾和腐败。他自己也要很快搬走了，不过不是迁到对面山坡，而是隔几条山谷，回到他祖先居住的村庄，回那里当农民。村子位于高山上，印度人不会去那里，喜马拉雅山的陡坡对他们来说太难。我在中亚地区也观察到了同样的过程。土地的再分配在垂直方向上出现，因为高山的居住环境最初对胜利者来说似乎没有吸引力。桑杰耶夫是一位令人愉快的谈话伙伴，他很自然地告诉我自己如何得出了结论。他很想留在老城甘托克，但是，自 21 世纪以来，那些寻找工作、追求更好生活的人不断涌入，对他来说，除了做好迁出准备外别无他选。在我看来，他非常勇敢，他没有抱怨本民族文化的衰落，而是试图将它从一个尽管不确定但仍然确定的未来中拯救出来。

写这本书的时候，我常常想起桑杰耶夫。这本书原本打算叫《我的旅行告别》，随着写作工作的推进，我常常对自己说，待在家里并不是解决问题的办法。只要你还可以旅行，你就应该旅行，而且必须旅行。如果你不能再像以前那样旅行，那就必须寻找新的方式，而不是哀叹世界的现状、无所事事。全球化不仅影响着作为旅行者的我们，从根本上说，它也向这个迄今为止无疑属于我们的世界提出了疑问，向我们自身提出了疑问。那些为了全球一体化而放弃多样化理念的人，他所付出的代价远不只是迷人的文化并存与共存，他放弃的是立场，以及与之相关的道德。只要他还带着世界主义的精神追求单纯的旅行，那么继续前行就是一种政治抵抗行为。因此，对于一个有道德感的人来说，旅行除了带来快乐，还是一种责任，或许在今天，旅行赋予我们的责任比以往任何时候都更重要。

与桑杰耶夫相比，作为一个旅行者的问题仅仅是一个奢侈的问题，甚至都还不是一个新问题：自古以来，无论是通过战争、文化征服，还是"民主"的排斥和挤压，文化都是在被消除的。世界不仅美丽，也总是可怕的。作为旅行者，我们实际上是历史学家——我们去过的国家、体验过的文化，几年后就会发生巨大的变化，并有可能在几十年后从地球上消失。羡慕几个世纪前的旅行者，只因为他们那时还可以前往一个真正的、完美无缺的异域，是没有任何意义的。缅怀过去的旅行经历——只因为二三十年前去过的一些国家还保有"原生"文化，而现在正朝着全球化的世界文化迈进——同样没有意义。我们今天所经历的异域，在不久的将来，对那些准备环游世界的人来说会变得难以想象地陌生。我从旅行之地带回来的地图和城市交通图，与其说是地理资料，不如说是历史档案——每一张纸都来自一本丰富的、不完整的历史地图集（也是我的历史地图集）。

"一次流浪，终生流浪。我担心这种疾病无法治愈。"[1] 我们总是前往注定要沉没的世界旅行，因为没有其他世界。但是通过旅行，我们会延

---

1 约翰·斯坦贝克《横越美国》，慕尼黑，2007年，第7页。

迟它的彻底沉没，因为我们对见证早期文化的兴趣推迟了它的消亡。正如我所言，每次旅行，都是一次微妙的抵制全球化的抗争（即使人们在另一个层面上推动了全球化）。

我一次又一次想到德国诗人马克斯·道特代的神秘名言，但终究没有得出最后的结论。他在《喜马拉雅的幽暗》一书中写道："经常旅行的人比从不旅行的人更依恋大地。在我看来，他比其他终有一死的凡人更接近凡人。"[1]

道特代以此证明这样一个观点，即旅行者——不像那些留在家中的人，能够想象任何一个季节里的任何一个地方——旅行者只能根据旅行经历，回忆起确实经历过的具体条件下的具体地方：记忆中不断浮现的永恒异域，你永远可以再次回归。我们只有把"不朽的旅行经历"带回家——道特代不敢奢想更多这样的旅行经历——我们就能突破这种"旅行的现实魔力"。

道特代的言论是神奇的，但这些言论对我来说更加神秘了。我只好以自己的方式来解读：一个人只要到达他的旅行终点，不得不离开旅行之地时，就会经历一次小小的死亡。毕竟这是一次永远的告别，即便你再次返回此地，你也无法找到保留在记忆里的土地和它的人民。但这也意味着：每一次新的旅行，都会唤醒一种新的生活，这也和留在家里的人是不一样的。

1　马克斯·道特代《喜马拉雅的幽暗》，选自其《中篇及长篇小说全集》，慕尼黑，1930年，第 261 页。

致谢

这本书献给所有与我在过去几十年中一起旅行的人，无论是一起旅行的旅友，还是仅仅有过思想与精神之旅的朋友。特别感谢阿希尔·摩泽尔、安德里亚斯·瓦尔德（瓦尔德领事）、丹尼尔·基利（凯先生），还有布莱克博士、吉塞克、艾里克·泽克斯、尹德拉·乌索芙（叙尔特基金会）、苏珊·斯克林姆、沃尔夫冈·格林格（沃勒）。

衷心感谢很多国家的朋友，通过他们的向导，我认识了他们的国家，特别是森杰夫、桑托斯、小侯赛因、大 T、米萨和卡纳尤等人，在此仅提及此前书中未列出的人名。

衷心感谢尤汉纳斯·纳瓦斯、海纳尔·曼克、弗拉基米尔·科雷克等人的友好提示，感谢约阿希姆·萨托留斯和鲁道夫·布斯曼提供的诗歌。

本书中出现的人物形象、故事情节及观点，尽管有真实姓名带给我的所有灵感，但仍属于虚构的文学创作。

图书在版编目（CIP）数据

美丽、遥远又野性 / (德) 马蒂亚斯·波利蒂基著；朱丽英译. -- 福州：海峡书局，2023.7（2023.11重印）

ISBN 978-7-5567-1127-7

Ⅰ.①美… Ⅱ.①马… ②朱… Ⅲ.①游记—世界 Ⅳ.①K919

中国国家版本馆CIP数据核字(2023)第094814号

图字：13-2023-064号

出 版 人：林　彬
责任编辑：廖飞琴　魏　芳
特约编辑：张雅洁　邢　莉
内文审校：安芷仪
封面设计：木　春

美丽、遥远又野性
MEILI YAOYUAN YOU YEXING

作　　者：（德）马蒂亚斯·波利蒂基
出版发行：海峡书局
地　　址：福州市白马中路15号海峡出版发行集团2楼
邮　　编：350004
印　　刷：北京联兴盛业印刷股份有限公司
开　　本：889mm×1194mm，1/32
印　　张：8.75
字　　数：163千字
版　　次：2023年7月第1版
印　　次：2023年11月第2次
书　　号：ISBN 978-7-5567-1127-7
定　　价：78.00元

关注未读好书

客服咨询